Franz Kurowski

STALINGRAD

Die Tragödie der 6. Armee

tosa

Wir waren bemüht, die Inhaber der Coverbilder-Urheberrechte ausfindig zu machen. Sollten wir unabsichtlich bestehende Rechte verletzt haben, so bitten wir die Betroffenen, sich mit dem Verlag in Verbindung zu setzen.

Umschlaggestaltung: Joseph Koó
Fotos: Bundesarchiv, Koblenz und Archiv des Autors
Karten: Kartographische Werkstatt, Hattersheim

Printed in Slovenia

www.tosa-verlag.com

Inhaltsverzeichnis

DIE LUFTWAFFE MIT LETZTEM EINSATZ

DER KAMPF IN DER FESTUNG

DER SONDERSTAB MILCH

ENDKAMPF IN STALINGRAD

DER LETZTE AKT DES DRAMAS

Der Weg zur Wolga

Vorspiel in Winniza – Sturmlauf nach Stalingrad

In das weite Waldgebiet bei Winniza in der Ukraine war am 16. Juli 1942 Hitler mit dem Stab seines Hauptquartiers eingezogen. Im FHQ „Werwolf“ wollte der Führer vorn seine Entscheidung treffen und den letzten entscheidenden Schlag gegen die Sowjetunion führen.

Genau eine Woche nach Hitlers Einzug trug Generaloberst Halder ihm vor, die Rote Armee weiche planmäßig aus. Hitler unterbrach ihn und entgegnete: „Unsinn! Der Russe flieht! Er ist nach den Schlägen, die wir ihm in den letzten Monaten versetzt haben, völlig am Ende.“

Generaloberst Halder wusste es besser. Er versuchte, Hitler klarzumachen, dass die Masse der Heeresgruppe Timoschenko, sogar zum Großteil mit ihren schweren Waffen, zwar nach Osten über den Don in Richtung Stalingrad zurückgewichen, dass sie aber noch völlig intakt sei. Andere Teile der Roten Armee hätten den Rückzugsweg in den Kaukasus gewählt.

Abschließend führte Halder aus, man wisse nicht, was jenseits von Don und Wolga – vor allem im Kaukasus – noch an sowjetischen Truppen als Reserve stehen könnte.

Hitler winkte ab. Dann erklärte er: „Es gilt jetzt, die Massierung unserer schnellen Truppen im Raume Rostow zu entwirren und die 17. Armee ebenso wie die 1. und 4. Panzer-Armee anzusetzen, um den Gegner südlich von Rostow im Vorfeld des Kaukasus rasch zu packen, einzukesseln und zu vernichten.

Gleichzeitig damit muss die 6. Armee den russischen Restkräften, die an die Wolga geflüchtet sind, im Raume Stalingrad den Todesstoß versetzen. An keiner dieser beiden entscheidenden Fronten dürfen wir jetzt den taumelnden Feind noch einmal zur Ruhe kommen lassen. Das Schwergewicht aber muss beim Angriff der Heeresgruppe A gegen den Kaukasus liegen."

Obzwar Halder den Führer beschwor, von dieser Zersplitterung der Kräfte abzusehen und erst *nach* der Inbesitznahme von Stalingrad gegen den Kaukasus vorzugehen, so dass Flanke und Rücken der am Don und an der Wolga stehenden Truppen ausreichend gesichert seien, beharrte Hitler auf seinem Entschluss. Halder hatte sich schon wiederholt schwer getäuscht. Er besaß sicher nicht Hitlers volles Vertrauen.

Nicht nur, dass dieser alle Bedenken des Generalstabes des Heeres beiseite fegte, ließ er auch noch zwei starke Divisionen, die SS-Panzergrenadier-Division „Leibstandarte" und die Infanterie-Division mot. „Großdeutschland", aus der Front ziehen und nach Frankreich verlegen. Dort sollte erstere in eine Panzer-Division umgerüstet und die zweite neu aufgestockt werden.

Im weiteren Verlauf der Kämpfe des Sommers wurden noch fünf Großverbände aus dem Bereich des Südabschnittes der Ostfront herausgezogen. Diese Kräfte, vor allem die beiden schnellen Divisionen, sollten schließlich später bei Stalingrad fehlen.

Generaloberst Halder notierte am Ende dieses Tages in seinem KTB: „Die immer noch vorhandene Unterschätzung der feindlichen Möglichkeiten nimmt allmählich groteske Formen an und wird gefährlich."

Die Führeranweisung Nr. 45 setzte denn auch jene Weisung Nr. 41 außer Kraft, in welcher zuerst das Ziel Stalingrad angestrebt worden war und danach der Kaukasus angegangen werden sollte.

Nunmehr sollte die Heeresgruppe A „die über den Don entkommenen feindlichen Kräfte im Raum südlich und südostwärts Rostow einschließen und vernichten".

Daneben sollten vorgeworfene Teile der Heeresgruppe A die Bahnlinie Tichorezk–Stalingrad unterbrechen.

Nach der Vernichtung der feindlichen Kräftegruppe südlich des

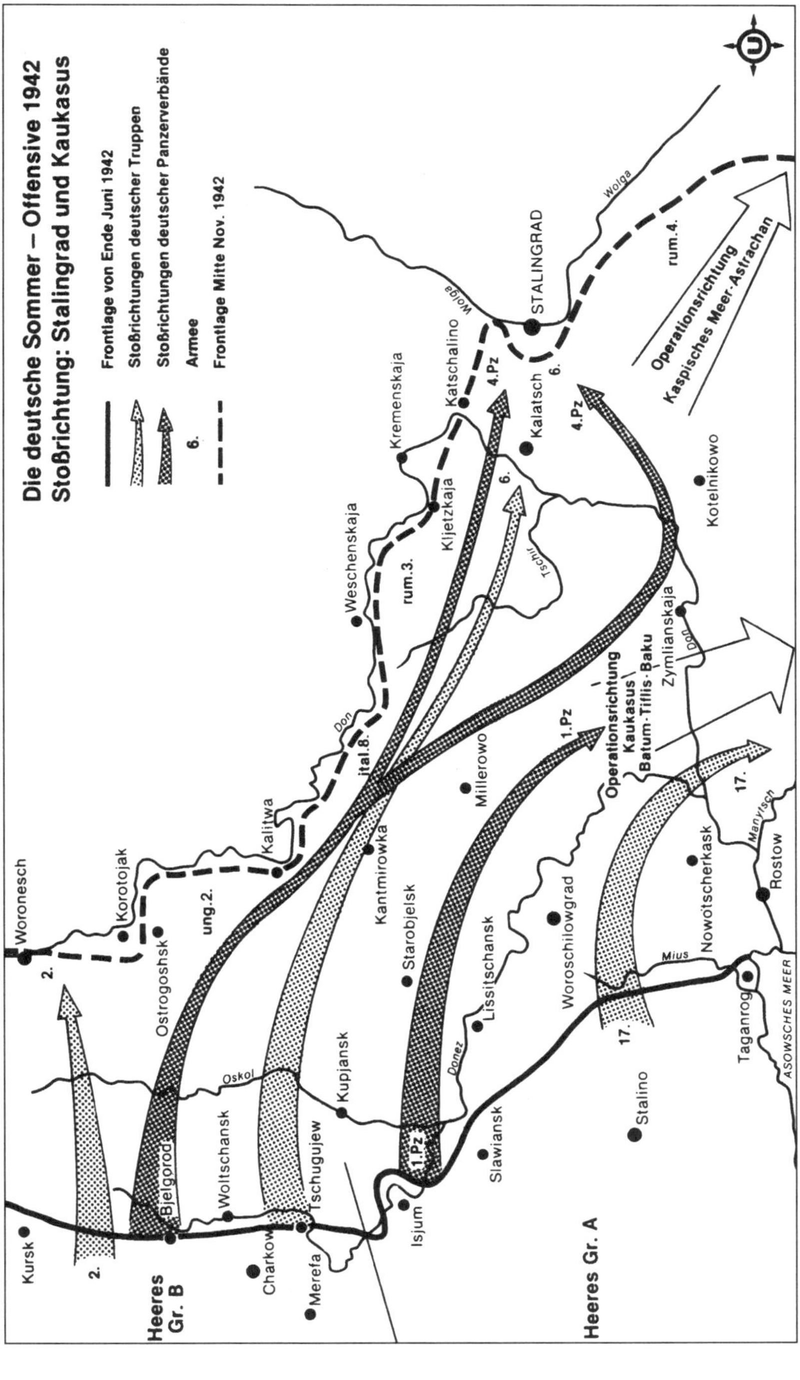
Die deutsche Sommer – Offensive 1942
Stoßrichtung: Stalingrad und Kaukasus
Frontlage von Ende Juni 1942
Stoßrichtungen deutscher Truppen
Stoßrichtungen deutscher Panzerverbände
6.
Armee
Frontlage Mitte Nov. 1942
Wolga
STALINGRAD
Katschalino
Kremenskaja
Kalatsch
4.Pz
6.
rum.4.
Operationsrichtung
Kaspisches Meer-Astrachan
Kotelnikowo
Weschenskaja
Kljetzkaja
rum.3.
Tschir
Don
Zymlianskaja
Operationsrichtung
Kaukasus
Batum-Tiflis-Baku
1.Pz
ital.8.
Millerowo
Kalitwa
Kantmirowka
Korotojak
Woronesch
2.
Ostrogoshsk
ung.2.
Starobjelsk
Woroschilowgrad
Nowotscherkask
Rostow
Manytsch
17.
Mius
Lissitschansk
Taganrog
ASOWSCHES MEER
Oskol
Kupjansk
Donez
Stalino
Slawiansk
Woltschansk
Bjelgorod
Tschugujew
Kursk
Charkow
Merefa
Isjum
Heeres Gr. B
Heeres Gr. A

Don war es ihre Aufgabe, die gesamte Ostküste des Schwarzen Meeres in Besitz zu nehmen und damit neben den Schwarzmeerhäfen auch die sowjetische Schwarzmeerflotte auszuschalten.

Eine weitere Stoßgruppe mit allen vorhandenen Gebirgsjäger- und Jäger-Divisionen sollte nach Überwindung des Kuban das Höhengelände von Maikop und Armawir in Besitz nehmen.

Als Höhepunkt wurde der Heeresgruppe A der Vorstoß mit schnellen Verbänden auf Grosny befohlen. Von hier aus sollte sie die Passhöhen der Ossetischen und Grusinischen Heerstraße sperren und abschließend „im Vorstoß entlang des Kaspischen Meeres den Raum um Baku in Besitz nehmen". Diese Operationen erhielten die Code-Bezeichnung „Edelweiß".

Die Heeresgruppe B wiederum erhielt den Befehl, zum einen die Verteidigungslinie am Don aufzubauen und sodann im Vorstoß auf Stalingrad die dort stehende sowjetische Kräftegruppe zu zerschlagen, die Stadt an der Wolga zu besetzen und die Landbrücke zwischen Don und Wolga zu sperren. Daran anschließend sollten auch hier schnelle Verbände entlang der Wolga vorstoßen und Astrachan erreichen. Diese Operation erhielt die Code-Bezeichnung „Fischreiher".

Die diesbezüglichen Weisungen für die Luftwaffe und die Marine wurden entsprechend gegeben.

Wesentlich zu sagen ist, dass die Heeresgruppen Nord und Mitte an dem Angriff nach Osten keinen Anteil hatten. Zwischen Woronesch und Leningrad sollte die deutsche Front, von Einzelheiten abgesehen, nur halten. Weiter reichten die Kräfte nicht mehr.

Generalfeldmarschall List, der Oberbefehlshaber der HGr. A, erhielt am 25. Juni die „Führerweisung" für den Südteil der Front. Er war perplex über diesen Auftrag und die ihm dazu unterstellten Truppen. Die im Heer vorhandenen vier Gebirgs-Divisionen, die hier am Platze gewesen wären, standen nur zur Hälfte zur Verfügung, und hinter der 6. Armee, die in der Ebene kämpfen sollte, wurden die Verbände des italienischen Alpini-Korps mit den trainierten Gebirgs-Divisionen nachgeführt, die in den Kaukasus gehört hätten.

Während nun die 17. Armee in Richtung Süden und zum Kaukasus vordrang, den Manytsch überwand, Manytschstroj eroberte und nunmehr auf dem asiatischen Kriegsschauplatz kämpfte, war die 6. Armee ebenfalls angetreten.

Bereits am 20. Juli 1942 überschritten ihre Vorausabteilungen, die Truppen des XIV. PzK., den Tschir nach Osten. Dieses PzK. war der 6. Armee zu ihrer Operation unterstellt worden. Es bestand aus der 3. und 16. PD und der 60. ID (mot.) und bildete den Nordkeil des Angriffsunternehmens. Der Südkeil wurde mit dem vom unteren Donez herangeführten XXIV. PzK. mit der 24. PD gebildet.

Beide Gruppen hatten Befehl erhalten, den Don entlang auf Kalatsch vorzustoßen, sich dort zu vereinigen und gemeinsam den Angriff auf Stalingrad zu führen.

Da aber die Nachschubgüter, vor allem Treibstoff, den in den Kaukasus vorstoßenden deutschen Truppen vorbehalten blieben, kam der Vorstoß der 6. Armee bald zum Erliegen.

In den sich nunmehr entwickelnden Panzerkämpfen zwischen der 6. Armee und der 1. sowjetischen Panzer-Armee sowie der 62. Sowjet-Armee vom 7. bis 11. Aug. 1942 wurde der Gegner in offenen Feldschlachten vernichtet.

Die Geschichte der 16. PD weiß darüber zu berichten: „Auf beiden Seiten der Front standen sich starke bewegliche Panzerkräfte gegenüber. Sie umkreisten einander und suchten sich gegenseitig einzukesseln. Hier gab es keine Front. Die Panzerpulks kämpften auf dem Sandmeer der Steppe, rangen um günstige Schußpositionen, trieben den Gegner in die Enge, klammerten sich für einige Stunden oder Tage an Ortschaften fest, brachen aus, machten kehrt und jagten wieder dem Feind nach. Und während sich die Panzer in der wuchernden Krautsteppe ineinander verbissen, lieferten sich die Luftflotten zähe Kämpfe am wolkenlosen Himmel über dem Don, bekämpften den Gegner in den Schlupfwinkeln der Schluchten und Balkas.“ (Siehe Wolfgang Werthen: Geschichte der 16. Panzer-Division 1939–1945.)

Der Angriff auf den sowjetischen Brückenkopf Kalatsch begann. Mit Pak und 7,62-cm-„Ratschbum“, Stalinorgelfeuer und Luftbombardements versuchten die Sowjets, die Deutschen zu stoppen. Zur gleichen Zeit rückte von Süden die 24. PD und von Norden die 3. ID (mot.) der Deutschen Wehrmacht heran. Die 60. ID (mot.) kam im

Verlauf der Kämpfe hinzu, und nachdem am 21. Aug. der Don überschritten war, gelang zwei Tage später der Durchbruch durch die sowjetische Front.

Im schnellen Vorstoß war rasch der Tatarengraben überwunden, die Bahnlinie Frolow–Stalingrad passiert, und am frühen Nachmittag dieses 23. Aug. 1942 sahen die in den offenen Panzertürmen stehenden Kommandanten rechter Hand am Horizont die Silhouette von Stalingrad auftauchen, das sich etwa 40 Kilometer an der Wolga entlang hinzog.

Die Sowjets, die sich in den Vorstädten Spartakowka, Rynok und Lataschinka festgesetzt hatten, wehrten die anrollenden deutschen Panzer mit Flak und Pak ab.

Die I./PR 2 unter Oberstleutnant Hyazinth Graf Strachwitz kämpfte nacheinander 37 sowjetische Feuerstellungen nieder. Schließlich standen die Panzer am überragenden Westufer der Wolga. Am Nordrande der Stadt igelte sich die Division ein.

Am frühen Morgen trat die 16. PD auf Spartakowka an, wurde jedoch von dichtem Feindfeuer gestoppt. Im Gegenstoß griffen sowjetische Panzerrudel weiter westlich bei Orlowka an und drangen bis zum Gefechtsstand des PGR 64 vor. Dieser Einbruch konnte bereinigt werden.

Die 4. PzArmee hatte mit ihrem XXXXVIII. PzK. unter General der Panzertruppe Kempf bis Anfang August im Vorstoß donabwärts den Raum Remontnaja erreicht. Hier machten die Verbände kehrt, um nunmehr nach Norden zu rollen. Aus dem Nordkaukasus fuhren die Panzerverbände in die aufwirbelnden Sandstürme der Kalmückensteppe hinein.

Die 24. PD, seit dem 12. Aug. 1942 der 4. PzArmee unterstellt, marschierte aus dem Raum Tschir bei Potenskaja über eine von rumänischen Pionieren erbaute Donbrücke, um sich im Raume Kotelnikowo-Aksai mit den Angriffsspitzen der 4. PzArmee zu vereinigen.

General der Panzertruppe Kempf hatte von Generaloberst Hoth Weisung erhalten, mit seinem PzKorps im Zuge der Bahnlinie Kotelnikowo–Stalingrad/Süd anzugreifen und die Wolga zu erreichen. Dazu wurde ihm die 24. PD hinter dem rechten Flügel seines

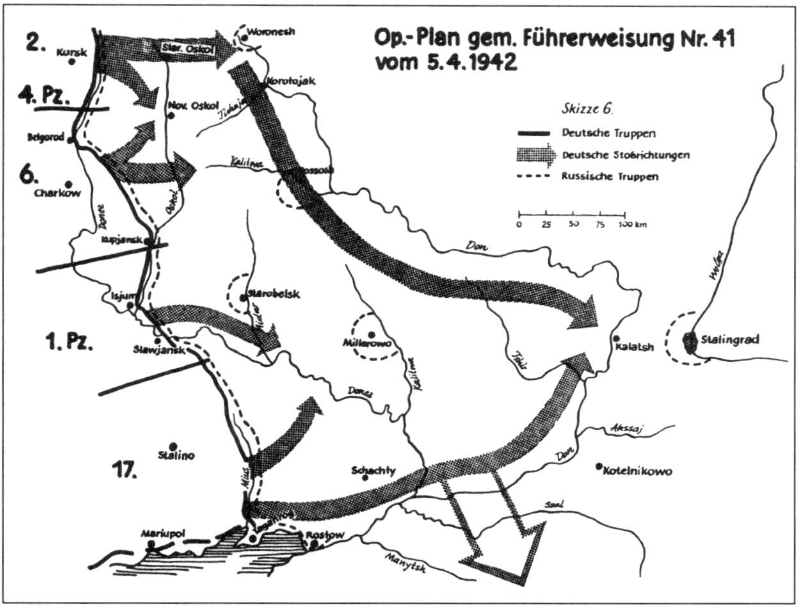
Op.-Plan gem. Führerweisung Nr. 41 vom 5.4.1942
Skizze 6
Deutsche Truppen
Deutsche Stoßrichtungen
Russische Truppen
0 25 50 75 100 km
2.
Kursk
4. Pz.
Belgorod
6.
Charkow
Woronesh
Korotojak
Nov. Oskol
Kalitwa
Don
Kupjansk
Isjum
Starobelsk
Millerowo
1. Pz.
Slawjansk
Donez
Stalino
17.
Schachty
Kalatsh
Stalingrad
Wolga
Aksaj
Kotelnikowo
Mariupol
Rostow
Ssal
Manytsh
Mius
Oskol

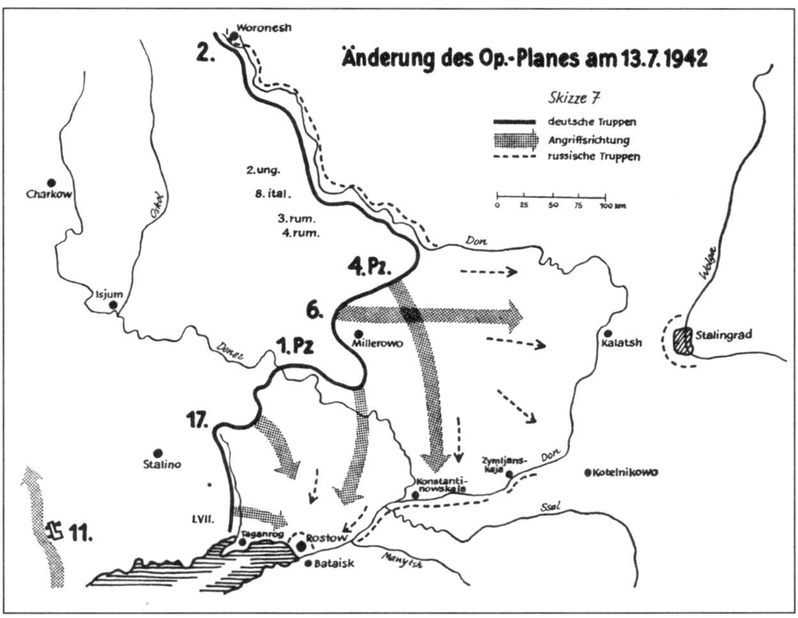
Änderung des Op.-Planes am 13.7.1942
Skizze 7
deutsche Truppen
Angriffsrichtung
russische Truppen
0 25 50 75 100 km
Woronesh
2.
2. ung.
8. ital.
3. rum.
4. rum.
Charkow
Oskol
Don
4. Pz.
6.
Isjum
Millerowo
1. Pz
Donez
Kalatsh
Stalingrad
Wolga
17.
Stalino
Zymljanskaja
Kotelnikowo
Konstantinowskaja
Ssal
LVII.
Taganrog
Rostow
Bataisk
Manytsh
11.

Korps nachgeführt. Am 14. Aug. 1942 erreichten die Spitzengruppen der 24. PD. Aksai an der Bahnlinie nach Stalingrad. „Die Kalmückensteppe hatte uns aufgesogen“, berichtete Dr. F. M. von Senger und Etterlin in der Divisionsgeschichte.

In wechselvollen schweren Kämpfen erreichten die deutschen Verbände schließlich Woroponowo. Damit stand auch das XXXXVIII. PzK. unmittelbar vor Stalingrad. Bis zum 10. Sept. gelangte die 24. PD bis an den Südwestrand der Stadt. Die 71. ID hatte am Vortage als erste Infanterie-Division der 6. Armee die Wolga erreicht. Sie umging Beketowka und stand hart am Südrande der Stadt, die Marschall Stalins Namen trug.

Der am 11. Sept. 1942 beginnende Kampf um die Stadt an der Wolga wurde zu einem erbarmungslosen Gemetzel. Bis zum 29. Sept. waren die Verteidigungszentren der Roten Armee – Barrikady, Krasny Oktjabr und der berüchtigte Schnellhefter – teilweise im erbitterten Häuserkampf erobert. Der sich im Süden der Stadt noch haltende „Tennisschläger“ und der noch nicht eroberte Teil des riesigen Industriekomplexes „Rote Barrikade“ wurden ebenso wie die Siedlung und das Traktorenwerk Djerschinsk angegriffen.

In der Stadt selbst kämpften nun Verbände der 71. ID, der 29. ID (mot.) und der 389. ID. Die 14. PD wurde am 9. Okt. 1942 der 6. Armee unterstellt und über Pitomnik und Gumrak in den Angriffsstreifen westlich Krasny Barrikady im Norden der Stadt verlegt. Mit der KGr. Sauvant, bestehend aus dem I./IR 103 und der I./PR 36, stand die Deutsche Wehrmacht auch im Norden der Stadt zum ersten Mal am Wolgaufer.

In dem Situationsbericht über die Lage dort heißt es: „Es war ein unheimlicher, zermürbender Kampf auf und unter der Erde, in den Trümmern, Kellern, Kanälen der großen Stadt und deren Industriewerken. Mann gegen Mann. Panzer rollten über Berge von Schutt und Schrott, krochen kreischend durch chaotisch zerstörte Werkshallen und schossen aus kürzester Distanz auf Feind-Pak in den verschütteten Straßen und engen Fabrikhöfen. Da waren dann noch die tiefen verwitterten Lößschluchten, die steil zur Wolga hin abfielen. Hatten unsere Panzergrenadiere glücklich den oberen Rand des Wolga-Hochufers erreicht, dann quollen bei Nacht aus den Rissen der Erde die Feinde in Flanke und Rücken der Deutschen, und was am Abend in heißem Kampf gewonnen war, ging am Morgen wieder verloren.

Drüben in den Urwäldern des tiefer gelegenen Ostufers der Wolga war der Feind nicht zu sehen, weder seine Batterien noch seine Infanterie. Aber er war dort und schoß. Und Nacht für Nacht brachte er auf Hunderten von Booten Verstärkungen über den Strom in die Ruinen der Stadt, und alles begann aufs neue: Trommelfeuer, Stukas, Rauch und Qualm, der über Stunden die Sonne verfinsterte." (Siehe Grams, Rolf: 14. Panzer-Division 1940–1945.)

Die sowjetische Verteidigung an der Wolga

Die oberste sowjetische Führung hatte alles, was greifbar war, zur Verteidigung von Stalingrad aufgeboten. Zunächst führte hier General Lopatin die 62. Armee, während GenLt. Tschuikow vertretungsweise die 64. Armee übernommen hatte.

Daneben waren Zivilisten zur Volkswehr eingezogen worden. Nicht weniger als 75 000 Einwohner Stalingrads wurden der 62. Armee zugeteilt. 3000 Mädchen und junge Frauen wurden als Krankenschwestern und Nachrichten-Helferinnen eingezogen, und 7000 Jugendliche von 13 bis 17 Jahren – lauter Angehörige des Komsomol (des Kommunist. Jugendverbandes der UdSSR) – wurden gleichfalls in Uniformen gesteckt und der kämpfenden Truppe zugeführt.

Am 12. Sept. 1942 wurde General Lopatin abgesetzt, und Tschuikow übernahm auch noch die Führung der 62. Armee und damit die Verteidigung der gesamten Stadt.

Nördlich von Stalingrad kämpften die Armeen von Generalleutnant Malinowski und Generalmajor Moskalenko sowie des Generalmajors Galanin. Im Süden wurden die Gegenstöße von den Armeen der Generalmajore Tolbuchin und Kolomiz geführt. Die ausgegebene Losung für die „Heldenstadt Stalingrad" lautete: „Keinen Schritt zurück! Hinter der Wolga gibt es für uns kein Land mehr."

In der Stadt selbst kämpften die 13. Garde-Division unter Generalmajor Rodimzew, eine Sibirische Division unter Generalmajor Gurtjew und eine Reihe anderer Verbände, die sich in den Trümmern festkrallten und sie nicht preisgaben.

General Lopatin, der die Befürchtung geäußert hatte, Stalingrad nicht halten zu können, war sofort abgesetzt worden. Generalleutnant Tschuikow wurde im Hauptquartier der sowjetischen Heeresgruppe in Jamy jenseits der Wolga gefragt, wie er sich die Verteidigung von Stalingrad denke. Er antwortete: „Die Preisgabe von Stalingrad würde die Moral unseres Volkes zerstören. Ich schwöre, die Stadt nicht zu verlassen. Wir werden Stalingrad halten oder dort sterben."

Dieser Ausspruch fiel am 12. Sept. 1942. Zehn Stunden darauf trat die deutsche 71. ID unter GenLt. von Hartmann zum Angriff auf Stalingrad-Mitte an. Das gesamte LI. AK unter Gen. dArt. von Seydlitz stürmte vorwärts; eine wuchtige Artillerie-Feuerwalze rollte vor den Verbänden her und schmetterte den Widerstand des Gegners zusammen.

Der Armeegefechtsstand von GenLt. Tschuikow, auf dem Kartenpunkt 102 gelegen, wurde mehrfach getroffen. General Tschuikow, soeben von der Besprechung bei der Heeresgruppe zurück, musste mit seinem Stab in einen Unterstand in der Zarizaschlucht dicht vor der Einmündung der Zariza in die Wolga ausweichen.

Am 13. Sept. 1942 stürmten die Infanteristen der 71. ID nach Stalingrad hinein. Doch die Rote Armee hielt sich noch immer in Teilen der Stadt und sollte diese auch nicht freigeben.

Am Abend des 16. Sept. 1942 rief GenLt. Tschuikow das Mitglied des Kriegsrates der Heeresgruppe, Nikita Sergejewitsch Chruschtschow, an und berichtete diesem: „Genosse, noch ein paar Tage solcher Kämpfe, und die Armee ist aufgerieben. Wir haben keine Reserven mehr. Ich benötige sofort zwei, besser noch drei freie Divisionen."

Nikita Sergejewitsch Chruschtschow setzte einen Funkspruch an das STAWKA – das sowjetische Hauptquartier in Moskau – ab. Er forderte diese Verbände zur Verteidigung von Stalingrad an. Marschall Stalin, der den Ernst der Lage in Stalingrad erkannte, ließ sofort zwei Eliteverbände aus seinen persönlichen Reserven nach Stalingrad bringen. Es waren: eine Marine-Infanterie-Brigade und eine Panzer-Brigade. Die Panzer-Brigade rollte zum Stadtkern vor, während die Marine-Infanterie in den Südteil von Stalingrad gewor-

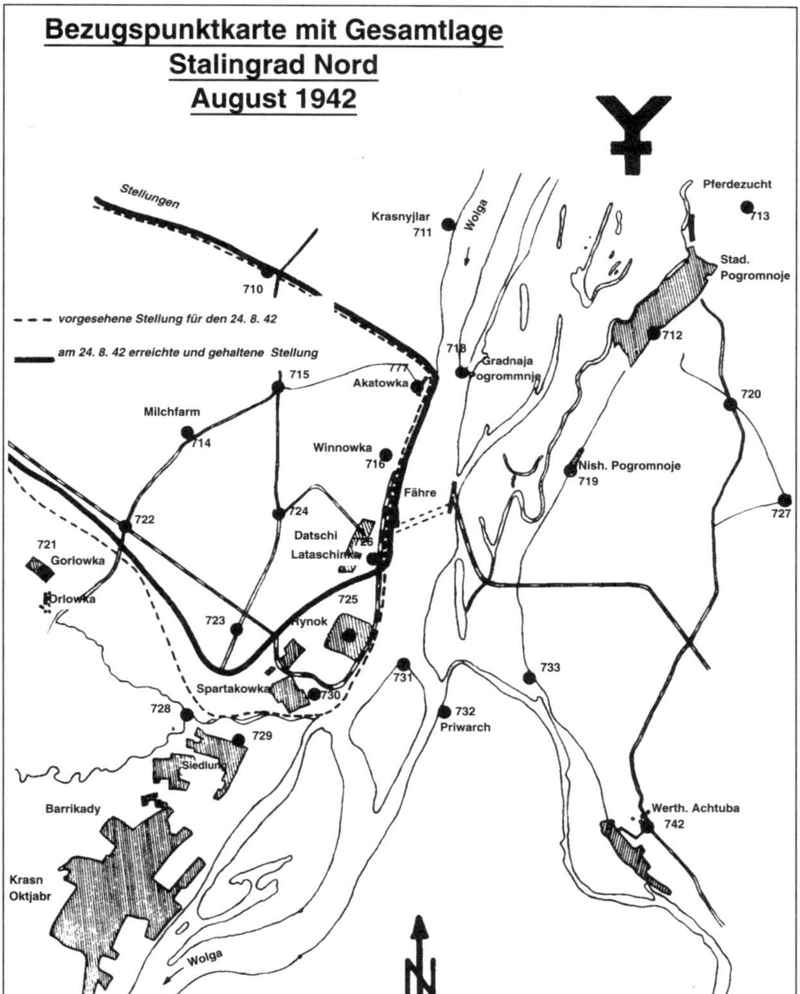

Feind : Versucht mit materiell weit überlegenen Pz. Armeen eigene 1. Pz. Armee (Hube) in überholender Verfolgung abzuschneiden. Eig. Truppe : 1. Pz. Armee durch vorangegangene Gefechte abgekämpft, marschiert als "wandernder Kessel" nach Westen. 16. Pz. D. durchbricht als nördl. Flankenschutz der Masse und als Stoßdivision dreimal feindl. Einschließungsringe. Kampfmoral der Truppe sehr hoch, trotz Verlust der Fahrzeuge und schweren Waffen infolge Witterungseinflüssen. Auftrag : Nördl. Flankensicherung der Masse der 1. Pz. Armee. Wegebahner durch feindliche Pak-Riegel. Gelände : Wellig, zahlreiche Fluß- und Bachtäler quer zur Angriffsrichtung behindern den Marsch, schlechte Wegeverhältnisse.
Wetter : Schlammperiode, abwechselnd Regen, Schnee und Frost. Luftlage : Beiderseits lebhafte Fliegertätigkeit, Luftversorgung der eigenen Truppe. Bemerkungen : Trotz feindl. Übermacht und widriger Witterungseinflüsse gelingt es der 1. Pz. Armee unter Verlust der schweren Waffen und Fahrzeuge personell einsatzbereit den Anschluß an die eigenen Linien zu finden

fen wurde. Diesen frischen Verbänden war es zu verdanken, dass die Stadt nicht schon am 17. Sept. 1942 in deutsche Hand fiel.

GenLt. Tschuikow erlebte eine weitere Krisensituation, als am Abend des 17. Sept. die Kämpfer der deutschen 71. ID, die bereits am Mittag in die Zarizaschlucht eingedrungen waren, bis zum Gefechtsstand des Generals vordrangen. Stabsoffiziere, Funker, Nachrichtenmänner und das Begleitkommando Tschuikows stoppten die Soldaten der deutschen Kleeblatt-Division so lange, bis das Stabsquartier mit den Geheimunterlagen umquartiert war. Durch einen zweiten Ausgang konnte GenLt. Tschuikow mit seinem engsten Stab entkommen.

Um ein Haar wäre es Major Reinhard Fredebold, BatlKdr. im IR 191, gelungen, den sowjetischen Oberbefehlshaber der Stadt und dessen Generalstabschef, GenMaj. Krylow, zu fangen.

Auf einem kleinen Boot setzten diese beiden Chefs der Verteidigung Stalingrads über die Wolga, fuhren nach Norden und legten am Rande der Nordstadt an, um hinter der Geschützfabrik Roter Oktober einen neuen Gefechtsstand zu beziehen, der in das Steilufer der Wolga hineingegraben worden war.

In Stalingrad stand alles auf des Messers Schneide.

Sowjetische Planungen für den Gegenschlag

Während der Kampf um Stalingrad an Erbitterung zunahm und die 24. PD am 4. Okt. 1942 den berüchtigten Schnellhefter erreichte – ein Stadtviertel, das auf der Karte wie ein Schnellhefter aussah –, diesen am 5. Okt. nach hartem Häuserkampf in Besitz nahm und danach das Traktorenwerk Rote Barrikade anging, ohne es knacken zu können, plante die Rote Armee bereits die Befreiung der Stadt und die Vernichtung der 6. Armee.

Seit dem 20. September waren die Fachleute des sowjetischen Oberkommandos mit der Ausarbeitung der Pläne befasst, deren Ziel es war, die deutschen Kräfte bei Stalingrad zu vernichten.

Marschall der Sowjetunion Jerjomenko erklärte dazu: „In den ersten Oktobertagen führten die Vertreter des Hauptquartiers des

Oberkommandos, Armeegeneral Žukow und Generaloberst Wassilewski, eine Besprechung mit den Oberbefehlshabern der Fronten durch, auf der die Frage der Organisation der geplanten Offensive erörtert wurde.

Das Kommando der Stalingrader Front legte dem Hauptquartier ein Dokument vor, in dem es u. a. hieß: ‚Die Lösung der Aufgabe zur Vernichtung des Gegners im Raume Stalingrad müßte durch einen Schlag mit starken Gruppen aus Norden in Richtung Kalatsch und durch einen solchen aus Süden, aus den Abschnitten der 57. und 51. Armee, in Richtung Abganerowo und weiter nach Nordwesten erfolgen.'" (Siehe Shilin, P. A., Hrsg.: Die wichtigsten Operationen des Großen Vaterländischen Krieges.)

Das Hauptquartier des sowjetischen Oberkommandos zog bereits seit Mitte September bis Mitte November – während in Stalingrad ein furchtbarer Kampf entbrannt war – alle nur greifbaren Reserven nordwestlich und südlich Stalingrad zusammen und bildete Stoßgruppen in der Südwest-, der Don- und Stalingrader Front.

Unter diesen Reserveverbänden befanden sich eine Reihe voll ausgestatteter Panzer-Divisionen und Panzer-Brigaden sowie starke Artillerieverbände und vier Luftarmeen.

Für diese geplante Großoperation war entscheidend wichtig, dass die Brückenköpfe auf dem rechten Donauufer bei Serafimowitsch und Kletskaja im Abschnitt der Südwestfront, ferner jene im Abschnitt der Don-Front nordwestlich von Sirotinskaja und vor allem die Seenenge südlich von Stalingrad behauptet und verstärkt wurden.

Die Gegenoffensive sah vor, die deutsche Front am Mittellauf des Don und südlich Stalingrad zu durchbrechen. Von Südosten und aus Nordwesten sollte der Zangenangriff auf Kalatsch entwickelt werden. Dies musste dann zur Einschließung der 6. Armee führen und auch die 4. Panzer-Armee noch mit wesentlichen Teilen packen.

Die Weichen waren gestellt, während in Stalingrad eine Reihe deutscher Divisionen kämpften. Die Stadt war ein einziger Hexenkessel geworden. Diese 40 Kilometer lange Industriestadt an der Wolga mit ihren riesigen Werken und Verwaltungsgebäuden war zum Schlachtfeld geworden.

Es war ein unheimlicher Kampf. Ein Krieg List gegen List und

Tücke gegen Tücke. Auf der Erde, unter der Erde, in dem gigantischen Kanalisationssystem standen sich immer wieder die Stoßtrupps gegenüber, schossen und stachen aufeinander ein. Hier, in den von Ratten verseuchten Löchern und Kanalröhren, starben tausende Soldaten beider Seiten in jenen zwei Monaten des Ringens um die Stadt, während sich außerhalb Stalingrads das Verhängnis bereits anbahnte.

Über Gebirge aus Schutt und Schrott schoben sich die stählernen Kolosse der Panzer und der wenigen deutschen Sturmgeschütze, schossen auf den sich zeigenden Gegner, wurden von Schweigepak abgeschossen, noch ehe sie den Gegner überhaupt sahen. Kreischend und rumpelnd durchrollten sie weite Fabrikhallen, die von den dröhnenden Abschüssen der Panzerkanonen widerhallten. Panzernahkampf-Trupps der Sowjets griffen diese deutschen Panzer an und wurden von den sie begleitenden Panzergrenadieren niedergeschossen. Minen gingen hoch, rissen Sturmgruppen auseinander und schleuderten Menschen als blutende Fleischbündel in die Luft.

Im Sturmangriff ging es durch enge, steile Lössschluchten, die zur Wolga hin verliefen. Aus Quergängen und Höhlen peitschte MG- und MPi-Feuer und riss die vorstürmenden Panzergrenadiere von den Beinen. In der Nacht aber, wenn auf den Gründen der Schluchten schwärzeste Finsternis herrschte, kamen jene Rotarmisten, die sich hatten überrollen lassen, aus ihren Schlupfwinkeln und griffen an. Kämpfe von unvorstellbarer Grausamkeit spielten sich in diesen Schluchten ab, aus denen die Schreie der Verwundeten und Sterbenden hinausgellten.

Sowjetische Großkampf-Batterien waren auf dem jenseitigen Wolgaufer aufgefahren und standen in den dichten Urwäldern gedeckt. Sie schossen mit allen Kalibern in die Stadt hinein. Regimenter von Raketenwerfern – den berüchtigten Stalinorgeln – schickten ihre feuerschwänzigen Geschosse in die Stadt. Fauchend und dröhnend flitzten die Raketensalven über den Fluss und wühlten den blutgetränkten Boden dieser Stadt noch einmal um.

Stalingrad brannte, verwandelte sich in eine 40 Kilometer lange Ruinenlandschaft.

Am Tage röhrten deutsche Stuka-Verbände heran, um die er-

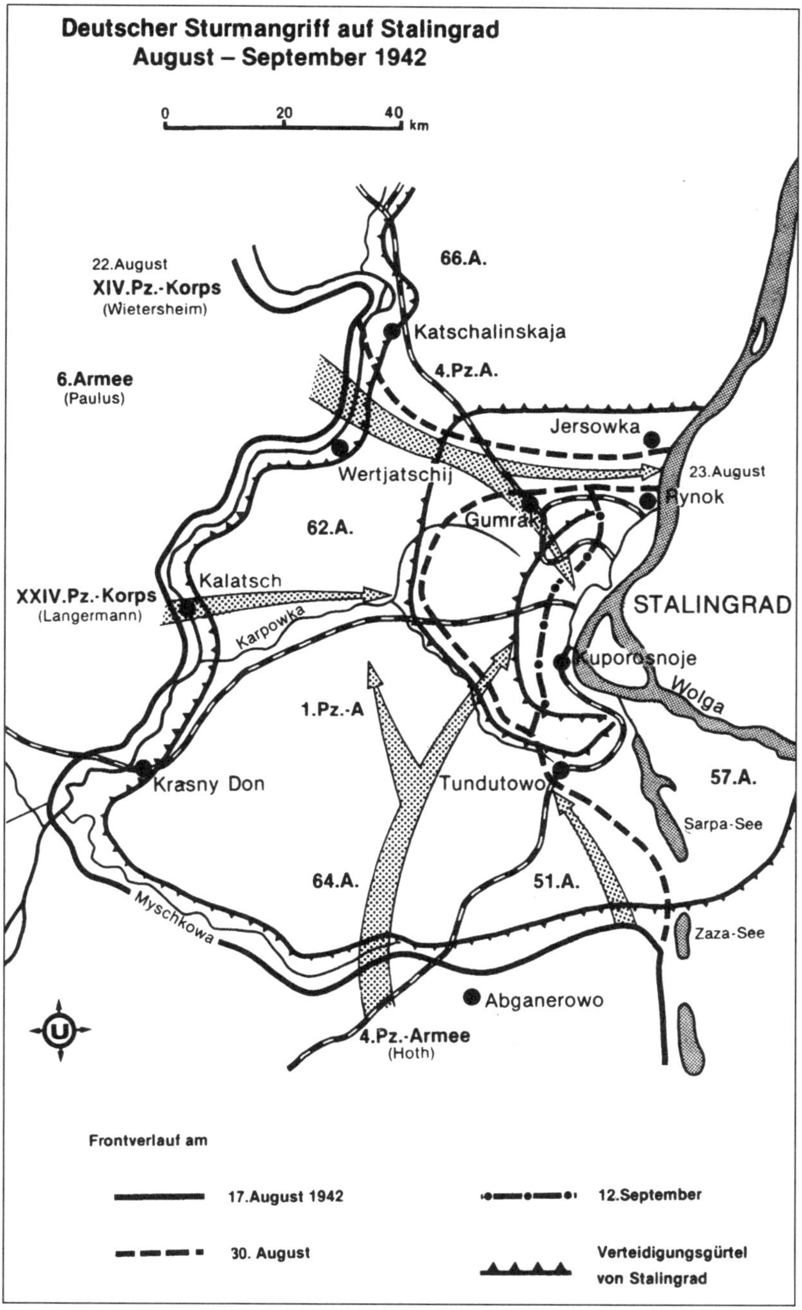
Deutscher Sturmangriff auf Stalingrad
August – September 1942
0
20
40
km
22.August
XIV.Pz.-Korps
(Wietersheim)
66.A.
Katschalinskaja
6.Armee
(Paulus)
4.Pz.A.
Jersowka
Wertjatschij
23.August
Rynok
Gumrak
62.A.
Kalatsch
XXIV.Pz.-Korps
(Langermann)
STALINGRAD
Karpowka
Kuporosnoje
Wolga
1.Pz.-A
Krasny Don
Tundutowo
57.A.
Sarpa-See
64.A.
51.A.
Myschkowa
Zaza-See
Abganerowo
4.Pz.-Armee
(Hoth)
U
Frontverlauf am
17.August 1942
12.September
30. August
Verteidigungsgürtel
von Stalingrad

kannten und durchgegebenen Ziele zu bombardieren; aus ihren Löchern und Bunkern starrten die deutschen Soldaten auf dieses Schauspiel der Vernichtung. Rauch- und Dreckwolken und immer wieder lodernde Flammenwände überdeckten die Stadt, die keine Stadt mehr war, sondern ein einziges Massengrab für deutsche, rumänische und sowjetische Soldaten.

Die deutschen Divisionen, die bereits zu Regimentsstärken zusammengeschmolzen waren, versuchten am 16. Nov. noch einmal, die Entscheidung zu erzwingen. Die 305. ID war diesmal mit dabei. Und wie seit dem ersten Tage die 71. ID und die noch einsatzbereiten Panzer.

Abermals begann der Sturmlauf durch die zerfetzten Straßen und Anlagen. Es ging durch ausgebrannte Hallen und über trichterübersäte Fabrikhöfe. Stukas griffen wieder in den Kampf ein. Mitten im Schneetreiben erzielte der Angriff 100 Meter Bodengewinn. Jeder Meter war mit zehn Toten erkauft. In der Nacht ging dieser winzige Fleck eroberter Erde wieder verloren. Umsonst das Opfer der 1000 Soldaten.

Am Morgen des 19. Nov. 1942 aber, als sich die Grenadiere und Panzergrenadiere abermals den sowjetischen Widerstandsnestern näherten, um den Sieg an sich zu reißen, bahnte sich ungefähr 500 Kilometer von Stalingrad entfernt, nordwestlich dieser heiß umkämpften Stadt an der Wolga, ein Inferno ab, das schließlich zur Einschließung der 6. Armee führen sollte.

Eine Armee in der Falle

Die sowjetische Gegenoffensive

In der nüchternen Sprache des Kriegshistorikers traten die Stoßgruppierungen der Südwestfront, GenLt. Watutin, und der Don-Front, GenLt. Rokossowski, in der ersten Phase der Sowjet-Offensive bei Stalingrad am Morgen des 19. Nov. 1942 zum entscheidenden Angriff an. Im Bereich der Südwestfront ging die 5. sowjetische Panzer-Armee mit dem I. und XXVI. PzK. sowie dem VIII. KavKorps vor. Diese standen im Versammlungsraum südwestlich von Serafimowitsch.

Nach Osten schloss sich die 21. Sowjet-Armee an, der als Stoßkeil noch das IV. PzK. unterstellt worden war. Sie war im Großraum Kletskaja versammelt. Die 65. Sowjet-Armee wiederum war bis hinunter zum Donknie versammelt. Ostwärts des Don bei Sasonow befand sich das Gros der 24. Sowjet-Armee mit dem ihr unterstellten XVI. PzK. Als Reserve standen der Südwestfron die 3. und 5. Garde-Stoßarmee zur Verfügung, die sich nördlich des Don bereithielten.

Die sowjetische Stalingradfront hatte inzwischen mit der 66. Armee an der Stalingrad-Nordfront, der 62. und 64. Armee in der Stadt selbst, der 57. Armee mit dem unterstellten XIII. mech. Korps bei Krasnoarmejsk und der 51. Armee mit dem zugeführten IV. mech. Korps am Zaza- und Barmanzaksee in der Kalmückensteppe eine gewaltige Kräftezufuhr erhalten.

Am frühen Morgen des 19. Nov. 1942 traten die beiden Angriffsarmeen der sowjetischen Südwestfront aus ihren Brückenköpfen an. Sie überrannten die hier stehenden rumänischen Divisionen und stießen bis zum Abend dieses Tages bereits 40 Kilometer tief nach Süden durch.

Auf deutscher Seite setzte die Heeresgruppe des XXXXVIII. PzK. zum Gegenangriff nach Norden auf Kletskaja an, wo die 21. Sowjet-Armee durchgebrochen war. Als die Panzerverbände bereits so angesetzt waren, wurden sie noch einmal umdirigiert, denn im Raume Blinow und Pestschany waren die gefährlicheren Feindverbände – die 1. sowjetische Garde-Armee und die 5. Panzer-Armee – durchgestoßen; sie galt es zu stoppen und zu vernichten.

Ziel dieses sowjetischen Vorstoßes war Kalatsch am Don. Wenn diese Stadt erreicht war, stand die Rote Armee genau im Rücken der deutschen 6. Armee.

Die 29. ID (mot.), die aus Stalingrad herausgezogen worden war, um im Rücken der 6. Armee aufzufrischen, wurde am Morgen des 20. Nov. 1942 von GenOberst Hoth gegen die 57. Sowjet-Armee angesetzt, die südlich Stalingrad über die Wolga geschafft worden war, um den zweiten, südlichen Zangenarm zu bilden, der die 6. Armee in Stalingrad einkesseln sollte.

Im Panzerkampf gelang es dieser deutschen Division, den Gegner nach Süden abzudrängen. Als sie sich anschickte, diesen Gegner zu verfolgen, erhielt sie einen Befehl der 4. PzArmee:

„Nicht weiter angreifen! In der erreichten Gegend halten! Hinhaltender Widerstand und Verteidigung zum Schutze der Südflanke der in Stalingrad kämpfenden 6. Armee übernehmen. Die Division wird dem IV. Armeekorps der 6. Armee unterstellt."

Die Stoßgruppen der Stalingrader Front unter GenOberst Jerjomenko griffen am 20. Nov. nach einer gewaltigen Artillerie-Vorbereitung an. Die Truppen unter GenMaj. Tolbuchin und GenMaj. Trufanow durchbrachen die deutsche Verteidigungsfront und verschafften so den schnellen Kampfgruppen der Armeen die Chance zum zügigen Vorstoß und zur Umfassung der 6. Armee.

Am 23. Nov. 1942 vereinigte sich die Panzer-Kampfgruppe unter GenMaj. Wolski bei Sowjetski mit schnellen Truppen der Südwest-Front. Teilkräfte der Stalingrader Front, die die Hauptstoßgruppe nach Süden zu sicherten, erreichten die Linie entlang des Don und des Aksai-Kurmojarski bei Umanzewo und bildeten hier, nach Süden gerichtet, die äußere Einschließungsfront.

Damit waren im Großraum um Stalingrad 20 deutsche und zwei

Der Südabschnitt der Ostfront
November 1942

rumänische Divisionen sowie einige kleinere Einheiten eingeschlossen.

Am späten Abend des 8. November hatte Adolf Hitler aus Anlass der traditionellen Ansprache im Bürgerbräukeller in München an die Blutordensträger über Stalingrad gesagt: „Keine Macht der Erde kriegt uns wieder aus Stalingrad weg!“ Diese Worte sollten sich auf die grausigste Art und Weise bewahrheiten.

Am 21. Nov. 1942 flog Generaloberst Paulus nach Nižne Tschirskaja, wo der Armee-Gefechtsstand für den Winter geplant war. Am frühen Morgen des 22. Nov. 1942 traf hier auch GenOberst Hermann Hoth ein. Die Besprechung, die Hoth und Paulus führten, war vom Ernst der Lage in Stalingrad überschattet.

Sie besprachen eine Reihe von Maßnahmen, darunter auch Pläne zu einer Ausbruchsschlacht und einen geplanten Gegenstoß starker Panzerkräfte zum Freischlagen eines Korridors in die Stadt an der Wolga.

Das Oberkommando des Heeres hatte bereits am 21. Nov. 1942 Generalfeldmarschall von Manstein, den OB der 11. Armee, zum Oberbefehlshaber der neu gebildeten Heeresgruppe Don ernannt. Damit befehligte von Manstein die 4. Panzer-Armee, die rumänische 3. Armee und die 6. Armee im Kessel von Stalingrad.

Die Lage bei der Luftwaffe

Seit Oktober 1942 hatte die Luftflotte 4, GenOberst von Richthofen, den geheimen, getarnten Aufmarsch der Roten Armee an der nördlichen Donschleife gemeldet. Ab Mitte November berichteten die deutschen Aufklärer von zahlreichen Pionierverbänden, die im Raume Kletskaja und nordwestlich davon zahlreiche Brücken über den Strom schlugen.

Am 19. Nov. meldeten diese Aufklärer schließlich, dass die Rote Armee zwischen Kletskaja und Serafimowitsch in Richtung auf den Tschir angetreten sei.

Das VIII. Flieger-Korps, GenLt. Fiebig, mit dem Gefechtsstand in

Obliwskaja, suchte diesen Angriff zu stoppen. Bei schlechtem Wetter und dichtem Schneetreiben sowie tief liegenden Wolken konnten aber nur Einzelangriffe geflogen werden.

Erst einige Kilometer nördlich und ostwärts des Tschirbogens war das VIII. FlK. in der Lage, mit Schlachtfliegern, Stukas und Bombern den Abwehrkampf der Infanterie zu unterstützen.

Die im Großraum Kalatsch liegenden Frontflugplätze der Luftwaffe wurden jedoch überrannt. Das Stuka-Geschwader 2 verfügte hier nur noch über eine Gruppe. Die Schlachtflieger des Schlachtgeschwaders 1, Oberstleutnant Hitschhold, und das Stukageschwader 2, Major Dr. Kupfer, konnten in letzter Sekunde am 20. Nov. vor den heranrollenden Sowjets starten.

Als Generalmajor Pickert, Kommandeur der 9. Flak-Division im Kessel, am Nachmittag des 19. Nov. auf seinem GefStand eintraf, erhielt er die Nachricht von einem tiefen sowjetischen Einbruch in die Front. Am Morgen des 20. Nov. ergab die Erkundung durch Fieseler Störche, dass der Feind im Begriff stand, die mit der Masse zwischen Don und Wolga stehende 6. Armee einzukesseln.

Einen Tag danach meldete sich GenLt. Fiebig telefonisch im Chefzimmer des AOK 6, wo GenOberst Paulus soeben mit seinem Chef des Generalstabes, GenMaj. Arthur Schmidt, die Lage besprach. GenLt. Fiebig schilderte die Situation bei Kalatsch, wie sie durch Erkundung erkannt war. Er warnte vor der Möglichkeit einer Gefahr für die dortige Brücke über den Don.

GenMaj. Schmidt entgegnete: „Ich sehe keine unmittelbare Gefahr für die Brücke. Auf den Höhen bei Kalatsch steht eine ausreichende Brückensicherung." Der Chef des Stabes erklärte GenLt. Fiebig, dass sich Generaloberst Paulus mit der Absicht trage, zu igeln.

Als Fiebig nunmehr fragte, wie man sich dann die Versorgung der 6. Armee denke, da ja alle Nachschubverbindungen bereits jetzt unterbrochen seien, erklärte GenMaj. Schmidt, dass die Armee dann eben aus der Luft versorgt werden müsse.

GenOberst Paulus, der dieses Gespräch am zweiten Apparat mitgehört hatte, vernahm auch Fiebigs ungläubige Frage: „Eine ganze Armee aus der Luft versorgen?"

Als man dies bejahte, sagte Fiebig klipp und klar: „Unmöglich! – Das ist völlig unmöglich! Unsere Transportflugzeuge sind in Afrika und auch an anderen Fronten stark in Anspruch genommen. Ich warne vor übertriebenen Hoffnungen."

Da dieses Gespräch den Kommandierenden General des VIII. FlK. nicht befriedigte und er der Meinung war, noch eindeutiger zu der geplanten Luftversorgung einer ganzen Armee Stellung nehmen zu müssen, rief GenLt. Fiebig am 22. Nov. um 07.00 Uhr ein zweites Mal bei der 6. Armee an. Er ließ sich mit GenMaj. Schmidt verbinden und beschwor diesen:

„Ich muss noch einmal zum Ausdruck bringen: Sie rechnen zu sehr mit der Luftversorgung. Ich komme aber trotz mehrfachen Überlegens immer wieder zu dem Schluss, dass eine Luftversorgung der 6. Armee nicht möglich ist. Unberechenbar sind Feind und Wetterlage des russischen Winters. Ich sage Ihnen dies eindringlich, damit Sie unsere Auffassung haben, wenn Sie mit Hoth sprechen."

Da in diesem Augenblick GenOberst Hermann Hoth den Besprechungsraum betrat, brach GenMaj. Schmidt dieses Gespräch ab.

Während dieser Besprechung, an der als einziger Luftwaffenoffizier im Kessel, der Generalsrang hatte, GenMaj. Pickert teilnahm, wurde dieser von Schmidt gefragt, was seine Meinung sei. Pickert ließ sich nicht lange bitten: „Wir müssen sofort nach Südwesten durchbrechen!", lautete seine klare Antwort.

„Dies geht aus Betriebsstoff-Mangel nicht", erwiderte Schmidt. Aber Pickert versprach, dass seine 160 FlaWaffen des Kalibers 2 cm im Mannschaftszug durchgebracht werden würden und dass man sogar die Munition dazu tragen werde, wenn es darum gehe, den Kessel zu verlassen. Doch dies alles verfing nicht. Die Armee erhielt den Befehl zu igeln, weil sie, wie Paulus bemerkte, „durch einen Befehl des Führers an Stalingrad gebunden" sei.

Auch GenMaj. Pickert warnte vor der Illusion, dass die 6. Armee aus der Luft versorgt werden könne. Aber Schmidt hatte auch hier das letzte Wort. Jener Chef des Generalstabes der 6. Armee, der eigens aus dem FHQ zu dieser Armee abgestellt worden war, um GenOberst Paulus „auf Schwung zu bringen", sagte: „Es muss ge-

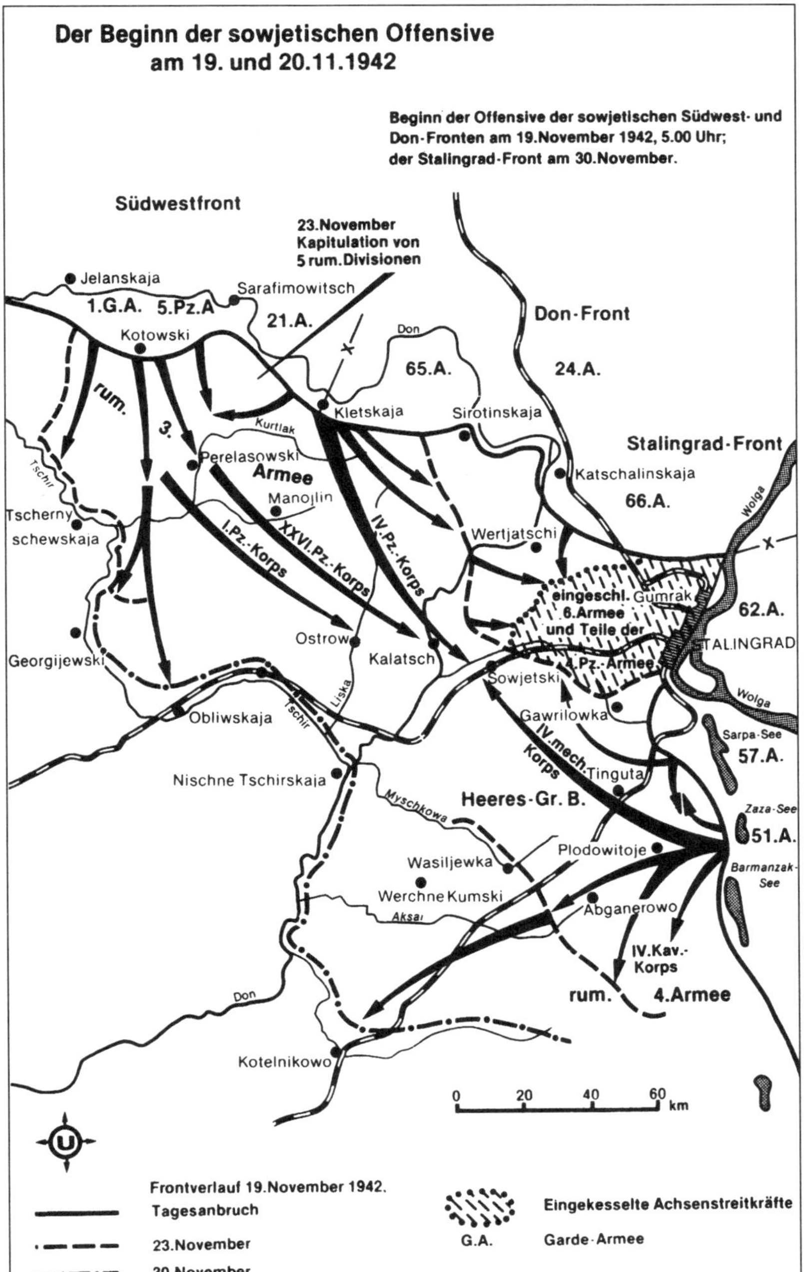
Der Beginn der sowjetischen Offensive
am 19. und 20.11.1942
Beginn der Offensive der sowjetischen Südwest- und Don-Fronten am 19.November 1942, 5.00 Uhr; der Stalingrad-Front am 30.November.
Südwestfront
23.November Kapitulation von 5 rum.Divisionen
Jelanskaja
Sarafimowitsch
1.G.A.
5.Pz.A
21.A.
Kotowski
Don
Don-Front
65.A.
24.A.
rum.
3.
Armee
Kletskaja
Sirotinskaja
Kurtlak
Stalingrad-Front
Perelasowski
Katschalinskaja
Tschir
Manojlin
66.A.
Wolga
Tschernyschewskaja
I.Pz.-Korps
XXVI.Pz.-Korps
IV.Pz.-Korps
Wertjatschi
eingeschl. 6.Armee und Teile der 4.Pz.-Armee
Gumrak
62.A.
Ostrow
STALINGRAD
Georgijewski
Kalatsch
Sowjetski
Liska
Gawrilowka
Obliwskaja
Tschir
Sarpa-See
IV.mech. Korps
57.A.
Nischne Tschirskaja
Tinguta
Myschkowa
Heeres-Gr. B.
Zaza-See
51.A.
Plodowitoje
Wasiljewka
Barmanzak-See
Werchne Kumski
Abganerowo
Aksai
IV.Kav.-Korps
Don
rum.
4.Armee
Kotelnikowo
0
20
40
60
km
Frontverlauf 19.November 1942.
Tagesanbruch
23.November
30.November
Eingekesselte Achsenstreitkräfte
G.A.
Garde-Armee

hen! Und außerdem können wir ja erst noch die vielen Pferde im Kessel aufessen."

Am 22. Nov. noch meldete GenOberst Paulus, der OB der 6. Armee, dem FHQ über Funk: „Armee eingeschlossen. Munitionslage gespannt, Verpflegung reicht für sechs Tage. Armee beabsichtigt, verbliebenen Raum von Stalingrad bis zum Don zu halten, und hat hierzu alles eingeleitet. Voraussetzung ist, dass die Schließung der Südfront gelingt und reichlich Verpflegung eingeflogen wird. Gez. Paulus."

Am selben Abend noch sandte der OB der HGr. B, der ja auch die 6. Armee angehörte, GenOberst Frhr. von Weichs, ein Fernschreiben an das OKH:

„Trotz der ungewöhnlichen Schwere des zu fassenden Entschlusses, dessen Tragweite mir voll bewusst ist, muss ich melden, dass ich die Zurücknahme der 6. Armee, die von Paulus vorgeschlagen wurde, für notwendig halte.

Die Gründe: Die Versorgung der 20 Divisionen umfassenden Armee auf dem Luftwege ist nicht möglich. Mit dem verfügbaren Lufttransportraum, entsprechendes Wetter vorausgesetzt, kann täglich nur ein Zehntel des wirklichen Tagesbedarfs in den Kessel geflogen werden."

Die sich bereits am 20. und 21. Nov. 1942 abzeichnende Einschließung der 6. Armee veranlasste den OB der Luftflotte 4, Generaloberst von Richthofen, die ersten vorbereitenden Maßnahmen für eine Versorgung der Armee auf dem Luftwege zu treffen. Und zwar sollte zunächst Munition und Betriebsstoff, später auch Verpflegung eingeflogen werden.

Der OB der 6. Armee richtete am 24. Nov. ein Fernschreiben an das Führerhauptquartier. Darin hieß es: „Der Durchbruch der 6. Armee nach Südwesten ist die einzige Möglichkeit, den größten Teil der 6. Armee und ihres Materials sowie der schweren Waffen zu retten."

Hitler antwortete umgehend: „Die 6. Armee ist vorübergehend von russischen Kräften eingeschlossen. Ich beabsichtige, die Armee im Raum Stalingrad zusammenzufassen. Die Armee darf überzeugt sein, dass ich alles tun werde, um sie entsprechend zu versorgen und rechtzeitig zu entsetzen. Ich kenne die tapfere 6. Armee und ihren

Oberbefehlshaber und weiß, dass sie ihre Pflicht tun wird. – Gez. Adolf Hitler.“

Bereits zu diesem Zeitpunkt hatten, wie aus dem vorangegangenen Text deutlich wurde, sowohl Generaloberst von Richthofen als auch GenLt. Fiebig und GenMaj. Pickert dem OB der 6. Armee und dessen Chef des Generalstabes klargemacht, dass die Armee aus der Luft nicht versorgt werden konnte. Wusste der Führer etwas von diesen Aussagen? Und wenn er dies wusste, was veranlasste ihn, das Stehenbleiben der 6. Armee zu befehlen und ihr zu versprechen, sie zu versorgen?

Von hoher Warte

Unmittelbar nach der Einschließung von Stalingrad war GenOberst Paulus von Tschirskaja aus mit seiner Führungsstaffel in den Kessel eingeflogen und hatte sich in alten unterirdischen Russenbunkern von Gumrak mit seinem Stab eingerichtet. Dieser neue Gefechtsstand lag genau 2 km westlich des Bahnhofes Gumrak und damit 6 bis 8 Kilometer von Stalingrad-Mitte entfernt. In zwölf tief ausgeschachteten Erdlöchern mit einer gefrorenen Erddecke von 2 Meter darüber war der Stab im Umkreis von 80 Metern untergebracht. Das Loch, in dem GenOberst Paulus hauste, hatte eine Abmessung von vier mal vier Metern. Die gefrorene Erddecke bot Schutz vor den direkten Einschlägen mittlerer Granaten.

Da zu dieser Zeit, also um den 23. Nov. 1942 herum, sowohl die Armee als auch der Chef des Generalstabes die einzige Rettungsmöglichkeit für die deutschen Truppen darin sahen, einen Durchbruch nach Südwesten zu erzwingen, hatte Paulus die erwähnte Beurteilung der Gesamtlage am 23. Nov. an das FHQ durchgegeben und als einzige Lösung die „unverzügliche Zurücknahme der 6. Armee von der Wolga“ gefordert.

Während noch die Antwort aus dem FHQ ausstand, wurde der Truppe befohlen, alle für einen Ausbruch als Ballast empfundene Ausrüstung und alles Überflüssige zu vernichten, damit es dem Feind nicht in die Hände falle.

Binnen weniger Stunden wurden nun Panzer, die leichte Motorschäden aufwiesen, Kraftwagen, für die kein Betriebsstoff mehr vorhanden war, hochwertige, aber schwer transportable Funkstellen und anderes Nachrichtengerät und sogar überzählige Geschütze gesprengt.

In Tausenden schnell entfachter Feuer verbrannten Mäntel, Uniformen, Wäsche, Socken, Stiefel; Schreibmaschinen wurden zerschlagen, jeder Fetzen Papier ging in Flammen auf. Akten, Karten und sogar Lebensmittelvorräte wurden vernichtet.

Von diesem Zerstörungswerk waren insbesondere das LI. AK unter GendArt. von Seydlitz und die im Kessel befindlichen Panzer- und Infanterie-Divisionen betroffen.

Der Generaloberst selbst verbrannte seine gesamte Ausstattung. Wenige Tage darauf musste man zum allgemeinen Entsetzen erkennen, dass es Hitler mit dem Festhalten an Stalingrad ernst war.

Als Antwort auf das Fernschreiben der 6. Armee hatte Hitler Generaloberst Paulus befohlen: „Haltet aus! Entsatz kommt von draußen!"

Damit war dieser Befehl zur Grundlage allen Handelns der 6. Armee geworden. Und selbst als Generaloberst Paulus längst ahnte, dass die Versprechen des OKW nur – Versprechen waren, die wohl den Zusammenbruch der deutschen Südfront vermeiden sollten, fand er nicht den entscheidenden Weg zum Handeln nach eigenem Ermessen, sondern überließ sich der Führung durch ein Hauptquartier, das über 2000 Kilometer vom Ort des Geschehens entfernt lag.

Sein Chef des Generalstabes, GenMaj. Arthur Schmidt, hielt unbeirrbar und zweckoptimistisch ausgerichtet an den von oben gegebenen Befehlen fest und war von deren Richtigkeit bis in die letzten Wochen dieses Verzweiflungskampfes hinein überzeugt; oder er tat wenigstens so.

Was aber hatte Hitler bewogen, eine ganze Armee aufs Spiel zu setzen? Wer konnte ihn davon überzeugen, dass es möglich sein würde, die 6. Armee über eine Luftbrücke zu versorgen?

Generaloberst Friedrich Paulus

Gefechtsstand der 6. Armee in Golubinskaja am 29. 7. 1942. Von links: GenOberst Heitz, Generalmajor Schmundt (Chefadjutant Hitlers), GenOberst Paulus.

Stalingrad, Spätherbst 1942. Angriff auf „Rote Barrikade“.

Auf dem Wege nach Stalingrad. Sept. 1942 in der Steppe.

GenOberst Paulus im Vorfeld von Stalingrad; zu Besuch bei General Hube, OB der 1. Panzerarmee; rechts ein Begleitoffizier.

Generaloberst Paulus am Scherenfernrohr; links: GenMaj. von Seydlitz-Kurzbach. Standort: eine B-Stelle im Norden der Stadt Stalingrad.

Panzerkampf im Vorfeld der Stadt.

Generaloberst Hermann Hoth, OB der 4. Panzerarmee, wurde beauftragt, den Entsatzvorstoß gegen Stalingrad zu führen.

Ein unbekannter Stalingradkämpfer.

Der „kleine Hoth" mit Männern seines Stabes in der Steppe vor Stalingrad.

Hier geht es über den Don. Das nächste Ziel ist die Wolga.

Generaloberst Dr. Ing. Freiherr von Richthofen, Chef der Luftflotte 4, führte alle Operationen der Luftwaffe gegen Stalingrad.

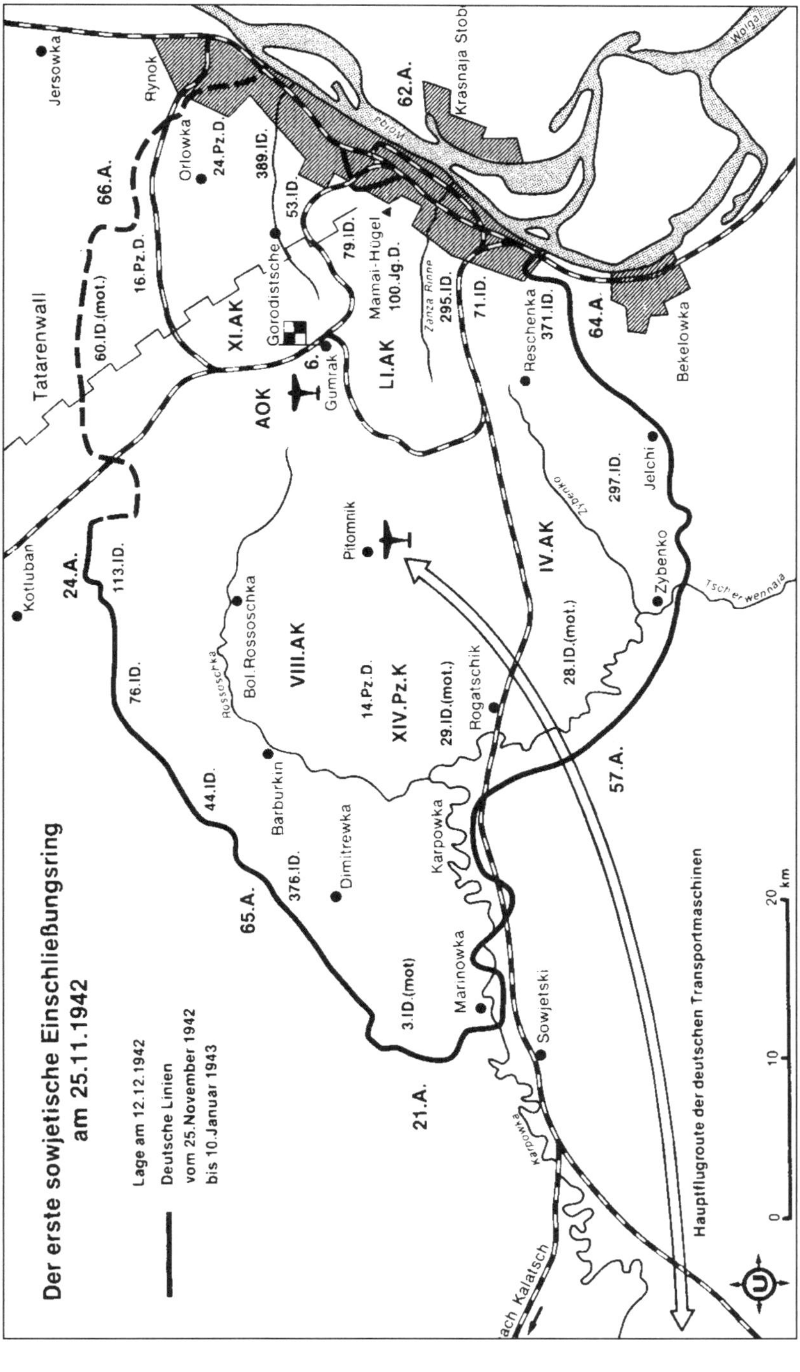
Der erste sowjetische Einschließungsring
am 25.11.1942
Lage am 12.12.1942
Deutsche Linien
vom 25.November 1942
bis 10.Januar 1943
Hauptflugroute der deutschen Transportmaschinen
0
10
20
km
Jersowka
Rynok
Krasnaja Slob
Wolga
62.A.
66.A.
Orlowka
24.Pz.D.
389.I.D.
53.I.D.
Tatarenwall
60.I.D.(mot.)
16.Pz.D.
Gorodistsche
79.I.D.
Mamai-Hügel
100.Jg.D.
Zanza Rinne
295.I.D.
71.I.D.
Reschenka
371.I.D.
64.A.
Bekelowka
XI.AK
6.
Gumrak
AOK
LI.AK
Jelchi
297.I.D.
Zybenko
Kotluban
24.A.
113.I.D.
Pitomnik
IV.AK
Tscherwennaja
Bol.Rossoschka
Rossoschka
VIII.AK
14.Pz.D.
XIV.Pz.K
28.I.D.(mot.)
76.I.D.
Rogatschik
29.I.D.(mot.)
57.A.
Barburkin
44.I.D.
Dimitrewka
Karpowka
376.I.D.
65.A.
Marinowka
3.I.D.(mot)
Sowjetski
21.A.
Karpowka
nach Kalatsch

Luftbrücke – ja oder nein?

Die 6. Armee forderte zu Anfang täglich 300 Tonnen Treibstoff und 30 Tonnen Munition. Sobald die Verpflegung im Kessel aufgebraucht war, sollten 150 Tonnen Verpflegung je Tag hinzukommen.

Um diese Mengen transportieren zu können, waren Transportflugzeuge notwendig, die im steten Einsatz nach Stalingrad flogen. Da jede Ju 52, der Standardtransporter der Luftwaffe, etwa zwei Tonnen Material überfliegen konnte, mussten also 165 dieser Transporter täglich in Stalingrad ankommen und entladen werden. Sobald dann auch die Lebensmittelversorgung hinzukam, waren 240 Maschinen täglich in Stalingrad zu entladen. Dies bedeutete an und für sich bereits ein großes logistisches Problem, denn in Stalingrad war nur ein größerer Flugplatz vorhanden. Es war Pitomnik. Großgerät zur Entladung war nicht vorhanden. Alles musste von Menschenhand an den Platzrand geschafft und von dort abgeholt werden.

Selbst unter normalen Bedingungen, ohne Feindbeschuss, Feindangriffe auf die Absprungplätze der Transporter und ohne deren Bombardierung, ohne technische Ausfälle und Abstürze in der Nacht bei Start und Landung wäre der Start von 240 Flugzeugen Tag für Tag unmöglich gewesen. Im Allgemeinen wurde mit einer Drittelung der Kräfte gerechnet, was wiederum bedeutete, dass mindestens 720 Ju 52 zur Verfügung stehen mussten, um den Versorgungsverkehr nach Stalingrad aufrechtzuerhalten.

In der Luftwaffe waren rund 750 Transporter des Typs Ju 52 vorhanden. Etwa 280 davon waren im Transportverkehr von Truppen und Material nach Afrika eingesetzt, wo am 8. Nov. 1942 die Operation „Torch“ – die alliierte Landung in Französisch-Westafrika – erfolgt war; täglich mussten dorthin Truppen und Material überflogen werden. Das heißt, dass die anderen Transportfliegerkräfte viel zu schwach waren, um die Aufgabe Stalingrad zusätzlich zu erfüllen.

Mitte November standen im Bereich der Heeresgruppe A im Südabschnitt der Ostfront fünf Transportfliegergruppen zur Verfügung.

Die Führung aller Luftwaffenverbände in diesem Bereich lag bei der Luftflotte 4 unter Generaloberst von Richthofen. Dieser Luftflotte waren der Fliegerführer Krim, das IV. Fliegerkorps (mit Einsatzgebiet Kaukasus), das VIII. Flieger-Korps im Großraum Stalingrad und das Luftgaukommando XXV Rostow für die Bodenorganisation unterstellt. In Bezug auf diese Bodenorganisation war der Gesamtbereich der Luftflotte 4 in mehrere Flughafen-Bereichskommandos eingeteilt. Diese unterstanden dem Luftgaukommando XXV.

Das I. Flak-Korps mit der 15. und 19. Flak-Division unterstand direkt der Luftflotte 4; die 9. Flak-Division unter GenMaj. Pickert kämpfte in Stalingrad bei der 6. Armee.

Die einzelnen Lufttransportverbände waren:

Kampfgruppe z.b.V. 900 – Oberst Wübben (LFl. 4 unterstellt)
Kampfgruppe z.b.V. 172 – Major Zähr (Luftgau Rostow unterstellt)
Kampfgruppe z.b.V. 50 – Major Baumann (VIII. FlK. unterstellt)
Kampfgruppe z.b.V. 5 – Oberst Förster (VIII. FlK. unterstellt).

Außer den genannten Transportverbänden verfügte die Luftflotte 4 über die Kampfgeschwader 55 und 27, die mit He 111 ausgerüstet waren. Diese konnten, von ihren Kampfaufgaben entbunden, ebenfalls für die Luftversorgung eingesetzt werden. Hinzu kam die III. Gruppe des KG 4.

Die Einsatzbereitschaft dieser Verbände betrug nach dem ununterbrochenen Sommereinsatz 1942 nur noch etwa 40 Prozent. Einige Gruppen mussten zur Auffrischung zurückverlegt werden, davon zwei sogar in die Heimat, weil die Maschinen total abgenützt und die Besatzungen bis an den Rand der völligen Erschöpfung geflogen waren.

Die Bodenorganisation hatte bei dem schnellen deutschen Vorstoß im Sommer 1942 den Ausbau der Flugplätze, so wie er notwendig gewesen wäre, nicht durchführen können, nicht zuletzt, weil die Nachschubverbindungen einfach nicht ausreichten, das dazu notwendige Material heranzuschaffen.

Die Fliegenden Verbände hausten den ganzen Sommer und Herbst über in Notunterkünften, in Bunkern, Katen und Erdhütten. Dass ausreichende Winterbekleidung herangeschafft werden konnte, war der einzige Lichtblick.

All dies war den Führern der Luftwaffe bekannt; sie zögerten deshalb nicht zu erklären, dass die Versorgung einer ganzen Armee mit den vorhandenen Beständen in dem zu erwartenden russischen Winter undurchführbar sei.

Am Nachmittag des Totensonntags fuhr Generaloberst Jeschonnek mit General Zeitzler zum Berghof, wo sich Hitler aufhielt. Sie trugen sich mit der Absicht, beim Führer deutlich zu machen, dass die Versorgung der 6. Armee aus der Luft nicht möglich sei.

Jeschonnek trug vor, dass die Luftwaffe durch diese neue Aufgabe nach dem Riesenauftrag Tunesien überfordert sei. Er wies jedoch nicht entscheidend darauf hin, dass die Versorgung einer Armee über längere Zeit unmöglich war. Er versäumte es auch, den Ausspruch von Richthofens darzulegen, dass ein solches Unterfangen „heller Wahnsinn" sei. Dennoch gelang es dem Generalstabschef der Luftwaffe, Hitler die Nachteile aufzuzeigen, die der Luftwaffe aus diesem Auftrage erwachsen würden. Hitler horchte auf.

General der Flieger Bodenschatz, Görings dauernder Vertreter bei Hitler, eilte sofort in den Nebenraum und ließ sich mit Göring verbinden. In diesem Blitzgespräch teilte er Göring mit, dass Jeschonnek dabei sei, die Luftwaffe madig zu machen.

Sofort ließ Göring seinen Chef des Generalstabes ans Telefon rufen und verbot ihm, „beim Führer weiter mies zu machen".

Göring erklärte, dass die *Luftversorgung von Stalingrad* für die Luftwaffe *selbstverständlich möglich* sei.

In einem Telefongespräch am 23. Nov. 1942 fragte Hitler seinen Reichsmarschall Göring direkt, ob die Luftversorgung möglich sei. Göring erwiderte, die Aufgabe erscheine durchführbar. Am Nachmittag dieses Tages ließ Göring dann seinen Stab in dem Befehlszug „Asien" in Berlin zusammenkommen. Anwesend waren der Generalquartiermeister der Luftwaffe von Seidel, Oberst Eschenauer, General Kleinrath und General Vorwald, der Chef des Technischen Amtes der Luftwaffe.

Göring erklärte den Offizieren, er beabsichtige, die 6. Armee durch die Luftwaffe versorgen zu lassen. Er forderte die Erfassung sämtlicher verfügbarer Transportflugzeuge und stellte dazu auch seine eigene Kurierstaffel zur Verfügung.

Gegenüber Generaloberst Bruno Loerzer, seinem Kriegskameraden aus dem Ersten Weltkrieg, hatte der Reichsmarschall sein Versprechen später so formuliert:

„Hitler hat mich beim Portepee gefaßt: ‚Hören Sie, Göring, wenn die Luftwaffe die 6. Armee nicht versorgen kann, dann ist die ganze Armee verloren.' Da blieb mir nichts anderes übrig, als zuzustimmen, sonst wären ich und die Luftwaffe von vornherein schuldig gewesen. Ich mußte einfach sagen: ‚Jawohl, mein Führer, wir machen die Sache!'" (Siehe: Bekker Cajus: Angriffshöhe 4000.)

Damit war für Hitler die Sache klar, und nun beharrte er gegenüber allen Unkenrufen am Festhalten der 6. Armee an Stalingrad und an der Luftversorgung. Generaloberst Jeschonnek gehorchte und stellte sich hinter diesen Befehl, wenn er auch erklärte, dass das Gelingen der Luftversorgung vom Wetter abhängig sei und davon, dass die frontnahen Absprunghäfen für die Ju-52-Geschwader in Tazinskaja und Morosowskaja gegen die Rote Armee behauptet würden. Die Sache war entschieden: Die 6. Armee blieb in Stalingrad, und der Opfergang der Luftwaffe konnte beginnen, ohne dass sich am Opfergang der 6. Armee auch nur das Geringste geändert hätte.

Die Denkschrift des Generals der Artillerie von Seydlitz

General der Infanterie von Schwedler, der Kommandierende General des IV. Armeekorps der 6. Armee, hatte bereits im Oktober 1942 in Bezug auf Stalingrad folgende Darstellung gegeben:

„Allen unseren Angriffen zum Trotz halten die Russen bereits seit zwei Monaten ihre Brückenköpfe auf dem Westufer der Wolga. Jetzt müssen wir entweder im totalen Kriegseinsatz, das letzte Gewehr mit nach vorn, angreifen, diese Brückenköpfe ausmerzen und die Lage bei Stalingrad bereinigen. Dann können wir unsere Stellungen über den Winter halten.

Die Schlacht steht unentschieden auf ihrem Höhepunkt. Wer jetzt noch einige Pfunde in die Waagschale werfen kann, der gewinnt das Jahr 1942.

Im Reich, in Böhmen und vor allem in Frankreich liegen zahlreiche Divisionen nutzlos herum. Es sind also Kräfte vorhanden, die hier den Ausschlag geben könnten (es ist verwunderlich, daß sämtliche SS-Divisionen aus der Front gezogen sind). Wenn Gründe für das Zurückhalten der entscheidenden Kräfte vorliegen, dann gibt es nur noch den zweiten Weg:

Wir geben Stalingrad auf, ziehen uns aus dem Kaukasus zurück und bauen uns hinter dem Don winterfest in einer zusammenhängenden Stellung ein. Brückenköpfe bei Kalatsch, bei Rostow und auf der Taman-Halbinsel am Kuban verbleiben als Ausgangsstellung für die Operationen des nächsten Jahres."

Dies bedeutet in Kürze: Entweder sofortiger Endangriff unter Zuführung von erheblichen Verstärkungen oder geregelter und geordneter Rückzug hinter den Don.

Wegen dieser offenen Sprache fiel General der Infanterie von Schwedler bei Hitler in Ungnade. Er wurde abgelöst. Die Stunde der Entscheidung an der Wolga war verpasst, die Katastrophe bei Stalingrad dicht vorprogrammiert. Am 24. Nov. war der Ring um Stalingrad, als die Rote Armee die Donbrücke bei Kalatsch unversehrt in die Hände bekam, sich die rote Sturmflut darüber hin ergoss und es ihr gelang, mit den gegenüberliegenden eigenen Offensivkräften Kontakt aufzunehmen und sich miteinander zu vereinigen, geschlossen.

Die ursprüngliche Absicht des Armeeoberbefehlshabers, sofort aus dem Kessel auszubrechen, wurde anfangs auch von GenMaj. Schmidt, vor allem aber vorbehaltlos von allen Kommandierenden Generalen geteilt. In erster Linie akzeptierten General der Artillerie von Seydlitz und sein Chef des Stabes, Oberst i. G. Clausius, nur diese erste Lösung für den Ausbruch.

In einer ausführlichen Beurteilung der Lage reichte von Seydlitz am 25. Nov. eine Denkschrift an seinen Oberbefehlshaber ein, in welcher die Lage der 6. Armee und ihre Chancen eindeutig dargelegt waren. Hier ein Auszug aus dieser Denkschrift:

„Der Kommandierende General des LI. Armeekorps Nr. 603/42 gKdos

An den Herrn

Oberbefehlshaber der 6. Armee!

In Besitz des Armeebefehls vom 24. Nov. für die Weiterführung des Kampfes fühle ich mich im Bewußtsein des Ernstes der Lage und der Stunde verpflichtet, meine Beurteilung, die durch die Nachrichten der letzten 24 Stunden nur noch bestärkt ist, noch einmal schriftlich niederzulegen.

Die Armee steht vor dem eindeutigen Entweder-Oder: Durchbruch nach Südwesten in allgemeiner Richtung Kotelnikowo oder Untergang in wenigen Tagen.

Diese Erkenntnis beruht auf nüchterner Erkenntnis der tatsächlichen Gegebenheiten.

I. Da schon zu Beginn der Schlacht so gut wie keine Bevorratung auf irgendeinem Gebiet vorhanden war, ist die Versorgung bei der Beschlußfassung entscheidend. Die Zahlen sprechen für sich selbst. Schon die kleineren Abwehrkämpfe der letzten Tage haben die Munitionsbestände fühlbar absinken lassen. Wird das Korps, womit täglich zu rechnen ist, auf ganzer Front angegriffen, so wird es sich in ein, zwei oder drei Tagen vollständig verschießen. Es ist kaum anzunehmen, daß die Munitionslage bei den bereits seit Tagen im Großkampf stehenden anderen Korps der Armee besser ist.

II. Aus der angestellten Berechnung ergibt sich, daß eine genügende Versorgung auf dem Luftwege schon für das LI. AK fraglich, für die Armee also völlig ausgeschlossen ist.

Was 31 Ju 52 (die am 23. Nov. Versorgung geflogen hatten) oder die erst in Aussicht getellten 100 Ju 52 bringen können, ist nur ein Tropfen. Hoffnungen daran zu knüpfen bedeutet, sich an einem Strohhalm festhalten. – – –

Selbst wenn täglich 500 Ju 52 statt der in Aussicht stehenden 130 landen, können nicht mehr als 1000 Tonnen Güter herangeschafft werden, die für den Bedarf einer Armee von 250 000 Mann im Großkampf und ohne Vorräte nicht ausreichen. Mehr als die Deckung des allernotwendigsten Brennstoffbedarfs, eines kleinen Bruchteils des Bedarfs der menschlichen Verpflegung ist nicht zu erwarten.

Die Pferde werden in den nächsten Tagen bis auf das letzte verendet sein. Die taktische Beweglichkeit wird dadurch weiter eingeschränkt, die Durchführung der Versorgung bis zur Truppe selbst wesentlich erschwert, der Brennstoffbedarf andererseits aber gesteigert.

Daß die Masse der wetterfesten russischen Jagdfliegerkräfte zum Angriff auf die anfliegenden Transportverbände und die einzigen für den Großbetrieb geeigneten Landeplätze Pitomnik und Pestkowatka eingesetzt werden, ist nicht zu bezweifeln. Erhebliche Verluste sind unausbleiblich. Ununterbrochener Jagdschutz für die langen Anflugstrecken und die beiden Plätze sind kaum gewährleistet.

III. Auch die Wetterlage wird die Transportleistung wechselnd beeinflussen. Die damit erwiesene Unmöglichkeit einer ausreichenden Luftversorgung kann den Aufbrauch der Versorgungsgüter der Armee in wenigen Tagen – bei der Munition in drei bis fünf Tagen – ein wenig verzögern, aber nicht verhindern.

Operativ ergibt sich daher unwiderlegbar: Die 6. Armee kann beim Verharren in der Igelstellung nur dann der Vernichtung entgehen, wenn der Entsatz in wenigen Tagen, das heißt in etwa fünf Tagen, so weit wirksam wird, daß der Feind seine Angriffe einstellen muß. Hierfür liegt kein Anzeichen vor.

IV. Der Befehl des OKH, in der versorgungsmäßig noch tragbaren Zeit den Igel zu halten, bis Hilfe herangekommen ist, beruht offensichtlich auf unrealen Grundlagen. Er ist daher nicht ausführbar und hat die Katastrophe der Armee unweigerlich zur Folge. Soll die Armee erhalten werden, so muß sie einen anderen Befehl sofort herbeiführen oder sofort einen anderen Entschluß selbst fassen. Der Gedanke, die Armee bewußt aufzuopfern, dürfte im Hinblick auf die operativen, politischen und moralischen Folgen außerhalb jeder Diskussion stehen.“

Damit hatte GendArt. Seydlitz eigentlich alles gesagt und deutlicher als die oberste Luftwaffenführung, als Göring und Jeschonnek, das Problem seiner Unlösbarkeit durch die Luftbrücke Stalingrad erkannt. Er hat dies in der Denkschrift seinem Oberbefehlshaber gegenüber zweifelsfrei ausgesprochen und keine Lücke offen gelassen. Er wies auf den Munitionsmangel hin, der bei sowjetischen Angriffen blutige Folgen haben würde, er zeigte die Unwägbarkeit des russischen Winters auf und warnte davor, Stalingrad mit der Versorgung des Kessels von Demjansk zu vergleichen, was zu großen Trugschlüssen führen könnte.

Sein Schlusswort in dieser Denkschrift ist eine eindeutige Warnung an seinen Oberbefehlshaber: „Hebt das Oberkommando des Heeres den Befehl zum Ausharren in der Igelstellung nicht unverzüglich auf, so ergibt sich vor dem eigenen Gewissen gegenüber der 6. Armee und dem deutschen Volk die gebieterische Pflicht, sich die durch den bisherigen Befehl verhinderte Handlungsfreiheit selbst zu nehmen und von der heute noch vorhandenen Möglichkeit, die Katastrophe durch einen eigenen Angriff zu vermeiden, Gebrauch zu machen. Die völlige Vernichtung von 250 000 Kämpfern und ihrer gesamten Materialausstattung steht auf dem Spiel. Es gibt *keine* andere Wahl. Gez. von Seydlitz, General der Artillerie."

Der Chef des Stabes der 6. Armee, GenMaj. Schmidt, bemerkte dazu in einer Anmerkung, die er an den Rand dieses Schriftstückes setzte: „Wir haben uns nicht den Kopf des Führers zu zerbrechen und General von Seydlitz nicht den seines Oberbefehlshabers."

Nunmehr wollte General von Seydlitz die Armee vor vollendete Tatsachen stellen. Er befahl auf eigene Faust die Zurücknahme des linken Flügels des LI. AK in eine verkürzte Stellung vor dem Abschnitt Spartakowka. Mit dieser Maßnahme wollte er den Durchbruch nach Westen und Südwesten ins Rollen bringen. Aufgrund seines Befehls musste die 94. ID ihre festen Stellungen räumen.

Die Rote Armee setzte sofort nach. Im freien Steppengelände mussten die Infanteristen die Wellen der angreifenden Rotarmisten halten.

Generaloberst Paulus ließ diese Rückwärtsbewegung sofort stoppen und erteilte General von Seydlitz einen Verweis. Damit war der linke Flügel des LI. AK in eine schwierige Lage geraten. An dieser Stelle versuchte nun die Rote Armee den Kessel aufzuspalten.

Die 16. und 24. PD rollten in die gefährdeten Abschnitte. Sie vereinnahmten die Reste der 94. ID und gliederten sie in ihre eigenen Verbände ein.

Nach den Berechnungen der 6. Armee war ein täglicher Einflug von 500 Tonnen Versorgungsgütern notwendig, um die Kampfkraft der Divisionen aufrechtzuerhalten. Zur Verfügung standen Ju 52 und He 111. Erstere konnten als reine Transportmaschinen etwa zwei Tonnen Nutzlast befördern. Die He 111 als Bomber waren durch Ausnutzung der leeren Bombenschächte imstande, Versorgungsgüter in einem Gewicht von 1,2 Tonnen zu befördern.

Dies bedeutete, dass entweder täglich 250 Ju 52 oder 420 He 111 oder eine gemischte Transportgruppe diese Versorgung durchführen musste.

Wenn das funktionieren sollte, war für die Luftbrücke nach Stalingrad mindestens die dreifache Zahl der genannten Flugzeuge unentbehrlich. Erst dann waren die notwendigen Ruhepausen für die Besatzungen sowie die ständige Wartung und Reparatur der Maschinen möglich. Die Ausfälle durch Feindeinwirkung waren darin noch nicht enthalten. Nach Berechnungen des Quartiermeisterstabes mussten mindestens 2000 Flugzeuge zur Verfügung stehen.

Der Oberquartiermeister der Luftwaffe erklärte eindeutig, dass es niemals eine solche Menge an Maschinen geben werde. Er glaubte aber die versprochene Menge an Nachschub in Höhe von 300 Tonnen täglich erreichen zu können, wenn die He 111 freigestellt würden und keine Kampfeinsätze mehr zu fliegen brauchten.

Allein die Brotversorgung der 6. Armee – bei 200 Gramm täglicher Ausgabe an 250 000 Mann – betrug 50 Tonnen, was so viel heißt, dass 25 Ju 52 täglich nur Brot zu fliegen hatten. Selbst bei einer Kürzung der Rationen auf 100 Gramm pro Tag mussten immer noch 25 Tonnen von 20 He 111 in die Festung befördert werden.

Die Luftbrücke nach Stalingrad

„Luftflotte 4 führt die Versorgung von Stalingrad durch"

Am 25. Nov. 1942 wiederholte Reichsmarschall Göring im Führerhauptquartier das, wozu er sich verpflichtet hatte: „Die Luftwaffe wird im Tagesdurchschnitt 500 Tonnen Nachschub für die 6. Armee überfliegen und für diesen Zweck jedes nur erdenkliche Flugzeug bereitstellen, darunter auch Ju 90 der Lufthansa. Die Versorgung der deutschen Truppen, die im vergangenen Winter drei Monate lang in Demjansk eingekesselt waren, beweist die Möglichkeit dieser Operation."

Als Jeschonnek und Oberst Christian den Erfolg dieser Versorgungsoperation immer noch bezweifelten, wischte Hitler deren Bedenken beiseite und versicherte am nächsten Morgen:

„Es ist allein eine Frage der Zeit. – – – Ein hochbegabter Organisator wird diese Sache durchführen, wenn nötig, mit rücksichtslosen Vollmachten ausgestattet, um alle Hindernisse, die ihm die Gegner dieses Einsatzes in den Weg stellen könnten, auszuräumen." Hitler meinte die Mahner in diesem Fragenkomplex: Generaloberst von Richthofen und Generalfeldmarschall von Manstein.

Die Luftflotte 4 erhielt am 25. Nov. den Auftrag, die Luftversorgung zu führen. Generalleutnant Fiebig wurde zum Lufttransportführer Stalingrad ernannt. Oberst Förster, der Kommodore des Kampfgeschwaders z.b.V. 1, übernahm den Befehl über alle zur Zeit bei der Luftflotte 4 befindlichen Transportverbände. Diese wurden auf dem Flugplatz Tazinskaja zusammengezogen. Der Einsatzstab setzte sich aus dem Geschwaderstab zusammen.

Die ersten in Tazinskaja eintreffenden Ju 52 begannen mit ihren Transportflügen am 26. Nov. 1942. Im KTB des Oberkommandos der Wehrmacht heißt es dazu am 27. Nov. 1943:

„Nur 27 Ju 52 sind gestern in den Raum Stalingrad eingeflogen. Vorhanden sind 298 Ju 52, die täglich etwa 600 Tonnen Versorgungsgut nach Stalingrad schaffen könnten; gebraucht werden vorläufig 700 Tonnen täglich, später nach Verbrauch der vorhandenen Verpflegungssätze 1500 Tonnen."

Auch in dieser Berechnung weicht die Menge der zu überfliegenden Versorgungsgüter von den vorherigen Angaben der verschiedensten Stellen entscheidend ab. Übereinstimmung über die unentbehrliche Tonnage gab es nicht.

Dass die im KTB des OKW genannten Zahlen völlig utopisch waren, hätte jedem Anfänger in der Generalstabslehre aufgehen müssen, der die effektiv überflogenen Tagessätze der nächsten Tage erfuhr und darüber nachdachte. Sobald er sie erfahren hätte, wäre seine erste Aufgabe gewesen, bei der Führung der Transportfliegerverbände nachzufragen, wo sich denn jene 298 genannten Ju 52 befänden und warum nur 27 davon am 26. Nov. Versorgung geflogen hatten.

All dies geschah im FHQ nicht. Dort wiegte man sich in Sicherheit, trotz der sehr bald aus dem Kessel einlaufenden Funksprüche über die mangelnde Versorgung.

Am 28. Nov. 1942 traf Generalfeldmarschall Rommel im FHQ ein; nach seiner Lagemeldung bat er Hitler um die Erlaubnis, seine Truppen nach Italien und Sizilien zurückzuführen, wo man die Panzerarmee Afrika zur Rettung des italienischen Festlandes hätte einsetzen können, da die Landungen der Westalliierten die Position der deutschen Truppen unhaltbar gemacht hätten. Hitler lehnte dies kategorisch ab.

Am nächsten Morgen erklärte Hitler dem Wüstenfuchs im Beisein von Reichsmarschall Göring, dass Afrika gehalten werden müsse. Dann wandte er sich an Göring und befahl diesem, für die Luftversorgung von Nordwestafrika zu sorgen.

Spätestens in diesem Augenblick war für den Oberbefehlshaber der Luftwaffe die Stunde der Wahrheit gekommen. Hier und in diesem Moment hätte Göring sich melden und erklären müssen, dass es einfach nicht möglich war, ganze Luftgeschwader an zwei verschiedenen Enden der Welt zum Einsatz zu bringen, weil es einfach nicht genügend Maschinen und keine ausreichend geschulten Besatzungen gab, um den Bedarf *beider* Fronten mit jeweils mehreren hundert Ju 52 gleichzeitig decken zu können. Göring hätte darauf bestehen müssen, dass nur *einer* Armee die Luftversorgung garantiert werden konnte.

Dann hätte sich Hitler entscheiden müssen: entweder Afrika aufzugeben oder aber der 6. Armee den Durchbruch nach Südwesten zu befehlen.

Hier lag eine der Wurzeln des doppelten Desasters, das zuerst Stalingrad und dann „Tunisgrad" forderte.

Das VIII. Flieger-Korps greift ein

Am 26. Nov. 1942 war GenMaj. Carganico zum Luftversorgungsführer Stalingrad ernannt worden. Sein rasch zusammengetrommelter Stab war jedoch nicht in der Lage, die vielfältigen Aufgaben zu meistern, die ihm gestellt wurden. So wurde am 29. Nov. 1942 das VIII. Flieger-Korps von allen Kampfaufgaben entbunden und GenLt. Fiebig mit der Luftversorgung von Stalingrad beauftragt.

Das VIII. FlK verfügte über gute Nachrichtenverbindungen. Ihm standen Wetterwarten zur Verfügung, Kampf- und Jagdverbände waren einsatzbereit und zum Begleitschutz für die Transportstaffeln hundertprozentig gerüstet. Allerdings fiel dann dieses Flieger-Korps für den Kampfeinsatz aus, der gerade im Bereich der 6. Armee entscheidend wichtig war.

Die Kampfgeschwader 55 und 27 des Korps wurden sofort für die Versorgungsflüge eingeteilt. Ein Teil der Bomber musste jedoch auch weiterhin für Kampfaufgaben eingesetzt werden, weil die Lage an der Front der 6. Armee – die ununterbrochen von sowjetischen Panzerkräften berannt wurde – dies erforderte.

Die in Morosowskaja stehenden He-111-Verbände wurden unter Oberst Kühl, dem Kommodore des KG 55, als Lufttransportführer

Morosowskaja zusammengefasst und schnellstens einsatzbereit gemacht.

Die in Tazinskaja stehenden Ju-52-Transportverbände traten unter den Befehl von Oberst Förster. In Stalino übernahm Major Willers die Aufgabe als Lufttransportführer Stalino. Hier befanden sich die ersten Großraumflugzeuge.

Der Oberquartiermeister der 6. Armee, der in Morosowskaja saß, forderte täglich den Nachschubbedarf der 6. Armee bei der Heeresgruppe Don an. Diese veranlasste, dass die Mengen auf den Absprungplätzen bereitgestellt wurden.

Für die Verladung, Verpackung, für die Versorgung und den Abtransport der Verwundeten, die auf dem Rückweg aus der Festung ausgeflogen werden sollten, war ein Verbindungsoffizier mit einem Sanitätsstab verantwortlich. Die Anlaufzeit war nur kurz, dann arbeitete alles reibungslos.

Das große Problem der drei Lufttransportführer war das Wetter. Nebel, Schneetreiben und Vereisungen der Maschinen beschworen Krisenlagen herauf, die mit den vorhandenen Mitteln nur unvollständig gemeistert werden konnten. Es kam immer wieder zu Startverzögerungen und -ausfall.

Darüber hinaus waren mehrfach keine Landungen in Pitomnik möglich, weil Wolkendecken bis zum Boden herunterreichten. Wenn das der Fall war, so mussten alle Versorgungsgüter in Abwurfbehälter umgepackt werden, und zwar von Hand in die Ju 52. Bei den He 111 brauchten die Versorgungsbehälter nur in die Bombenschächte eingehängt zu werden.

Wenn das Wetter offen war, flogen die Verbände in Ketten- und Staffelformationen, die mit Geleitschutz versehen waren. War die Sicht schlecht, hingen die Wolkendecken tief, kam es zu Rottenflügen oder gar Einzeleinsätzen der Maschinen, denn dann war die gegnerische Jagdwaffe machtlos. Nur jene Besatzungen, die einwandfrei blindflugfähig waren, konnten dann in Kettenformation fliegen. Die Nachtversorgung fand hingegen grundsätzlich im Einzelflug statt.

Die Zeitabstände der Starts wurden zwischen Tazinskaja und Morosowskaja abgesprochen. Man zielte darauf ab, dass zwischen den einzelnen Pulks auch Möglichkeiten zum Entladen der auf Pitomnik

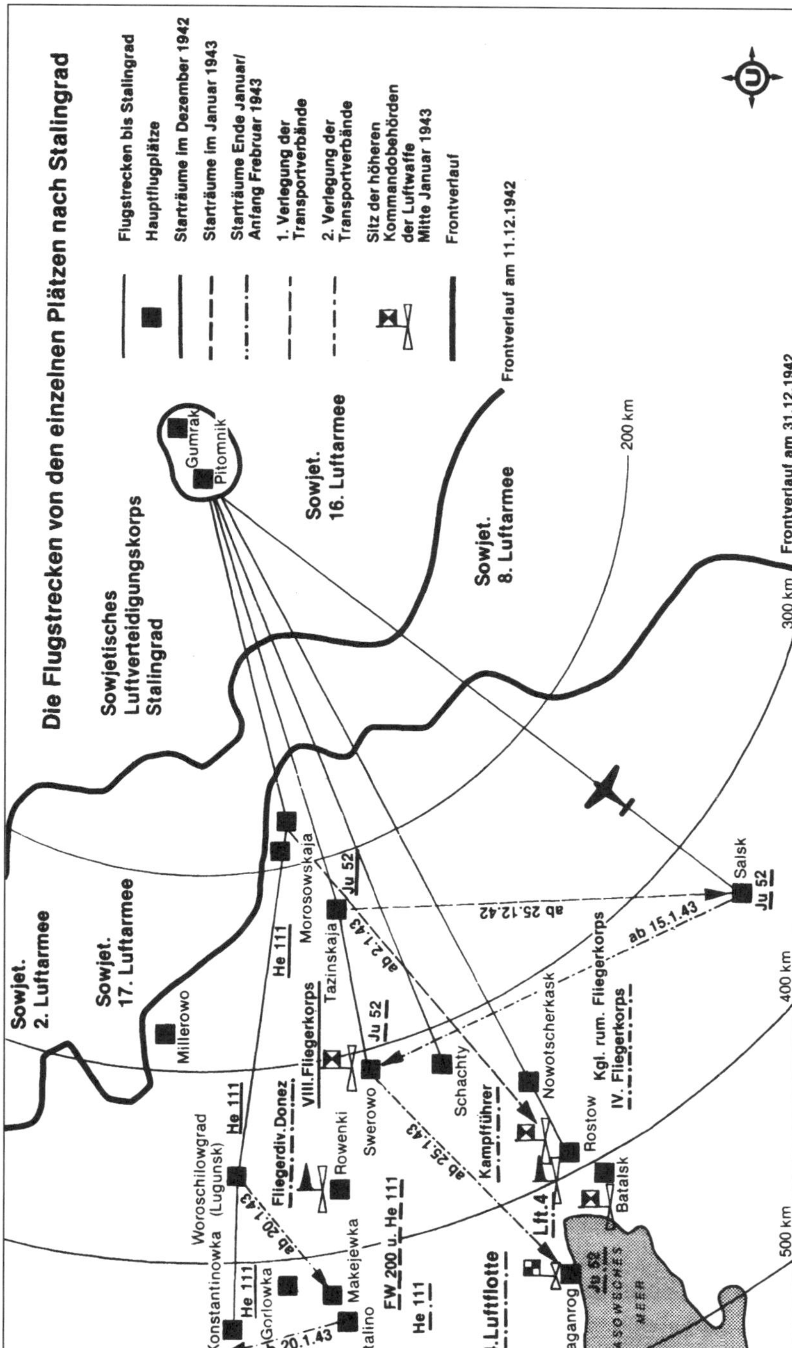
Die Flugstrecken von den einzelnen Plätzen nach Stalingrad
Flugstrecken bis Stalingrad
Hauptflugplätze
Starträume im Dezember 1942
Starträume im Januar 1943
Starträume Ende Januar/ Anfang Frebruar 1943
1. Verlegung der Transportverbände
2. Verlegung der Transportverbände
Sitz der höheren Kommandobehörden der Luftwaffe Mitte Januar 1943
Frontverlauf
Frontverlauf am 11.12.1942
Frontverlauf am 31.12.1942
Sowjetisches Luftverteidigungskorps Stalingrad
Sowjet. 16. Luftarmee
Sowjet. 8. Luftarmee
Sowjet. 2. Luftarmee
Sowjet. 17. Luftarmee
Gumrak
Pitomnik
200 km
300 km
400 km
500 km
Salsk
Ju 52
Morosowskaja
Ju 52
ab 25.12.42
ab 15.1.43
ab 2.1.43
Tazinskaja
He 111
Millerowo
VIII. Fliegerkorps
Ju 52
Swerowo
Schachty
Nowotscherkask
Kgl. rum. Fliegerkorps
IV. Fliegerkorps
Kampfführer
Rostow
Bataisk
ab 25.1.43
Woroschilowgrad (Lugunsk)
He 111
Fliegerdiv. Donez
Rowenki
ab 20.1.43
Makejewka
FW 200 u. He 111
Lft. 4
4. Luftflotte
Taganrog
Ju 52
ASOWSCHES MEER
Konstantinowka
He 111
Gorlowka
Stalino
He 111
ab 20.1.43

stehenden Transportflugzeuge und zum Beladen mit Verwundeten bestand und sich niemand im Wege war.

Die voll beladenen langsamen Ju 52 wurden auf der gesamten Strecke ihres Versorgungsfluges von Feindjägern bekämpft. Diese und die rund um den Versorgungshafen aufgefahrene russische Flak forderten ihre Opfer. Die eigene starke Flakabwehr um Pitomnik konnte den Gegner nur begrenzt abwehren.

Feindliche Bombenangriffe und Artilleriebeschuss sowie der Beschuss aus schweren Granatwerfern (und später aus Salvengeschützen) forderten weitere Opfer. Der Versorgungsbetrieb musste oftmals eingestellt werden.

Die Flugsicherungsanlagen im Einsatz- und Absprungraum wurden sehr rasch installiert und waren voll einsatzbereit. Sie genügten den Anforderungen voll und ganz.

Was die Besatzungen der Versorgungsmaschinen leisteten und was später in verschiedenen Einsatzberichten zum Ausdruck kommt, was sie bei Nebel und tief liegenden Wolken, verfolgt von Feindflugzeugen, die schneller und um ein Vielfaches stärker bewaffnet waren, fertig brachten, das dürfte wohl einmalig sein in der Geschichte der Luftwaffeneinsätze des Zweiten Weltkrieges.

Sehr rasch kamen aus vielen Stellen der Front und des Reiches weitere Flugzeuge an die Front. Es waren Ju 86, Ju 90, FW 200 und weitere He-111-Bomber. Aus dem Bereich des Chefs des Ausbildungswesens wurden im Laufe der Zeit insgesamt 600 Flugzeuge mit ihren Lehrbesatzungen herausgezogen, um damit das Unmögliche möglich zu machen. Doch dieses Vorhaben erwies sich als reine Phantasie, und die fehlenden Lehrbesatzungen brachten die Fliegerausbildung fast völlig zum Erliegen. Dennoch war es beeindruckend, was die Luftwaffe bis Anfang Dezember 1942 alles an Verbänden im Bereich der Luftflotte 4 versammelt hatte. Es waren dies:

Kampfgruppe z.b.V. 9 – Oberst Jäckel
Kampfgruppe z.b.V. 50 – Major Baumann
Kampfgruppe z.b.V. 102 – Oberstleutnant Erdmann
Kampfgruppe z.b.V. 105 – Major Jakobs
Kampfgruppe z.b.V. 172 – Major Zähr

Kampfgruppe z.b.V. 500 – Major Beckmann
Kampfgruppe z.b.V. 900 – Oberst Wübben
I./KG z.b.V. 1 – Major Maess
II./KG z.b.V. 1 – Oberstleutnant Neundlinger
(alle Verbände mit Ju 52 ausgerüstet)
Kampfgruppe z.b.V. 5 – Major Uhl
Kampfgruppe z.b.V. 20 – Major Schmidt
mit den Staffeln – Glocke, Gaede, Gratl
III./Kampfgeschwader 4 – Major Klosinski
Kampfgeschwader 27 – Oberstleutnant von Beust
I./Kampfgeschwader 100 – Hauptmann Bätcher
Kampfgeschwader 55 – Oberst Kühl
(Alle Verbände mit He 111 ausgerüstet)
Kampfgruppe z.b.V. 21 –
Kampfgruppe z.b.V. 22 –
(mit Ju 86 ausgerüstet)
Kampfgeschwader 50 – Major Schlosser (He 177)
Kampfgruppe z.b.V. 200 – Major Willers (FW 200, Ju 90 und Ju 290)

Auch am 29. und 30. Nov. waren „von 38 gestarteten Ju 52 nur 12“ nach Stalingrad durchgekommen.

Spätestens zu diesem Zeitpunkt hätte das gesamte FHQ aufmerken müssen. Wenn von gemeldeten 250 Flugzeugen, die 500 Tonnen theoretisch hätten überfliegen können, nur zwölf nach Stalingrad durchkamen und 24 Tonnen Versorgungsgüter in die „Festung“ brachten, was einem Zwanzigstel des Bedarfs entsprach, hätte man Alarm schlagen müssen. Und noch wäre es nicht zu spät gewesen, denn der Entsatzvorstoß nach Stalingrad stand ja noch bevor, und ein gleichzeitig damit befohlener Ausbruch hätte Aussicht auf Erfolg gehabt. Doch greifen wir nicht vor! Wenden wir uns wieder dem VIII. Flieger-Korps zu! Geben wir an dieser Stelle Generalleutnant Fiebig das Wort:

„25. Nov. 1942: Das Wetter ist etwas besser, hohe Wolken, flotter Einsatz. Die Aufklärung des Luftsicherungsdienstes bringt einigermaßen Klarheit.

Die sowjetische Kavallerie ist nicht in Richtung Morosowskaja über den Tschir gegangen, sondern sitzt mit ihrer Masse in Generalow, halbwegs zu uns in südostwärtiger Richtung.

Alle Verbände beteiligen sich an ihrer Zerschlagung. Schlächter und Stukas kommen von Obliwskaja zu einem zehn- bis vierzehnmaligen Einsatz. Meldungen berichten von einem richtigen Gemetzel unter Pferden und Reitern. Teile des Gegners sitzen aber doch schon hart vor dem Platz Obliwskaja.

Starke russische Panzerkräfte drücken gegen den Karpowka-Abschnitt, aus dem Brückenkopf Kalatsch gegen Osten und gegen die Front des XIV. PzK. und des XI. AK im kleinen Donbogen. Hier sind die K.-Verbände eingesetzt.

22. PD schlägt sich Richtung Südwesten auf Tscherninschewskaja durch und hat gegen russische Panzer einen schweren Stand. Rumänische 1. PD erreicht mit Teilen der 5. und 6. rum. Division den Tschir.

An der Südfront versucht die 4. PzArmee mit Teilen des rumänischen VI. und VII. AK die Front aufzubauen. Deutsche Kräfte fehlen hier fast ganz. GenOberst Hoth geht nach Simowniki.

Der Gegner schiebt sich an den Tschir heran. Um Bahnhof Tschir wird von der Gruppe Adam hart gekämpft; sie erreicht einen kleinen Erfolg mit Hilfe der Schlächter. Die Brücke von Werchne Tschirskaja ist noch in eigener Hand und muß als Ausgangspunkt für spätere Operationen gehalten werden. Zwei Panzerzüge, acht Flak-Batterien, $1\frac{1}{2}$ Feld-Bataillone werden zugesagt. Der Ring um Obliwskaja festigt sich."

Nach dieser Lagebeurteilung durch GenLt. Fiebig kam am nächsten Tag der Besuch von GenOberst von Richthofen auf dem Korps-GefStand überraschend. Richthofen erteilte Fiebig Befehl zurückzugehen, da von vorn die Führung des Korps nicht möglich sei. Auch die Fliegenden Verbände müssten zurückgehen, da man es sich nicht leisten könne, Flugzeuge auf diese Art und Weise zu verlieren. Um 12.30 Uhr flog GenLt. Fiebig mit seinem Adjutanten nach Taganrog.

Unter dem 26. Nov. notierte Fiebig in seinem KTB: „Führerbefehl: 6. Armee bleibt im Igel entgegen anderer Beurteilung der Lage durch Jeschonnek und von Richthofen, daß Durchschlagen erforderlich, da Luftversorgung in ausreichendem Maße nicht möglich. Also wird alles getan, um den Führerbefehl durchzuführen. – – –

Neue Operationen für den Einsatz der 6. Armee laufen an. Wird sie sich so lange halten können, werden wir genügend luftversorgen können? Wird der Russe Paulus nicht inzwischen mit seinen Panzern erdrücken?“

Noch am selben Tage flog GenLt. Fiebig mit Hptm. Pelrum nach Tazinskaja. Oberstleutnant Obergethmann wurde von Fiebig als Abschnittskommandeur im Stützpunkt Obliwskaja eingesetzt. Er unterstand hier dem Abschnittskommandeur General von Sturmfeld.

Am 27. Nov. ging in Tazinskaja ein Schneeschauer nach dem anderen herunter. Der Eisregen hatte alle Leitungen in das rückwärtige Frontgebiet gestört, so dass keinerlei Verbindung zu rückwärtigen Dienststellen bestand.

Wieder sei hier ein kurzer Absatz aus dem KTB von GenLt. Fiebig zitiert, aus dem die Stimmung zu erkennen ist, die alle in dieser Situation gefangen hielt:

„Großoffensive des Gegners auf der ganzen Linie! Alles in höchster Anspannung! Ob man in der Heimat etwas von diesen Vorgängen in ihrer ganzen Tragweite ahnt?

Wir gehen erst in den Winter! Kein Tageslicht – schlechtes Wetter! Und doch: Wir müssen durch! Auch die 6. Armee muß gerettet werden. Die Dinge dafür sind in Fluß. Die Lage nicht anders als vor einem Jahr im Dezember 1941!“

Als am 28. Nov. klares Wetter herrschte, war jede einzelne Maschine mehrfach am Start. Nicht weniger als 389 Einsätze wurden geflogen. Am 29. Nov. wurde das VIII. FlK. von seinen Kampfaufgaben entbunden und übernahm ab dem 30. Nov. die Luftversorgung der 6. Armee schwerpunktmäßig. Es war dies nach den Worten von GenLt. Fiebig „ein ehrenvoller, aber schwieriger Auftrag. Aber es muss geschafft werden, auch wenn der Russe alles dagegen aufbietet. Mit Raffinesse bei Tag und Nacht muss ihm die Durchführung dieser Aufgabe abgerungen werden. Es wird viel Blut kosten, dessen bin ich mir gewiss.“

Am 1. Dez. 1942 wurden vom VIII. FlK. Kampf- und Transporteinsätze geflogen. Dann fiel überraschend ein Schneefallgebiet ein und der Einsatz musste abgebrochen werden. Die von der Versorgung zurückkehrenden Ju 52 und die He 111 riefen immer wieder, um Landemöglichkeiten zu finden. Sie irrten herum, flogen über den Plätzen, ehe sie herunterkamen. Es ging dank der eingeflogenen Besatzungen noch einmal alles gut.

Nach dem Schnee war am 2. Dez. alles vereist. Dennoch kamen die He 111 heraus und die Ju 52 folgten ab 11.30 Uhr in zwei Gruppen nach. Es fehlte bereits jetzt an Wärmegeräten. Für so viele Flugzeuge waren sie nicht in genügender Anzahl vorgesehen.

Mit dem Storch flog GenLt. Fiebig nach Morosowskaja, um dort nach dem Rechten zu sehen. An diesem Tage wurden trotz der Widrigkeiten 130 Tonnen Transportgut nach Stalingrad geschafft. Das langte zwar nicht für den Bedarf, zeigte aber auf, dass die niedrigen Quoten der Vortage zu überbieten waren.

Bei einem Gespräch mit dem Chef des Stabes von GenOberst von Richthofen suchte GenLt. Fiebig auf die kritische Lage bei den rumänischen Truppen hinzuweisen. Er hatte am Vortage den Chef des Generalstabes der rumänischen Truppen, Oberst i. G. Wenck, besucht und sich dort ein Bild von der Lage verschafft.

Von Richthofens Stabschef bezeichnete die Berichte seines Korps-Kdrs. als „Gemeckere und Geschwätz" und erklärte, wenn das VIII. FlK. die Sache nicht meistern könne, werde er sie allein übernehmen. Alle Versuche von GenLt. Fiebig, mit GenOberst von Richthofen persönlich zu sprechen, wurden mit dem Bemerken abgeblockt, der Oberbefehlshaber sei unterwegs.

Am 3. Dez. gab es keinen Start und damit auch keine Versorgung Stalingrads, denn der Eisregen im Verein mit dichtem Schneetreiben und ebenso dickem Nebel verhinderte jeden Start. GenLt. Fiebig versuchte, mit einem Fieseler Storch zum Flottenchef zu kommen, aber dieser Versuch war wegen des aufliegenden Nebels unmöglich.

In sein KTB trug der Kommandierende General an diesem Tage ein: „Von Richthofen findet nicht den Mut zu einem Wort der Einsicht. Es ist eine furchtbare Situation. Muß ich als Untergebener die Brücke schlagen? Ich versuche, ihn anzurufen, es gelingt nicht. Er sei unpäßlich, wurde gesagt."

Am 4. Dez. ging das Eis im Pitomnik auf, ohne dass man in Tazinskaja und Morosowskaja eine Möglichkeit zum Start hatte. Überall dort lag dicker Nebel. Alles fieberte und stand bereit, um loszukommen. Jeder Flieger, jede Besatzung und das ununterbrochen schuftende Bodenpersonal wussten, worum es ging. Aber wer kam gegen diese Naturgewalten an?

Dennoch schafften es an diesem Tage noch 17 He 111 und etwa 50 Ju 52 und brachten rund 140 Tonnen Munition, Betriebsstoff und Verpflegung in die Festung. Es war dies eine kaum zu übertreffende Leistung der eingesetzten Besatzungen.

Auch am 5. Dez. starteten 36 Ju 52 bei schwierigster Wetterlage, z. T. sogar völlig im Blindstart. Pitomnik gab 120 m Wolkenhöhe an und 1 bis 2 km Sicht. Ab 10.00 Uhr gab es dann auf den Plätzen in Tazinskaja und Morosowskaja keine Landemöglichkeiten mehr. Die in der Luft befindlichen Maschinen kamen dennoch in Morosowskaja herunter. Zum Teil mussten sie bis zu siebenmal anfliegen. Ein Teil wurde direkt aus dem Rückflug nach Nowotscherkassk abgedreht. Ein klarer Ausweichhafen war unbedingt notwendig, um bei solch einer Lage sicher landen zu können. Man konnte es nicht riskieren, wertvolle Transportmaschinen durch das Wetter zu verlieren.

Auch am 6. Dez. wurden trotz schlechter Wetterlage noch 100 Tonnen geschafft. An diesem Tage konnte Fiebig eine Aussprache mit GenOberst von Richthofen herbeiführen, die glücklich endete und in loyaler Form geführt wurde. Fiebig konnte nun die Gewissheit mitnehmen, dass Richthofen Vertrauen zu ihm hatte.

Er selbst vertraute seinem KTB an: „Bei den gegenseitigen schwierigen Charakteren kann es natürlich nicht ganz ohne Reibungen ausgehen. Aber uns beiden geht es ja letztlich nur um die große Sache, und das *muß aussöhnen.*"

Der 8. Dezember wurde bei aufreißender Wetterlage von 70 He 111 zum Flug nach Stalingrad genutzt, die etwa 140 Tonnen Versorgungsgüter in die Festung einflogen. Die Ju 52 hatten Schwierigkeiten, weil es sowjetischen Jagdpulks gelang, sie in mehreren Angriffen auseinander zu sprengen; dennoch konnten auch sie noch 60 bis 70 Tonnen Versorgungsgüter einfliegen.

Die laufenden Luftangriffe auf Tazinskaja an diesem Tage, die sich auch auf Morosowskaja ausdehnten, forderten 15 Tote. Eine Bombe detonierte unmittelbar vor dem Sanitätszelt. Oberstarzt Dr. Winter, der Betreuer der ankommenden Verwundetentransporte, fiel.

Am 9. Dez. herrschte im gesamten Einsatz- und Kampfbereich dichter Schneefall. Es kam zu keinem einzigen Kampfeinsatz, und auch die Versorgungseinsätze kamen an diesem Tage zum Erliegen. Bei zwei Einzelangriffen sowjetischer Bomber auf Tazinskaja erhielten vier Ju 52 Volltreffer und gingen verloren. Ein Betriebsstoffdepot des Heeres ging in Flammen auf. Hier verbrannten 75 cbm Betriebsstoff. Ein Munitionsstapel, der unmittelbar darauf getroffen wurde, brannte ebenfalls. Hier gingen 6000 Schuss Munition verloren. Die bisherigen Verluste an Ju 52 betrugen bis zum 4. Dez. 38. Elf weitere Maschinen waren nur teilbeschädigt und mussten repariert werden. 100 Mann fliegender Besatzung waren gefallen. Die He-111-Verbände hatten im gleichen Zeitraum 15 Maschinen verloren.

Im Oberkommando der Wehrmacht

Nach den geringen Überführungsquoten Ende November notierte General Warlimont, der Chef des Wehrmachtsführungsstabes, in seinem KTB:

„Die minimale Zahl der überhaupt gestarteten und die noch weniger als ein Drittel davon betragende Zahl der in oder über Stalingrad angelangten Flugzeuge macht es allmählich überdeutlich, daß die Luftwaffe *nicht* in der Lage war, die Zusage Görings für eine ausreichende Versorgung der eingeschlossenen Truppen auch nur im entferntesten zu erfüllen. Jeder Tag erhöhte das Defizit und trieb die 6. Armee weiter dem Untergang entgegen."

Am 1. Dez. hieß es im KTB des OKW: „Im Raum von Stalingrad sind gestern 30 Ju 52 und 35 He 111 eingeflogen. Die Verpflegung der 6. Armee ist bis zum 5. Dez. gesichert. Die Munition für größere Kaliber reicht bis zum 12. Dez."

Dies war alles, was über die Luftversorgung gesagt wurde. Und dieses wenige war zielsicher auf „Zweckoptimismus“ geschaltet, obgleich wiederum nur ein Viertel der zugesagten Flugzeuge Stalingrad überhaupt erreicht hatte. Dass dies noch schlimmer werden könnte, darauf wies die Wetterlage hin.

In den nächsten Tagen schwankten die fliegenden Transporte zwischen 40 Maschinen am 1. Dez., 73 Flugzeugen am 2. Dez., keine Einflüge am 3. Dez., 66 Einflüge am 4. Dez. und 6 Einflüge am 5. Dez. 1942.

Inzwischen hatte man auch erkannt, dass man bei der Berechnung der Ladekapazität der He 111 mit 250-Kilo-Versorgungsbomben einen eklatanten Fehler gemacht hatte. Man war davon ausgegangen, dass diese Verpflegungsbomben jeweils 250 Kilogramm Versorgungsgüter aufnehmen könnten. Dies war falsch, denn man hatte der Verpflegungsbombe lediglich wegen ihrer gleichen Gestalt mit einer 250-Kilo-Bombe den Namen gegeben. Sie fasste jedoch nur einen bedeutend geringeren Wert als 250 Kilogramm, weil ihr Volumen zur Aufnahme einer solchen Menge überhaupt nicht ausreichte.

Als GenOberst Jeschonnek den Reichsmarschall darauf aufmerksam machte und diesen bat, Hitler darauf hinzuweisen, dass man bei der Berechnung von falschen Voraussetzungen ausgegangen sei und dass die wirkliche Zahl dementsprechend bedeutend niedriger liege, verbot Göring dem Chef der 4. (Nachschub-)Abt., Hitler etwas von diesem Fehler zu melden. Das, meinte er, könne man dem Führer jetzt nicht antun. – Dem Führer? Und den 250 000 Soldaten der 6. Armee?

Im Führerhauptquartier wusste man bereits, dass die Truppen der 6. Armee seit dem 3. Dez. von einem Drittel der normalen Verpflegungssätze lebten und dass täglich zu den Zehntausenden an Verwundeten 1000 weitere verwundete Soldaten hinzukamen. Die Gesamtzahl der Armee wurde zwar noch mit 270 000 Mann angegeben, doch von diesen waren nur noch 40 000 Mann einsatzbereiter Kämpfer vorhanden.

Generalmajor Schmidt notierte im KTB der Armee: „Der Russe geht vor unseren Linien spazieren, weil nicht mehr geschossen werden kann.“

Bis zum 11. Dez. waren sich GenOberst Paulus und sein Chef des

Generalstabes darüber im Klaren, dass die an die Truppe ausgegebene Verpflegung nur noch bis zum 18. Dez. reichen konnte.

Am 10. Dez. war dem OKW gemeldet worden, dass die Luftzufuhr nach Stalingrad geringer als in den Vortagen gewesen sei, ohne dass jemand aus diesen Ereignissen und den Meldungen aus dem Kessel seine Schlüsse zog. Soeben war bekannt geworden, dass Generalfeldmarschall von Manstein am 11. oder 12. Dez. mit der 4. Panzerarmee zum Entsatzvorstoß für die 6. Armee antreten werde.

Die Eintragung des 9. Dez. zeigte: „Der Führer ist sehr zuversichtlich. Er will die alte Stellung am Don wiedergewinnen. Seiner Ansicht nach ist die erste Phase der großen russischen Winteroffensive abgeschlossen, ohne daß sie einen entscheidenden Erfolg gebracht hat.“ – Was hatte es nun mit diesem Entsatzvorstoß auf sich?

Bei der Heeresgruppe Don

Am 1. Dez. 1942 gab GFM von Manstein den Befehl für die Operation „Wintergewitter“ aus. Dieser Befehl sah vor, dass die 4. Panzer-Armee mit der Masse ihrer Kräfte an einem noch zu bestimmenden Tage – frühestens aber am 8. Dez. – ostwärts des Don aus dem Gebiet von Kotelnikowo antreten sollte.

Nach Durchstoß durch die feindlichen Deckungskräfte war es Aufgabe dieser Armee unter ihrem bewährten Oberbefehlshaber, Generaloberst Hoth, die südliche und westliche Einschließungsfront um Stalingrad vom Rücken und von der Flanke her anzugreifen und aufzurollen.

Für die 6. Armee ordnete der Befehl der Heeresgruppe Don an, dass sie an einem noch von der HGr. zu befehlenden, auf das Antreten der 4. PzArmee folgenden Tage aus ihrer Südwestfront zunächst in Richtung auf Donskaja Zariza durchzubrechen habe, um die Verbindung mit der 4. PzArmee herzustellen und sich am Aufrollen der südlichen bzw. westlichen Einschließungsfront und dem Gewinn des Don-Überganges von Kalatsch zu beteiligen.

„Nach ausdrücklichem Befehl Hitlers“, weiß GFM von Manstein

zu berichten, „sollte die Armee weiterhin die bisherigen Stellungen im Kessel halten. Daß dies praktisch nicht möglich sein würde, wenn die Armee, der 4. PzArmee entgegen, nach Südwesten ausbrach, war klar. Sie würde, wenn die Sowjets auf der Nord- und Ostfront angriffen, schrittweise Raum geben müssen. Es wäre Hitler wohl nichts anders übriggeblieben, als sich mit dieser Tatsache abzufinden, wie er es auch in späteren Fällen getan hat.“ (Siehe Erich von Manstein: Verlorene Siege.)

Wie die Lage im Kessel selbst dazu beurteilt wurde, das erfuhr GenLt. Fiebig, als er am 11. Dez. um 07.15 Uhr in Morosowskaja zum Flug nach Stalingrad startete. Die He 111 landete um 08.10 Uhr in Pitomnik.

Bei GenOberst Paulus und GenMaj. Schmidt erfuhr er, dass beide Verantwortlichen im Bewusstsein ihrer großen und schweren Verantwortung handeln würden.

Die nüchternen Überlegungen der Armeeführung beeindruckten den Fliegergeneral ungemein. Er erfuhr, dass die letzten Reserven an Verpflegung am 16. Dez. ausgegeben werden sollten; sie würden bis zum 18. Dez. reichen. Bis dahin müsse die Verbindung mit der 4. PzArmee hergestellt sein. Sollte das misslingen, ließe sich nicht sagen, wie es weitergehen solle. Sobald aber die Verbindung geschaffen sei, müssten 3–4 Divisionen herausgezogen und abgelöst werden, weil sie nicht mehr einsatzbereit waren. Dafür müssten neue Großverbände her, weil ohne diese die Wolgafront bei Stalingrad nicht gehalten werden könne, zumal wenn der Russe auch noch über das Eis der zugefrorenen Wolga angreifen würde.

Die Sprache kam auch auf das Heizungsproblem, denn zwei Drittel der Frontstellung der 6. Armee lagen ohne ausgebaute Bunker z. T. auf offener, sturmübertoster Steppenfläche.

Generaloberst Paulus bat GenLt. Fiebig, die Versorgungslage sowie die Notwendigkeit des Herauslösens von Divisionen Generaloberst von Richthofen und General Schulz, dem Chef des Generalstabes der HGr. Don, zu melden.

Um 13.50 Uhr flog GenLt. Fiebig aus dem Kessel nach Morosowskaja zurück und meldete GenOberst von Richthofen sein Gespräch. Dieser sagte zu, alles morgen an GFM von Manstein weiterzugeben.

In Stalingrad hatte auch eine ausführliche Besprechung mit allen Beteiligten über die Abwicklung der Luftversorgung stattgefunden. Die Operation wurde soweit als in Ordnung befunden, wenn auch die Menge des überflogenen Materials nicht ausreichte.

Während des 11. Dez. wurden von 80 He 111 etwa 120 Tonnen Material überflogen. Die Ju 52 schafften ebenfalls 80 Tonnen, verloren aber bei dem klaren Wetter in verzweifelten Luftaktionen sechs Maschinen, die von Feindjägern abgeschossen wurden.

Am 12. Dez. unternahm das VIII. FlK neben der Luftversorgung Stalingrads – wobei 80 Tonnen Versorgungsgüter überflogen wurden – vor allem die gesamte Kampfführung zur Unterstützung der 4. PzArmee, die mit der 6. und 23. PD aus dem Raume Kotelnikowo angetreten war. Dank der Luftunterstützung kam der Gegner ins Laufen. Die Panzer preschten vor.

Wintergewitter

Das XXXXVIII. Panzer-Korps kommt nicht – Das LVII. Panzer-Korps greift an

Für den Entsatzvorstoß gegen Stalingrad hatte die HGr. Don vorgesehen, das XXXXVIII. PzK. solle aus dem Don-Tschir-Brückenkopf Nine Tschirskaja in den Rücken der feindlichen Deckungskräfte stoßen. Während noch das für den Entsatzvorstoß bestimmte LVII. PzK. ostwärts des Don seine Versammlung um Kotelnikowo beendete, griff der Gegner jedoch am 10. Dez. 1942 erneut mit starken Kräften an. Und zwar richtete sich sein Hauptstoß gegen die deutsche Front am unteren Tschir.

Damit war für GFM von Manstein klar geworden, dass an ein Freiwerden des XXXXVIII. PzK. an dieser Front nicht zu denken war und dass auch dessen geplanter Angriff aus dem Tschir-Don-Brückenkopf heraus nicht stattfinden konnte.

„Um so dringender", schrieb GFM von Manstein, „ist das Antreten des LVII. PzK geworden. Nachdem es seine Ausladungen und seine Versammlung um Kotelnikowo in schweren Kämpfen gegen starke Feindkräfte sichergestellt und seinen Gegner dort weitgehend zerschlagen hat, kann das Korps am 12. Dez. 1942 zum Angriff in Richtung Stalingrad antreten. Seine Flanken decken nach Osten gegen die Wolga das VII. rumänische und nach Westen bis zum Don das VI. rumänische AK." (Siehe Erich von Manstein: a. a. O.)

Vor allem die 6. PD unter General der Panzertruppe Rauss mit ihrem Panzerführer Oberst von Hünersdorff marschierte um 05.20 Uhr dieses Tages mit dem Ziel Gewinnung des Aksai-Überganges.

Die 23. PD, die auf der rechten Seite der Bahnlinie nach Stalingrad vordrang, kam an diesem Tage nicht ganz so weit wie ihre Flanken-Division jenseits des Bahndammes. Sie erhielt für den 13. Dez. das Ziel Aksai zugewiesen, das bis 08.00 Uhr dieses Tages genommen werden konnte.

Der Angriff auf Werchne Kumskij musste von der I./PR 11 allein geführt werden, da nach dem Überschreiten des letzten Kampfwagens dieser Abteilung die Brücke zusammenbrach. Dennoch konnte die Ortschaft um 12.00 Uhr in Besitz genommen werden.

Nach Fertigstellung der Brücke trat die KGr. Oberst von Hünersdorff am 14. Dez. um 05.30 Uhr abermals an. Sie kam gut vorwärts. Doch am nächsten Morgen griff hier die Rote Armee massiert mit starken Panzerkräften an. Als der Leichte Zug der II./PR 11 den Gegner bei Sogotskot meldete, ließ Major Dr. Bäke, der AbtKdr., sofort aufsitzen und rollte dem Gegner entgegen. An der Spitze fuhr die 6./PR 11. Oblt. Scheibert; deren Chef sichtete von einem Hügel aus den Feind.

Sein Bericht lautete: „In einer Entfernung von kaum 1000 Meter stand in aller Ruhe ein Pulk von etwa 40 Panzern, weiß angestrichen wie wir, mit schwarzen Nummern am Turm. Die Mannschaften befanden sich außerhalb ihrer Panzer oder saßen auf den Fahrzeugen. Ich befahl jedem meiner Panzer, einen Gegner anzuvisieren. Feuereröffnung jedoch nur, sobald ich das Feuer eröffnete.

Wir waren inzwischen auf 600 m heran, als drüben die Besatzungen in ihre Panzer sprangen und die ersten zwei auf uns losfuhren. Ich konnte über Funk gerade noch ‚Achtung!‘ rufen, als auf der Abteilungswelle das Kommando erscholl: ‚Russe – Feuer frei!‘

Bevor jedoch von unserer Seite der erste Schuß fiel, feuerten bereits die beiden auf uns zurollenden Panzer. Sie verfehlten uns, und schon schmetterte eine Breitseite der beiden eigenen in Front stehenden Kompanien mit einer derartigen Wirkung auf die Russen, dass sich nur noch wenige bewegen konnten. Die beiden vordersten Gegner – wie viele mögen sie wohl im Visier gehabt haben – flogen buchstäblich in die Luft. Die letzten rollten in eine Mulde, wo sie zusammengeschossen wurden. 32 schwarze Rauchwolken standen in der klaren Winterluft. Später wurden hier insgesamt 36 Panzerwracks

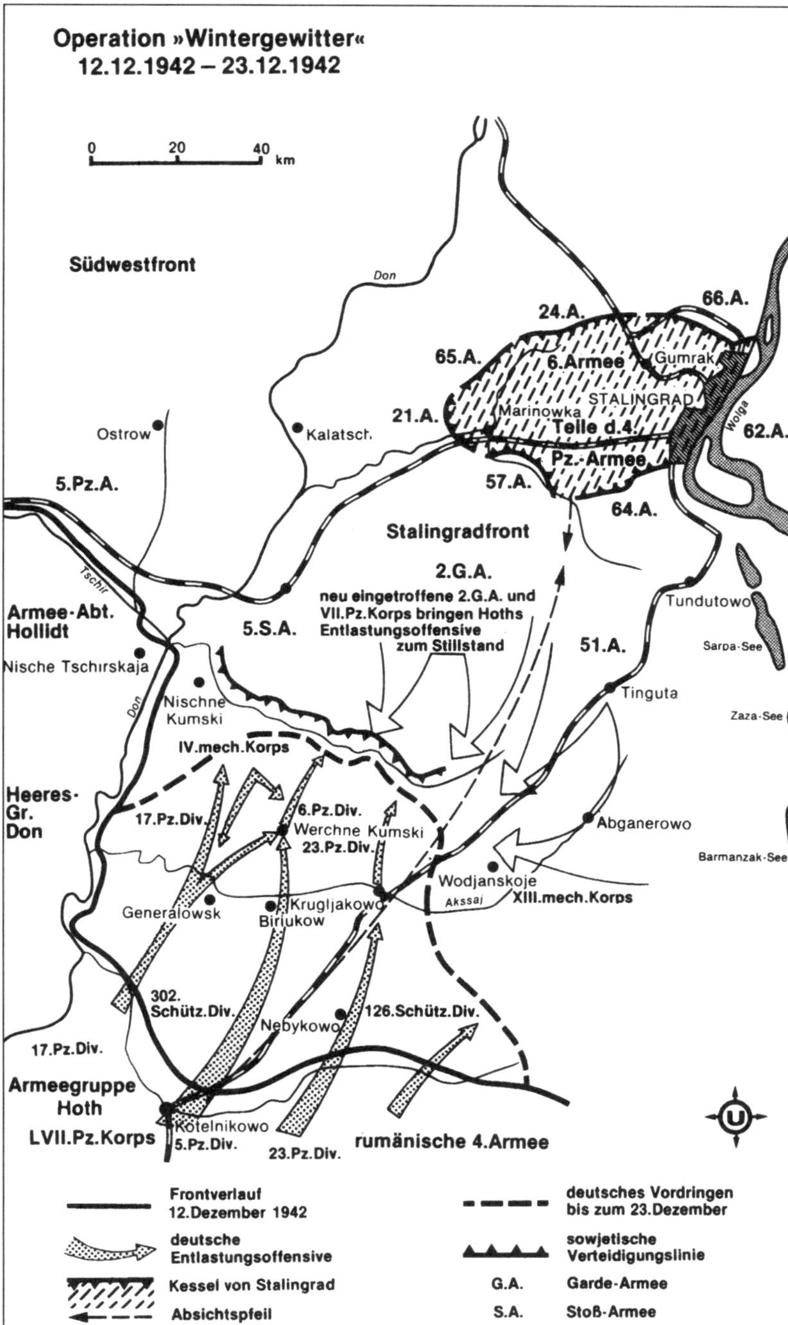
Operation »Wintergewitter«
12.12.1942 – 23.12.1942
0
20
40
km
Südwestfront
Don
24.A.
66.A.
65.A.
6.Armee
Gumrak
STALINGRAD
Marinowka
21.A.
Teile d.4.
Pz.-Armee
Wolga
62.A.
Ostrow
Kalatsch
5.Pz.A.
57.A.
64.A.
Stalingradfront
2.G.A.
Tschir
neu eingetroffene 2.G.A. und
VII.Pz.Korps bringen Hoths
Entlastungsoffensive
zum Stillstand
Armee-Abt.
Hollidt
5.S.A.
Tundutowo
51.A.
Sarpa-See
Nische Tschirskaja
Nischne
Kumski
Don
Tinguta
Zaza-See
IV.mech.Korps
Heeres-
Gr.
Don
17.Pz.Div.
6.Pz.Div.
Werchne Kumski
23.Pz.Div.
Abganerowo
Barmanzak-See
Wodjanskoje
Aksaj
XIII.mech.Korps
Generalowsk
Krugljakowo
Biriukow
302.
Schütz.Div.
126.Schütz.Div.
Nebykowo
17.Pz.Div.
Armeegruppe
Hoth
LVII.Pz.Korps
Kotelnikowo
5.Pz.Div.
23.Pz.Div.
rumänische 4.Armee
U
Frontverlauf
12.Dezember 1942
deutsche
Entlastungsoffensive
Kessel von Stalingrad
Absichtspfeil
deutsches Vordringen
bis zum 23.Dezember
sowjetische
Verteidigungslinie
G.A.
Garde-Armee
S.A.
Stoß-Armee

des Gegners gefunden.“ (Siehe Horst Scheibert: Nach Stalingrad – 48 Kilometer.)

Insgesamt wurden an diesem Tage 43 Feindpanzer abgeschossen. Sie gehörten zu den Verbänden der 3. sowjetischen Panzer-Armee, die an dieser Stelle von der obersten sowjetischen Führung in den Kampf geworfen wurde.

Am Morgen des 15. Dez. stellte sich der Gegner zu einem neuen Angriff bereit. Bei einem Panzerangriff der Russen auf Saliwskij wurden vom PGR 4 unter Oberst Martin Unrein mehrere T 34 abgeschossen. Oberst von Hünersdorff trat mit dem gesamten PR 11 mit Ausnahme zweier Kompanien der I./PR 11 unter Major Löwe, die in Werchne Kumskij zurückblieben, zum Angriff an.

Im Verlaufe des Vormittags zeigten sich etwa 300 Feindpanzer auf dem Gefechtsfeld, denen insgesamt etwa 100 deutsche Panzer gegenüberstanden. Starke Pakgruppierungen des Gegners schossen auf die anrollenden deutschen Kampfwagen. Bis 11.00 Uhr hatte der Gegner bereits eine größere Zahl an Panzern verloren.

Eine halbe Stunde vorher war von Major Löwe aus Werchne Kumskij ein Hilferuf zum Regiment durchgekommen. Der Feind war mit 20 bis 30 T 34 in Werchne Kumskij eingedrungen. Um 11.10 Uhr erbat Major Löwe die Erlaubnis, das Dorf zu räumen. Oberst von Hünersdorff ließ zurückfunken:

„Aushalten! Wir kommen!“

Um 11.50 Uhr ging ein letzter Funkspruch aus Werchne Kumskij beim PR 11 ein:

„Höchste Not, Feind im Ort. Wann kommt Bäke? Wir können nicht mehr lange halten.“

Oberst von Hünersdorff befahl nun, mit allen Panzern, die frei waren, direkt nach Werchne Kumskij durchzustoßen. Major Bäke führte diesen Panzerpulk an, der in Höchstfahrt auf diese vom Feind besetzte Ortschaft zurollte.

Die beiden Kompanien, die noch Munition für die Kanonen hatten, rollten voran. Dahinter die drei, die nur noch MG-Munition hatten. Beim Einbruch in das Dorf schossen sie ihre MG-Salven auf den auftauchenden Feind. Es ging bis in die Dorfmitte hinein. Feindpanzer wurden aus kürzester Distanz zusammengeschossen. Dann war der

Stab der I./PR 11 erreicht. Alle Offiziere waren verwundet. Brennende Panzer, wohin man blickte. Hauptmann Wils, Chef der 4./PR 11, und die Reste der 6. Kpn. rollten bis zum Ortsrand der Ortschaft durch. Sie hielten den Gegner in Schach und bargen die Verwundeten.

Als diese alle aufgesammelt und auf die Panzer und Befehlswagen verteilt waren, stieß die KGr. von Hünersdorff südlich aus Werchne Kumskij hinaus nach Saliwskij. Neben technischen Ausfällen von fünf Panzern waren 19 weitere Panzer der Kampfgruppe verloren gegangen. Die Panzer hatten sich hier den angreifenden T 34 unterlegen gezeigt.

Am 17. Dez. war endlich auch die 17. PD eingetroffen. Sie sollte nun mit der 23. und 6. DP gemeinsam Werchne Kumskij zurückgewinnen.

Mit dem ersten Büchsenlicht des 17. Dez. eröffnete das PR 11 um 08.50 Uhr den Angriff. Teile der 23. PD schlossen sich ihm an.

Bei Sogotskot blieb dieser Angriff liegen. Am Nachmittag griffen deutsche Stukas in den Kampf ein. Aber der unmittelbar darauf vorgetragene Angriff drang ebenfalls nicht durch. Elf Feindpanzer wurden an diesem Tage abgeschossen und 10 Pak der Russen vernichtet, aber 14 eigene Panzer und 10 SPW gingen verloren. Erst am 19. Dez. gelang es der KGr. Zollenkopf, mit Hilfe des Panzer-Regiments der 17. PD Werchne Kumskij zu nehmen. Nun erhielt die KGr. Hünersdorff Befehl, nach Osten abzudrehen, um bei Wassiljewka einen Brückenkopf zu bilden.

Bei hellem Mondschein begann dieser 30-Kilometer-Vorstoß ins Ungewisse hinein. Das Ziel war eine Minute vor Mitternacht erreicht. Von hier aus trennten nur noch 48 Kilometer die KGr. Hünersdorff vom Kesselrand der eingeschlossenen 6. Armee.

Die 23. PD lag noch 20 km weiter zurück in südwestlicher Richtung. Ein jetzt erfolgender Ausbruch der 6. Armee, wie er geplant war, würde die Rote Armee in diesem Raum in die Zange nehmen. Falls er aber nicht erfolgte, dann war das Aus über die 6. Armee gesprochen.

Wie sah es im Kessel zu dieser Zeit aus? Hatte man Vorbereitungen getroffen, den Ausbruch zu wagen?

Die verpasste Chance

Im Kessel von Stalingrad war bis zum 10. Dez. 1942 der Verwundetentransport in geordnete Bahnen gelenkt worden. Er lief über den Oberquartiermeister im Kessel, Major von Kunowski. Sanitätsoffiziere versuchten laufend, so viele Verwundete wie möglich aus ihren Feldlazaretten, von den Hauptverbandsplätzen und den Verwundeten-Sammelstellen zum Flugplatz Pitomnik abzuschieben, um die Überbelegung abzubauen und die Betten für neu eingelieferte Verwundete frei zu machen.

Pitomnik war ausgebaut worden. Der Platz lag aber in der freien Steppe und hatte nicht genügend Unterkünfte. Die Verwundeten mussten in notdürftig errichteten Baracken, in teilweise zerstörten und notdürftig ausgebesserten Lehmhütten und Erdbunkern untergebracht werden.

Trotz der Beladung eines jeden ausfliegenden Flugzeuges bis an die Grenze der Belastbarkeit wurden der Verwundeten am Flugplatz immer mehr. Der Abtransport erreichte zu keiner Zeit die Zahlen des Neutransportes von der Front.

Dem Armeearzt, Generalarzt Rinoldi, oblag die Durchführung des Abtransportes auf dem Flugplatz. Er hatte eine Gruppe erfahrener, einsatzbereiter Sanitätsdienstgrade und einige Ärzte zur Verfügung, die sich in opfervollem Einsatz für ihre Schützlinge verwandten. Trotz seiner umfassenden Übersicht und strenger Kontrolle war Generalarzt Rinoldi nicht in der Lage, den fehlenden Transportraum herbeizuschaffen, um die Tausende Verwundeten und Schwerkranken zurückzubefördern.

Sicher ist jedoch, dass bei einem Einsatz von 300 Maschinen anstelle der tatsächlich täglich einfliegenden 60 bis 100 Flugzeuge auch der Rücktransport der Verwundeten reibungslos geklappt hätte, denn der Einsatz der dafür verantwortlichen Männer überstieg jedes Maß. Immer wieder rief der Generalarzt den Oberquartiermeister an und verlangte die Bereitstellung von mehr Flugzeugen, um Leben zu retten.

In dieser Situation und während des laufenden Entsatzvorstoßes mit der Operation „Wintergewitter“ übernahm die HGr. Don um den 15. Dez. herum die Luftversorgung der 6. Armee. Sie wurde

Stalingrad nach den Luftangriffen: Eine Frau birgt persönliche Habe aus dem Keller ihres zerbombten Hauses.

Die Stalingrader Bevölkerung sucht in den Schluchten vor der Stadt Zuflucht.

Die Spitze des Panzer-Regiments 11 kurz vor dem Ziel.

Stoßtrupps September 1942 in Stalingrad.

Meter für Meter geht es vorwärts.

Verwundetentransport Herbst 1942 mit Ju 52 aus Stalingrad.

Sturmangriff der Roten Armee durch den tiefen Schnee am 10. 12. 1942.

Pitomnik: Stukas starten zum Nachtangriff.

Deutsche Soldaten des „Nationalkomitees Freies Deutschland" fordern ihre Kameraden zum Überlaufen auf.

Ein MG-Nest mitten im Schnee.

Gefallener Rotarmist.

Im Tode erstarrt in der Eiswüste Stalingrads.

Die Abwurfkisten für Verpflegung (Verpflegungsbomben genannt) unter einer He 111 verankert.

dem Oberquartiermeister der HGr., Oberst Finkh, übertragen, womit die unmittelbare Zusammenarbeit des Oberquartiermeisterstabes im Kessel mit Oberst Bader, dem außerhalb des Kessels stehenden Oberquartiermeister der 6. Armee, in Wegfall kam.

Zur gleichen Zeit erfuhren die Eingeweihten von dem inzwischen angelaufenen Entsatzvorstoß nach Stalingrad.

Generaloberst Paulus und sein Chef des Generalstabes planten nunmehr, mit drei Divisionen vorn auf schmaler Front südwestlich Karpowka den Ring der Einschließungsfront der Roten Armee zu durchbrechen und in der Steppe die Verbindung mit der 4. PzArmee zu suchen, sobald diese so nahe herangekommen war, dass ein Entgegenstoßen Erfolg hatte.

Nach dem Durchbruch der ersten drei Spitzen-Divisionen sollte – von der Nordfront des Kessels beginnend – Division um Division nach Südwesten einschwenken, um den ersten Durchbruch der drei Sturm-Divisionen ständig in Fluss zu halten.

Alle einsatzbereiten Panzer der 6. Armee – es waren noch 50 – sollten sich an der Ausbruchstelle versammeln. Voll aufgetankt und aufmunitioniert würden sie nach dem ersten Durchbruch vorrollen und die Flanken abschirmen. Die nachfolgenden Infanterie-Divisionen konnten dann im Schutze dieser Panzerflanken nach draußen gelangen.

Der Plan war verblüffend einfach und versprach schon deshalb Erfolg, weil ja der Gegner auch in seinem Rücken zu kämpfen hatte. Es war abzusehen, dass die Sowjets ausweichen würden.

Am 16. Dez. bemerkte GenMaj. Schmidt anlässlich eines Besuches beim Oberquartiermeisterstab, dessen Bunker direkt neben jenem der Armeeführung lag, dass GenOberst Hoth mit seinem Panzer-Korps sehr gut voran gekommen sei.

Er verkündete: „Wir werden ausbrechen, wenn Hoth sich uns bis auf 30 Kilometer genähert hat, damit wir ihm die letzten Kilometer erleichtern. Dann wird sein linker Flügel ungefähr in Höhe des Don-Brückenkopfes bei Tschirskaja stehen. – Wie ich gerade gehört habe, wird der Angriff auf Hoth durch Verbände der 3. rumänischen Armee unterstützt. – – – Generaloberst Paulus steht auf dem Standpunkt, und ich schließe mich dem an, daß wir der Truppe eine größere Entfernung als 30 Kilometer nicht zumuten können." (Siehe Günter Toepke: Stalingrad – wie es wirklich war.)

Mit Major von Kunowski organisierte Hptm. Toepke, Quartiermeister im Kessel, wie jene 700 Tonnen Versorgungsgüter, die der 4. PzArmee unmittelbar folgen sollten, um die 6. Armee nach dem Durchstoß wieder voll einsatzbereit zu machen, verteilt werden könnten. Zu diesem Zweck fuhr Hptm. Toepke nach Karpowka. Er wollte dort allen Leer-Kolonnenraum sammeln und ihn unmittelbar nach Herstellung der Verbindung zu Hoths Armee durchschleusen, um die Versorgungsgüter übernehmen und zur eigenen Armee bringen zu können. Dies alles musste reibungslos klappen, wenn nicht bei der ersten Schwierigkeit die 6. Armee ohne einen Schuss Munition auf der Steppe liegen bleiben sollte.

Alles wartete auf den Ausbruch. Die Soldaten im Kessel wussten, worum es ging; sie waren zu allem bereit. Jeden Tag konnte der Befehl erfolgen, und dann würden sie antreten und den Ring der Feinde um sie durchbrechen.

Am 20. Dez. aber rief Major von Kunowski Hptm. Toepke an. Er sagte nur wenige Worte, diese aber waren niederschmetternd: „Der Ausbruch entfällt! – Kommen Sie zurück, verstanden?" – Was war geschehen?

Das Stichwort „Donnerschlag"

Am 19. Dez. 1942 richtete das Oberkommando der HGr. Don einen dringenden Appell an die oberste Deutsche Führung, nunmehr den Weg für die Loslösung der 6. Armee von Stalingrad und ihr Durchstoßen nach Südwesten zur 4. Panzer-Armee freizugeben.

Diese Operation lief unter der Codebezeichnung „Donnerschlag", und dazu hieß es in der Geheimen Kommandosache vom 19. Dez. 1942: „Operation ‚Donnerschlag' muß unter Umständen unmittelbar an Angriff ‚Wintergewitter' anschließen können. Versorgung auf dem Luftwege wird im wesentlichen laufend ohne größere Bevorratung erfolgen müssen. Möglichst lange Erhaltung des Flugplatzes Pitomnik wichtig."

Vom FHQ erfolgte auch auf dieses dringende Fernschreiben keine rasche Entscheidung. GFM von Manstein gab der 6. Armee und der 4. PzArmee den Text um 18.00 Uhr im Wortlaut bekannt. Damit war die Anweisung gegeben, dass auf das Stichwort „Donnerschlag“ hin die 6. Armee ihren Durchbruch bis zur Vereinigung mit der 4. PzArmee – unter abschnittsweiser Räumung des Gebietes um Stalingrad – fortzuführen hatte.

Die Ausgabe des Stichwortes „Donnerschlag“ aber blieb noch vorbehalten, denn zunächst hatte GFM von Manstein Hitler zur Zurücknahme seines der 6. Armee gegebenen Befehls zu bringen, Stalingrad unter allen Umständen zu halten. „Dieser Befehl hemmte den Oberbefehlshaber der 6. Armee, obwohl das Oberkommando der HGr. Don nunmehr die Verantwortung für eine Nichtbefolgung mit Ausgabe des Stichwortes ‚Donnerschlag‘ auf sich nehmen würde.“ (Siehe Erich von Manstein: a. a. O.)

In einem längeren Ferngespräch mit Hitler suchte von Manstein diesen dazu zu bringen, dem Ausbruch der Armee und der Aufgabe von Stalingrad zuzustimmen. Hitler aber gab von Manstein zur Antwort: „Was wollen Sie eigentlich? Paulus hat ja nur für 20, höchstens 30 Kilometer Sprit; er kann ja, wie er selbst meldet, zur Zeit gar nicht ausbrechen.“

Dazu bemerkte GFM von Manstein nach dem Kriege: „Hätte Hitler diesen Einwand nicht zur Hand gehabt, so hätte er vielleicht doch unter dem Druck der Lage seine Forderung, Stalingrad auch im Falle eines Durchbruchs der 6. Armee nach Südwesten zu halten, aufgegeben. Dann aber würde aller Voraussicht nach General Paulus die ganze Frage ebenfalls mit anderen Augen angesehen haben. Er würde davon entbunden gewesen sein, gegen einen ausdrücklichen Befehl Hitlers zu handeln.“

Wie Hitler zu dieser Erkenntnis gekommen war, dass die 6. Armee nicht mehr über den notwendigen Treibstoff verfügte, war bald klar. Er hatte einen Verbindungsoffizier im Kessel, der ihm davon Kenntnis gab, dass die 6. Armee aufgrund der Betriebsstofflage einen längeren Durchbruchsweg als höchstens 30 Kilometer nicht schaffen würde. Hitlers Forderung, neben dem Durchbruch *auch* noch Stalingrad zu halten, also nur einen Korridor zur Versorgung der 6. Armee auf dem Landwege zu schlagen, war eine Utopie.

In der folgenden Woche entschied sich nun das Schicksal der 6. Armee.

Die Entsatzverbände, allen voran die Kampfgruppen Hünersdorff und Zollenkopf mit dem PGR 114 als Kerntruppe und den übrig gebliebenen Teilen des PR 11, hielten an diesem 19. Dez. weiterhin Wassiljewka. Von hier aus waren es bis zum Einschließungsring ganze 48 Kilometer. Die 6. PD kämpfte am 20. Dez. im Brückenkopf Myschkowa und die 17. PD seitlich links zurückgesetzt. Dieser Brückenkopf wurde zum entscheidenden Vorstoß Schritt für Schritt erweitert. Am 21. Dez. sollte der Angriff fortgesetzt werden. Die 23. PD, die in Eilmärschen herbeigeholt worden war, würde ihn unterstützen. Doch sie kam nicht ganz heran.

General der Panzertruppe Kirchner, KommGen. des LVII. PzK., wollte die 23. PD so rasch wie möglich vorziehen.

Am Abend des 11. Dez. hatte GenLt. von Boineburg, der Kdr. dieser PD, auf dem GefStand von GenOberst Hoth in Ssemitschnaja den Auftrag erhalten, Nebykoff zu gewinnen und westlich der Linie Darganaoff–Tschilekoff die Flanke der 6. PD nach Osten und Norden zu sichern. Ziel des Angriffes sei es, den Einschließungsring um Stalingrad zu sprengen.

Das PR 201 übernahm die Spitze. Bei 10 Grad Kälte rollten die Panzer zum Karaitschewobach und überschritten ihn. Die nachfolgenden Panzergrenadiere des I./PGR 128 blieben mit ihren Räderfahrzeugen im Schlamm stecken. Alles verlangsamte sich, aber um 10.00 Uhr am 13. Dez. erhielt die Division den Befehl zum Angriff auf Tschilekoff und Klykoff.

Zwanzig Minuten nach Eingang dieses Befehls traf GenOberst Hoth persönlich auf dem DivGefStand ein und hielt den Angriff der Division an. Man hatte einen feindlichen Funkspruch aufgefangen, dass der Angriff einer sowjetischen Panzer-Brigade auf Nebykoff bevorstehe.

Als tatsächlich gegen 12.25 Uhr die ersten zwölf Feindpanzer auftauchten und sechs weitere seitlich davon auf der Ebene erschienen, griff das PR 201 an.

Sieben Feindpanzer wurden im ersten Vorpreschen abgeschossen, zwei eigene Panzer gingen in diesem Duell verloren. Der Gegner drehte ab. Dennoch wurde durch diesen Abwehrerfolg der Weiterstoß der 23. PD in der Höhe der 6. PD vereitelt. Erst am 14. Dez. konnte sie erneut antreten. Ssamochin wurde genommen, die ersten fünf Feindpanzer vernichtet. Dann rollten die Panzer weiter auf Krugljakoff vor. Die Ternowajaschlucht wurde im rasanten Sturmlauf überwunden und auch der Übergang über die Ssuchajaschlucht geschafft. Schon tauchte der Ortseingang von Krugljakoff auf. Unter Führung von Hptm. Rudolf Behr wurde die Eisenbahnbrücke unmittelbar vor der Sprengung durch die Sowjets erreicht und erkämpft. Krugljakoff war um 15.30 Uhr in deutscher Hand. Es begann zu schneien.

Das überraschende Auftauchen vieler Feindpanzer an mehreren Stellen zugleich deutete darauf hin, dass die 23. PD mitten in einen sowjetischen Panzerangriff hineingestoßen war, der auf die offene tiefe Flanke der 6. PD zielte. Diese Gefahr konnte durch den Einsatz der 23. PD abgewehrt werden.

Am 15. Dez. verfolgten die Panzergrenadiere den weichenden Gegner, und zur gleichen Zeit stand die 6. PD im Raume Werchne Kumskij im Kampf gegen überlegenen Panzerfeind.

Am 17. Dez. wurde das PR 201 dem PR 11 unterstellt. Als hier im Morgengrauen 60 Feindpanzer angriffen, wurden sie mit schweren Verlusten abgewiesen, und unmittelbar darauf trat die KGr. Heydebreck mit dem PR 11 aus dem Raume Klykoff nach Norden an. Doch sehr bald wurde sie zurückgerufen, da eine starke russische Panzer-Kampfgruppe mit aufgesessener Infanterie über den zugefrorenen Aksai gerollt und in die Ortschaft Schestakoff eingedrungen war. Sechs T 34 wurden abgeschossen. Im Nahkampf wurde der eingedrungene Gegner geworfen. Aber der Einsatz der KGr. Heydebreck war damit hinfällig geworden.

Diese Einblendungen sollen die Turbulenz der Kämpfe um das Freischlagen der 6. Armee aufzeigen und darlegen, unter welch widrigen Umständen die wenigen deutschen Panzerverbände kämpfen und von einer Aushilfe zur anderen greifen mussten, um die Übermacht des Gegners zu stoppen.

Am 18. Dez. führte die Rote Armee weitere schwere Schläge gegen die 23. PD, die an diesem Tage 16 Panzer und zwei Kampfflugzeuge abschoss. Am Aksai selbst hielt die 8. rumänische Kavallerie-Division unter Oberst Radu Corne eisern stand und weitete den Brückenkopf bei Aksai weiter aus.

Am Abend des 18. Dez. stellte das PR 201 die Verbindung zum PR 11 her, als es nördlich von Schestakoff die Höhe 146,9 eroberte.

Als tags darauf die 6. PD um 10.00 Uhr Werchne Kumskij nahm und weiter nach Nordosten angriff, stieß eine sowjetische Panzer-Brigade, aus einer Balka hervorrollend, auf die Schirokajaschlucht vor, um der 6. PD in die Flanke zu fallen.

Abermals warf sich die KGr. Heydebreck diesem Panzerfeind entgegen, der aus 24 T 34 und 16 T 70 bestand; ihnen folgten drei Regimenter Infanterie dicht aufgeschlossen.

Ein Panzerkampf auf Biegen und Brechen begann. Die deutschen Panzer hatten gegen die T 34 keine Chancen, lediglich die neuen Pz IV mit den Kampfwagenkanonen L 60 erzielten Erfolge. Aber auch sie wurden nach und nach dezimiert. Der sowjetische Angriffskeil konnte aber gestoppt werden. Lediglich drei T 34 drangen bis in die Wodjanajaschlucht zu den Panzergrenadieren vor. Sie wurden mit Nahkampfmitteln vernichtet.

Mitten in die dicht gedrängt vorgehenden Sturmgruppen der sowjetischen Infanterie stieß dann ein Stukaangriff herunter und ließ diese Verbände in wilder Flucht auseinander stieben. Gefangenenaussagen ergaben, dass es sich um die 13. sowjetische Panzer-Brigade und um die 87. Schützen-Division gehandelt hatte.

Am Abend dieses verlustreichen Tages waren sämtliche 22 neuen Panzer IV mit der langen Kampfwagenkanone ausgefallen.

Dennoch wurde der Angriff auch am 20. Dez. fortgesetzt, aber die Bahnlinie, die als Ziel galt, konnte nicht überschritten werden; sie war ein unüberwindliches Panzerhindernis geworden.

In den nächsten Tagen lief sich der Angriff der 23. PD endgültig fest, und am 23. Dez. erhielt die Division den Befehl, den Angriff nach Nordosten einzustellen. Mit den eingeschlossenen Kameraden im Kessel bei Stalingrad hatte bereits Funkkontakt bestanden. Was

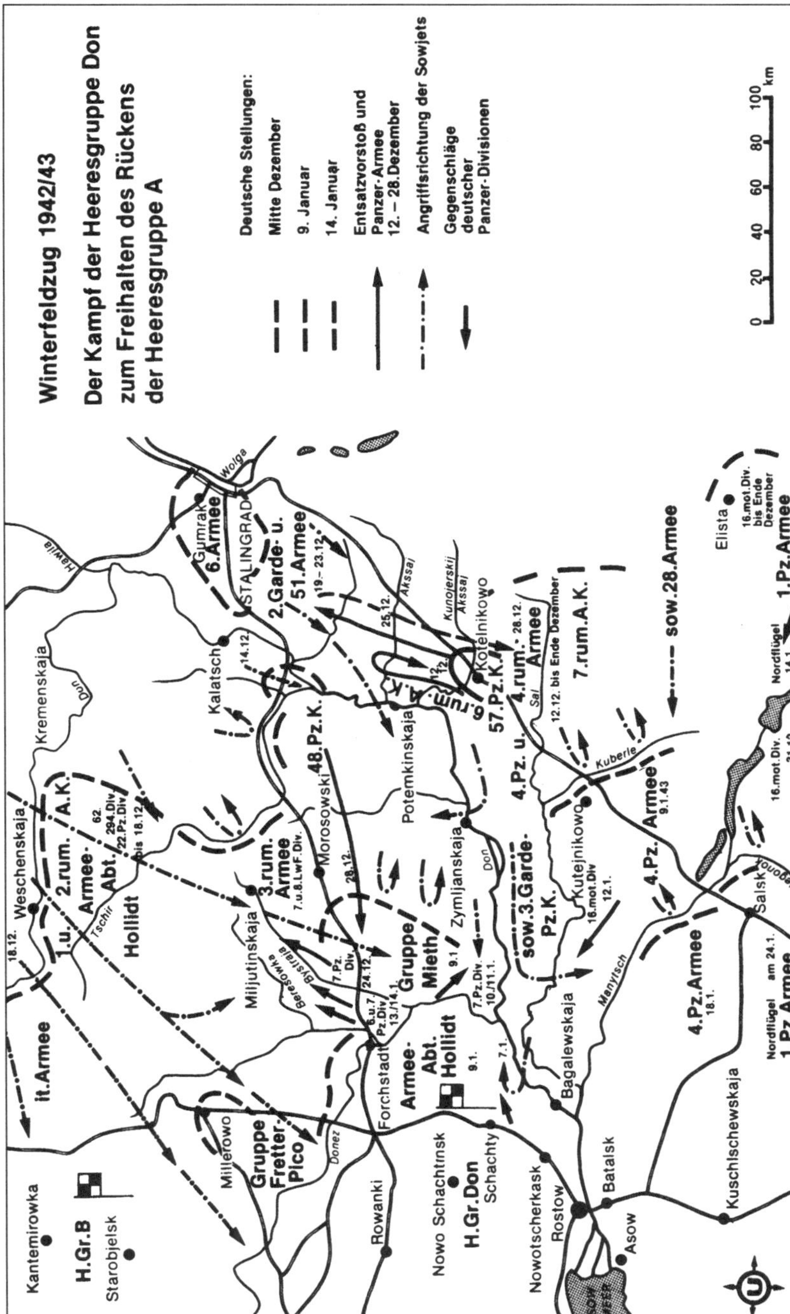
Winterfeldzug 1942/43
Der Kampf der Heeresgruppe Don zum Freihalten des Rückens der Heeresgruppe A
Deutsche Stellungen:
Mitte Dezember
9. Januar
14. Januar
Entsatzvorstoß und Panzer-Armee 12. – 28.Dezember
Angriffsrichtung der Sowjets
Gegenschläge deutscher Panzer-Divisionen
0 20 40 60 80 100 km
Kantemirowka
H.Gr.B
Starobjelsk
Millerowo
Gruppe Fretter-Pico
Rowanki
Nowo Schachtinsk
H.Gr.Don
Schachty
Nowotscherkask
Rostow
Asow
Batalsk
Kuschtschewskaja
Forchstadt
Armee-Abt. Hollidt
it.Armee
Weschenskaja
1.u. 2.rum. Armee
Armee-Abt. Hollidt
Tschir
Miljutinskaja
Bystraja
Beresowka
Gruppe Mieth
Zymljanskaja
Don
3.rum. Armee
Morosowski
48.Pz.K.
Potemkinskaja
Kalatsch
Kremenskaja
Gumrak
6.Armee
STALINGRAD
Wolga
2.Garde- u. 51.Armee
Akssai
Kotelnikowo
57.Pz.K.
6.rum. A.K.
4.rum. Armee
7.rum.A.K.
Sal
Kuberle
4.Pz. u. 4.Pz. Armee
Kutejnikowo
sow.3.Garde-Pz.K.
Bagalewskaja
Manytsch
4.Pz.Armee
Salsk
sow.28.Armee
Elista
1.Pz.Armee

konnte die Führung bewogen haben, diesen entscheidenden Kampf abzubrechen, und das so dicht vor dem Ziel?

Nachdem es der 6. PD gelungen war, die einzige Brücke über die Myschkowa in der Nacht zum 20. Dez. unzerstört in Besitz zu nehmen, befand sie sich noch genau 50 Kilometer vom südwestlichsten Punkt des Einschließungsringes entfernt. Am 20. Dez. gelang es der Division, den Brückenkopf mit allen Kräften zu erweitern und den feindlichen Widerstand am 21. Dez. so weit zu brechen, dass die Angriffe aus dem Brückenkopf heraus hätten fortgesetzt werden können.

Leider war die 23. PD, wie vorher geschildert, in ihren verzweifelten Kämpfen nach allen Seiten nicht weit genug vorwärts gekommen, und der Gegner konnte sich zwischen diese deutsche Division und die Myschkowa schieben und die Verbindung zwischen der Masse des LVII. PzK. und den im Brückenkopf festliegenden Teilen unterbrechen.

Als am 22. Dez. noch die Meldung vom Herannahen weiterer sowjetischer Panzer-Divisionen einging, war auch an diesem Tage die Fortsetzung des Angriffs unmöglich geworden.

Der einzige Lichtblick an diesem Tage war die Meldung, dass es auch der 17. PD links neben der 6. PD gelungen war, das Myschkowa-Ufer bei und westlich von Gromoslawka zu erreichen. Doch starke Teile dieser Division lagen noch weiter rückwärts fest, um das Dreieck des Zusammenflusses von Myschkowa und Don vom Feind zu säubern.

Am Abend des 22. Dez. fasste Generaloberst Hoth den Entschluss, die 17. PD mit dem Halten des gewonnenen Raumes auch der 6. PD zu beauftragen und den weiteren Angriff nicht mehr aus der Front der 6. PD vorzutragen, weil sich der Gegner vor dieser Division bedeutend verstärkt hatte. Statt dessen wollte Hoth aus der Front der 23. PD heraus am 24. Dez. erneut angreifen. Und zwar sollte dieser Angriff an der Bahn Kotelnikowo-Bahnhof Žutowo–Abganerowo entlang und ostwärts davon vorgetragen werden. Dazu sollte das PR 11 gemeinsam mit dem PR 201 der 23. PD eingesetzt werden, um einen möglichst starken Stoßkeil zu bilden.

Als am späten Abend dieses denkwürdigen 22. Dez. 1942 der

Chef des Generalstabes der Armeegruppe Hoth dem Chef des Generalstabes der HGr. Don, GenMaj. Schulz, diese Umgruppierung fernmündlich mitteilte, schaltete sich GFM von Manstein in das Gespräch ein.

Der OB der HGr. Don kündigte Maßnahmen von weit reichender Bedeutung an. Welche Maßnahmen konnten dies sein? Gab es überhaupt irgendeinen Umstand, der dafür sprach, die 6. Armee sich selbst zu überlassen? „Sich selbst" hieß in diesem Falle „dem Untergang".

Bereits am 16. Dez. 1942 war die Rote Armee unter Ausnutzung der Schwäche der 8. ital. Armee aus dem Raume beiderseits von Bogutschar am Don angetreten und hatte diese Front in einem heftigen entscheidenden Ansturm zum Zusammenbruch gebracht. Durch diesen Angriff, den die Sowjets von Norden mit ihrer 6. Panzer-Armee auf dem linken Flügel, der 1. Garde-Armee in der Mitte und der 3. Garde-Armee auf der Ostflanke führten, war die am Tschir errichtete dünne Front im Bereich der 8. ital. Armee zum Einsturz gebracht worden. Gelang es dem Gegner nun auch noch, die Armee-Abteilung Hollidt zu vernichten, dann lag Rostow völlig ungeschützt vor der Roten Armee. Und falls es ihr gelang, diese Stadt sehr schnell in Besitz zu nehmen, war die gesamte HGr. Don abgeschnitten. Die noch im Kaukasus stehende HGr. A unter GFM von Kleist war dann ebenfalls verloren. In diesem Falle würde es um eineinhalb Millionen deutsche Soldaten gehen.

Während am Abend des 23. Dez. die Soldaten der 6. PD sich zum weiteren Vorstoß anschickten, um auch noch die vor ihnen liegenden 48 Kilometer nach Stalingrad zu überwinden, während in Stalingrad abermals die Hoffnung wuchs, doch noch entsetzt zu werden, rollten bereits Hunderte sowjetischer Panzer auf den Flugplatz Morosowskaja zu, von dem aus die Versorgung der 6. Armee geflogen wurde. Die linke Flanke der Armee-Abteilung Hollidt war völlig offen.

Dieser Durchbruch war jenes Ereignis, das Maßnahmen von weit reichender Bedeutung erforderlich machte. Am Nachmittag des 23. Dez. fasste das Heeresgruppen-Kommando Don den Entschluss, Kräfte in den bedrohten Abschnitt zu werfen. Das am unteren Tschir stehende rum. Armeeoberkommando 3 erhielt Befehl, sofort das XXXXVIII. PzK. mit der 11. PD frei zu machen und zur Wiederherstellung der Lage auf dem Westflügel der Tschirfront in Marsch zu setzen. Als Ersatz aber musste die 4. PzArmee unter GenOberst Hoth eine Panzer-Division zum Einsatz an der Front des AKO 3 der Rumänen am unteren Tschir abgeben, denn ohne einen schweren gepanzerten Verband ließ sich diese Front unter keinen Umständen halten.

Die 6. PD, die im Begriff stand, einen entscheidenden Sprung nach vorn zu tun, wurde herausgezogen. Allein aber waren die 17. und 23. PD, die bereits erhebliche Verluste erlitten hatten, zu schwach, um den Durchstoß zu schaffen. Die Operation „Wintergewitter“ war gescheitert. Am 25. Dez. wurde das LVII. PzK. von dem vor dem Myschkowa-Abschnitt sich mehr und mehr verstärkenden Gegner mit großer Übermacht und starken Panzermassierungen angegriffen. General Kirchner musste sein Korps auf den Aksai-Abschnitt zurücknehmen und sich in den folgenden Tagen schrittweise absetzen, bis schließlich Kotelnikowo erreicht war, wo das Korps am 12. Dez. angetreten war. Die 6. Armee blieb in Stalingrad – für immer!

Luftbrückenoperationen im Dezember

Die Lage beim VIII. Flieger-Korps

Vom 12. Dez. 1942 an musste das VIII. FlK. neben der Versorgung der 6. Armee die gesamte Kampfführung in diesem Raum übernehmen, so dass an diesem Tage nur 80 Tonnen Versorgungsgüter in die Festung eingeflogen werden konnten. „Aber der taktische Erfolg der 4. PzArmee zusammen mit unseren He-111-Kampffugzeugen ist mehr wert als einige Tonnen mehr Nachschub in die Festung“, vertraute GenLt. Fiebig seinem KTB an, weil er der felsenfesten Überzeugung war, dass der Entsatzvorstoß klappen würde und die 6. Armee bald befreit sein müsse.

Am 13. Dez. kam General Martini, der Chef des Nachrichtenwesens der Luftwaffe, auf den Gefechtsstand des VIII. FlK, um sich über die Funkmittel nach Stalingrad zu informieren. Er brachte eine Atmosphäre von Kameradschaft, ja Freundschaft in dieser hektischen Zeit mit.

Trotz der völligen qbi-Lage (= Sicht gleich null) flogen auch am 14. Dez. einige He 111 Versorgungsgüter in die Festung. Immerhin konnten 60 Tonnen Otto-Treibstoff überflogen werden. Hinzu kamen 20 Tonnen Verpflegung. Die in Pitomnik landenden Maschinen mussten wegen der unmöglichen Wetterlage über Nacht dort bleiben. Am anderen Morgen schleppten sich in aller Frühe wieder die Verwundeten zu den Maschinen. Sanitäter und Kameraden trugen sie durch das Artilleriefeuer, das auf dem Platzrand lag, in die Flugzeuge. Erschütternde Abschiedsszenen spielten sich ab, dennoch blieb alles diszipliniert.

Der 15. Dez. sah das gleiche schlechte Wetter. Unter normalen

Umständen wäre niemand gestartet. Für Stalingrad aber wagten die Besatzungen den Flug und brachten 90 Tonnen Versorgungsgut, in der Hauptsache Treibstoff, in den Kessel.

Da der 16. Dez. der He 111 keine Einsatzmöglichkeiten für den Unterstützungskampf bei der 4. PzArmee ergab, flogen an diesem Tage etwa 70 He 111 und 20 Ju 52 Versorgungseinsätze. Ab 600 Meter traten Vereisungen auf; zwei Ju 52 schmierten aus den Wolken ab und gerieten beim Aufschlag auf den Boden in Brand. Sie hatten ihren Einsatz mit dem eigenen Untergang bezahlt. Dennoch wurden an diesem Tage 180 Tonnen Versorgungsgüter befördert. (Wenn in anderen Verlautbarungen davon die Rede ist, dass in diesen Tagen bis zum 19. Dez. täglich nur etwa 30 bis 50 Tonnen in die Festung eingeflogen worden seien, so ist dies unrichtig. Die in diesem Werk angegebenen Zahlen und Daten sind exakt dem KTB des VIII. Fliegerkorps entnommen und richtig.)

Da die Kampfmaschinen am 17. Dez. wieder einen Großeinsatz zur Unterstützung des LVII. PzK. flogen und der strahlende Wintertag dort auch Erfolge brachte, konnten nur wenige Versorgungsflugzeuge in die Festung gelangen, denn bei diesem ausgezeichneten Flugwetter wimmelte es im Großraum über der Festung von feindlichen Jägern, und auch die Flak hatte gutes Schussfeld. In der Nacht wurde Pitomnik mehrfach schwer gebombt. Die eingeflogene Transportmenge war an diesem einen Tag sehr gering.

„Es ist ein Spiel auf des Messers Schneide! Wird es gelingen? Nein, es *muß* gelingen! Anders ist es gar nicht auszudenken. Und doch kann man sich die Rettung der 6. Armee nur noch als ein Wunder vorstellen." (Siehe Martin Fiebig: Kriegstagebuch des VIII. Flieger-Korps, Teil IV.)

In einem Gespräch mit Generaloberst von Richthofen äußerte sich der Luftflotten-Befehlshaber ebenfalls sehr skeptisch. Wie anders hätten die Dinge stehen können, wenn man sich damals aus dieser Umklammerung gelöst hätte, was damals ohne weiteres möglich war! Doch darüber war nun nicht mehr zu rechten. Jetzt ging es um die Rettung der 6. Armee; die Lage sah im Südabschnitt der Ostfront um keinen Deut besser aus als ein Jahr zuvor im Mittelabschnitt vor Moskau.

Die Vereisungsgefahr im Absprungbereich hinderte am 18. Dez. die wenigen He 111 nicht daran, dennoch nach Stalingrad zu fliegen, denn über dem Kesselbereich wurde offenes Wetter gemeldet. Es kamen jedoch nur 5 He 111 zum Einsatz. Die Motoren der Ju 86 sprangen nicht an, und die Ju 52 konnten wegen des dichten Nebels nicht starten. Der Nebeleinbruch in Tazinskaja war dermaßen, dass man keine 50 m weit sehen konnte.

An diesem Tag funkte GenMaj. Schmidt empört an das VIII. FlK., dass nur zehn Tonnen Versorgungsgut geschafft worden seien. GenLt. Fiebig versuchte zu erklären, warum die Ju 52 nicht starten konnten, doch damit erntete er kein Verständnis. Er beteuerte, dass er die Lage in der Festung kenne und alles nur Menschenmögliche versuchen werde. Falls das Wetter den Nachteinsatz gestattete, würden 60 Tonnen Versorgungsgüter noch in der Nacht eingeflogen. Die Maschinen seien beladen.

Sowohl GenLt. Fiebig als auch Generaloberst von Richthofen wussten, dass die Versorgungslage der 6. Armee auf das Höchste gespannt war. Aber bei einem derartigen Wetter Ju 52 zu starten, musste große Verluste bedeuten, die nicht wieder ersetzt werden konnten. Das aber war einfach unmöglich, denn bei einer solchen Handlungsweise wäre der gesamte Park der Ju 52 bereits nicht mehr vorhanden.

Es kam nach Meinung der Befehlshaber und Kommandeure nur noch ein Durchbruch der 6. Armee in Frage, und alle wussten, dass am 19. Dez. die Entscheidung fallen musste.

In der Nacht zum 19. Dez. lief dann die Versorgung wieder an. Anstelle der zugesicherten 60 Tonnen kamen 70 Tonnen, und für den Tageseinsatz wurden sämtliche Kampf-He 111 für den Transport eingesetzt. Die 73 He 111, 50 Ju 52 und 13 Ju 86 überflogen an diesem Tage erstmals 270 Tonnen in die Festung. Dies war eine überragende Leistung, von den Lufttransportführern und den Bodendiensten ermöglicht und von den fliegenden Besatzungen durchgeführt.

Bei einem Besuch in Nowotscherkassk erfuhr GenLt. Fiebig von Generaloberst von Richthofen, dass dem Führer heute die Ausbruchserlaubnis für die 6. Armee abgerungen werden sollte.

„Beschäftigen Sie sich bereits jetzt geistig damit, wie dann die Luftversorgung durchgeführt werden kann. Das verlangte Gut für die 6. Armee beträgt 180 Tonnen Verpflegung, 4000 Tonnen Betriebsstoff.“

Dass dies unmöglich zu schaffen war, leuchtete allen Anwesenden ein.

In einem Funkspruch dankte Generaloberst Paulus für die am 19. Dez. eingeflogenen Versorgungsgüter, von denen 220 Tonnen Verpflegung waren. Im Kessel atmete man auf, man hoffte, dass nunmehr die Anfangsschwierigkeiten überwunden seien und dass von nun an die gleiche Menge täglich den Kessel erreichen würde.

Der 20. Dez. schien das auch zu bestätigen, denn an diesem Tage flogen etwa 100 He 111 und 80 Ju 52 und Ju 86 Versorgung.

Da die Krisenlage bei der 8. ital. Armee und bei der Gruppe Hollidt zu Besorgnis Anlass gab und das Hauptversorgungszentrum des VIII. FlK. in Millerowo bedroht wurde, verlegte das KG 27 am 21. Dez. Das KTB gibt die Befürchtungen wieder, die GenLt. Fiebig an diesem Tage hegte:

„Unausdenkbar, wenn die Tschirfront mitgerissen wird und bricht; dann bleiben nur noch Morosowskaja und Tazinskaja als Kristallisationspunkte. Und wenn die umrollt werden? Man muß seine Gedanken anhalten. Deutsches Schicksal, nimm deinen Lauf! Jeder tue seine Pflicht. – – –

Man fragt sich, ob der Führer im Bilde ist über die Lage an dieser Front, über den Zustand der Truppe und ihre Leistungsfähigkeit. Ob man den Russen nicht erneut in seiner Kraft unterschätzt hat?

Wo bleibt eine Ausrichtung des Führerkorps? Jeder kann sich seinen Vers machen. Kann man sich das leisten? Die Gedanken bewegen sich auf der Linie, daß der Kampf sich im großen gegen die Herrschaft des Geldes richtet, die den einzelnen – sei es als Individuum oder als Volk – nach Belieben zugrunde richte und daß diese Macht gebrochen werden müsse. – – –

Man quält sich damit ab, wie das einmal zu Ende kommen soll. Die Zeit rollt weiter. Werden wir sie zwingen?“

Die Lage erschien auch aus der Sicht des VIII. FlK. am 21. Dez. sehr ernst, und von der Luftflotte 4 erfuhr es keinen Laut darüber, was werden soll, wenn die Verbände ihre Häfen verlassen mussten. Im Stabe des VIII. FlK. machte man sich Gedanken darüber, und GenLt. Fiebig orientierte sowohl Oberst Förster und seine Führungsstaffel als auch die Verbände von Oberst Kühl. Er flog zu Oberst Wenck, der bei den Rumänen stabilisierend wirken sollte, und erkundigte sich dort über die Lage. Als er gerade startete, griffen zwölf US-Bomber des Typs Douglas Boston Morosowskaja an. Die wenige Flak eröffnete das Feuer, einer der Bomber erhielt Treffer und drehte qualmend ab. Die anderen verschwanden rasch nach Osten.

Ab 10.30 Uhr starteten 40 He 111, die vorher wegen des dichten Nebels nicht fliegen konnten. Die Ju 52 mussten auf dem Boden bleiben. Für sie war das Wetter zu schlecht.

Die Nachricht vom Anrollen sowjetischer Panzerpulks von Norden auf Skassjskaja war alarmierend. Gegen 13.00 Uhr waren diese Panzer nur noch 50 km emtfernt. Ein Spähtrupp unter Lt. Vieweg wurde am Abend auf den Weg gebracht. Nach 20 km Fahrt stieß er auf den Gegner. Lt. Vieweg erhielt einen Bauchschuss.

Nun kam es darauf an, rechtzeitig zu verlegen, bevor die Flugplätze überrollt wurden und die Maschinen verloren gingen. Aber von der Luftflotte 4 gab es keinen dementsprechenden Befehl. Oberst von Rohden, der Chef des Stabes der Luftflotte 4, führte nach Meinung von GenLt. Fiebig, „dumme Sprüche“. Er sagte, die Flotte würde sich mit dem kleinen Führungsstab ins warme Nest setzen, während das Korps in Zelten wohnen könne.

Die Zänkereien führten zu nichts und erschwerten die Arbeit. Überall wurde gepackt. Aber der Gefechtsstand von GenLt. Fiebig blieb in Alarmbereitschaft, und die Nacht verlief überraschend ruhig; der Gegner war noch immer nicht weiter vorgedrungen.

Bei dichtem Nebel war am 22. Dez. kein Flugbetrieb möglich. Als Nachrichten von einem weiteren sowjetischen Durchstoß im Bystraja-Abschnitt bekannt wurden, ging GenLt. Fiebig mit einem kleinen Führungsstab nach dem bedrohten Tazinskaja zu Oberstleutnant Brasser. Sein Chef des Stabes, Oberst i. G. von Heinemann, blieb mit einer Achtacht und sechs 2-cm-FlaMW und 120 Mann zur Verteidigung des Abschnittes und zum Halten an der Straße nach Tazinskaja stehen.

Ab 10.00 Uhr fühlten zwei leichte und ein schwerer sowjetischer Panzer gegen Skassijrskaja mit nachfolgender Infanterie vor; er verschwand dann in einem 1 km entfernten Ort. Am Nachmittag herrschte wieder Ruhe, doch am Abend flackerte erneute Kampftätigkeit und damit neue Unruhe auf. Oberst von Heinemann musste befürchten, von den Seiten umgangen zu werden, weil er keine Nachbarn mehr hatte. Als GenLt. Fiebig seinen Stabschef bat zurückzukommen, lehnte von Heinemann ab und bat darum, Platzhalter zu bleiben. Fiebig stimmte zu, obgleich von Heinemann ihm sehr fehlte.

Am Abend des 22. Dez. trafen dann von der Luftflotte Befehle für den Notfall ein, die die Verteidigung und die Räumung der Plätze Tazinskaja und Morosowskaja betrafen. Beide Plätze standen unter erhöhter Alarmbereitschaft. Dennoch wurden am 22. Dez. ab 22.00 Uhr die Versorgungsflüge für Stalingrad mit Ju 52 und He 111 begonnen und durchgeführt. Auf den Plätzen gaben die Bodendienste das Letzte her. 18 Stunden Dienst am Tag waren die Regel, und auch die fliegenden Besatzungen standen darin nicht nach.

Nach Fühlungsaufnahme mit Oberst Beigel, dem die Verteidigung des Platzes Tazinskaja oblag, ließ GenLt. Fiebig eine Batterie schwerer Flak von der Süd- zur Nordfront umgruppieren, weil aus Norden die stärkste Bedrohung zu erwarten war.

In der Nacht zum 23. Dez. rief von Heinemann laufend an und erbat neue Munition, denn die Sowjets fühlten bereits gegen den Dorfrand vor, und schwere Motorengeräusche ließen eine Panzerbereitstellung vermuten.

In den frühen Morgenstunden des 23. Dez. erhielt GenLt. Fiebig einen Anruf von Oberst Overdyck, dem Nachrichtenführer des VIII. FlK., der ihm meldete, dass der Abmarsch der Nachrichtenteile aus Skassijrskaja erfolge und dass die Ablösung der Teile des Generalkommandos gegen 07.00 Uhr durch die 16. PD erfolgen werde.

Um 07.00 Uhr meldete GenLt. Fiebig dem Luftflottenchef und bat gleichzeitig um Entlastung auf dem Platz Tazinskaja. Er erhielt das Einverständnis von Richthofen, so dass der Platz von Rumänen geräumt werden und das Generalkommando noch an diesem Tage nach Nowotscherkassk verlegen konnte.

Ein Kampfeinsatz war an diesem 23. Dez. nicht möglich, da die Wolken mit Vereisungsgefahr in 80 m über dem Boden begannen. Die Storchaufklärung ergab etwa 60 Feindpanzer und 150 Motorfahrzeuge im Raume Skassijrskaja. Die Verbindung dorthin war bereits seit 06.00 Uhr abgerissen.

Gegen 10.00 Uhr gab der Stab des VIII. FlK. seine Meldung über die Entwicklung der Lage an Generaloberst von Richthofen ab. Man war sicher, dass der Gegner Skassijrskaja noch am selben Tage erobern werde, dass Tazinskaja ebenfalls bedroht war und dass spätestens am morgigen 24. Dez. die Sowjet-Panzer vor dem Platz stehen würden. Wenn dann Nebel herrschte, war es sehr fraglich, ob noch Material oder Maschinen gerettet werden konnten.

Immerhin standen rund 180 Flugzeuge in Tazinskaja; wenn sie verloren gingen, war ein großer Teil der Versorgungsmaschinen fort und die Versorgung von Stalingrad musste sofort zusammenbrechen.

Trotz dieser entschiedenen Meldung erhielt GenLt. Fiebig die Antwort, dass der Luftflottenbefehlshaber zwar der gleichen Meinung sei, dass aber der Befehl des Ob. d. L. gegen eine vorzeitige Räumung stehe. Erst wenn direkte Feindeinwirkung auf dem Platz stattfinde, dürfe ein Ausweichen erfolgen.

„Ich sehe, wir rennen ins Unglück, aber Befehl ist Befehl! Man verkennt die jetzige Lage gegenüber der des Vorjahres. Gegen Infanterie, Artillerie und Kavallerie konnte man sich in einem Igel verteidigen, nicht aber gegen Panzer, die – zumal bei Nebel – alles überrollen. Aber wer kann die Lage begreifen, wenn man sie nicht einmal persönlich erlebt hat?“ (Siehe Martin Fiebig: a. a. O.)

Gegen 12.00 Uhr meldete sich Hptm. Biesterfeld und berichtete, dass Skassijrskaja überrollt worden sei und dass das Heer seine Stellungen fluchtartig verlassen habe. Die Männer des VIII. FlK. seien nach ihrer Ablösung dabei gewesen, sich zu sammeln. Oberstleutnant von Heinemann ziehe sich nun auf Tazinskaja zurück. Unterstützung sei sofort erforderlich.

Sofort wurde Biesterfeld zu von Heinemann geschickt mit dem Befehl, sich abzusetzen und von der besetzten Stellung am Nordrand des Flugplatzes Tazinskaja aufnehmen zu lassen. Die Verteidigung in der offenen Steppe habe bei feindlichen Panzervorstößen keinen Sinn.

Gegen 14.00 Uhr traf von Heinemann in Tazinskaja ein. Auf dem GefStand berichtete er GenLt. Fiebig über die Vorgänge bei Skassijrskaja; der Platz sei nach Ablösung von Feindpanzern überrollt worden, wobei auch erhebliche eigene Verluste an Personal und Material entstanden seien.

In Tazinskaja wurde Alarmstufe 3 ausgegeben. Oberst Förster erhielt Unterrichtung über die Lage und Befehl, ab 04.00 Uhr des 24. Dez. alle Besatzungen an den Maschinen zu halten.

Das Desaster von Tazinskaja

In einer Absprache mit Oberst Kühl in Morosowskaja wurde beschlossen, es solle eine Verbindungsaufnahme mit dem Storch erfolgen, sobald die Drahtverbindung abreiße. Es war noch immer nicht klar, ob der feindliche Panzerverband sich gegen Tazinskaja oder Morosowskaja richten werde. Gegen 21.00 Uhr riss dann die Verbindung mit Morosowskaja ab. Vorher konnte jedoch noch durchgegeben werden, dass der Gefechtsverband unter Oberst Kühl die Kampfführung mit seinem KG 55, den Stukas, Jägern und Schlachtflugzeugen am 24. Dez. übernehmen werde.

Da sich die Wetterlage etwas aufhellte, machte GenLt. Fiebig der Luftflotte 4 den Vorschlag, die nicht für die Verlegung benötigten 30 Ju 52 mit Bodenpersonal nach Ssalsk zu schicken. Der Vorschlag wurde angenommen. Aber es kamen nur 9 Ju 52 heraus. Zwei davon landeten in Ssalsk, drei machten Bruchlandungen, vier stürzten über Ssalsk ab und gingen in Flammen auf.

Der auf dem Gefechtsstand des VIII. FlK. weilenden Oberst von Rohden gab nach einer längeren Besprechung mit GenLt. Fiebig seinem Oberbefehlshaber noch einmal eine Lagebeurteilung. Aber von Richthofen wiederholte, man könne nur gemäß Befehl des Ob. d. L. handeln.

Dies, obgleich GenLt. Fiebig eindeutig erklärt hatte, die Lage sei unhaltbar geworden und die Feindpanzer würden spätestens morgen

Vormittag auf dem Platz stehen. Wenn dann noch Nebel herrsche, werde es fraglich, ob das Absetzen gelinge, zumindest werde es viele Brüche geben, denn ein Massenstart im Nebel war sicher Anlass zu vielen Zusammenstößen. Aber von Richthofen hatte nur den Befehl des Ob. d. L. wiederholt: „Erst wenn der Feind mit Artillerie auf den Platz schießt, darf geräumt werden."

180 Ju 52, die die unbedingt lebensnotwendige Verpflegung nach Stalingrad schaffen mussten, standen in Gefahr, hier einfach wegen eines Durchhaltebefehls, dessen Tragweite sich der über 2000 Kilometer entfernt im Warmen sitzende Stab des Ob. d. L. überhaupt nicht vorstellen konnte, geopfert zu werden. Am 23. Dez. flogen noch einmal 72 Flugzeuge Versorgungsgüter nach Stalingrad. Die Anspannung der Besatzungen hatte einen nicht mehr zu überbietenden Höhepunkt erreicht.

Eine halbe Stunde nach Mitternacht trug ein Stabsoffizier den Befehl für die Kampfführung der Luftflotte 4 an diesem Tage vor. GenLt. Fiebig erfuhr dabei, dass ihm auch das Stuka-Geschwader 77 und das Schlacht-Geschwader 1 unterstellt worden seien.

Eineinhalb Stunden später rief Generaloberst von Richthofen an und gratulierte Fiebig zur Verleihung des Eichenlaubs zum Ritterkreuz vom Vortage. Die Benachrichtigung war soeben durchgekommen.

„Es war ein bitterer Augenblick, im Tiefpunkt einer militärischen Lage eine solche Auszeichnung zu erhalten. – Ich melde dem Generaloberst kurz über das Feindbild, soweit dies zu übersehen ist."

Es war 03.30 Uhr, als in der Ortschaft Tazinskaja die ersten Panzerkanonen der Sowjets schossen. Mit diesem Feuer geriet durch einen Volltreffer die Fernsprechverbindung der Luftwaffe in Brand.

GenLt. Fiebig, der sich schlafen gelegt hatte, wurde um 03.40 geweckt. Oberstleutnant von Heinemann meinte, es sei Zeit, auf den Platz zu gehen.

Um 04.00 Uhr meldete Major von Fichte, nach dem Volltreffer sei jede Fernsprechverbindung abgerissen. Der GefStand des Korps wurde in den Bunker von Major Baumann verlegt.

Auf dem Rollfeld herrschte bereits hektische Aufbruchstimmung. Motoren liefen warm, es war dort kein Wort zu verstehen. Eine Maschine stand dicht neben der anderen. Lastwagen fuhren hin und her und brachten das letzte Gut zu den Maschinen. Sie fuhren auch die Besatzungen zu den entfernter stehenden Flugzeugen. Dort sprangen die Männer von den Ladeflächen herunter und trafen mit dem Bodenpersonal die letzten Vorbereitungen zum Start.

Um 04.15 Uhr fuhr GenLt. Fiebig zum Platz. Rechts voraus sah er den Brand der Fernsprechanlagen. Über die neue Flugleitung gelangte er zum Bunker Baumann. Über den Peiler kam soeben das Wetter von Nowotscherkassk herein. 60 Meter Wolkenhöhe und 1 bis 2 Kilometer Sicht. Regierungsrat Zörner, der Meteorologe, konnte dem KommGen. keinen neuen Wetterbericht vorlegen, da keine Wettermeldungen eingegangen waren.

Major Schwarzer, der Horstkommandant, wurde zum Befehlsbunker befohlen. Oberst Förster war bereits eingetroffen. Gegen 05.00 Uhr erschien auch Oberstleutnant von Heinemann im Bunker.

Die Besatzungen, die noch nicht bei den Maschinen waren, sondern vor dem Bunker auf ihren Fahrzeugen saßen, wurden zu den Liegeplätzen geschickt.

Es war genau 05.20 Uhr, als mehrere Lagen Artilleriefeuer auf dem Platz niedergingen. Es war diesig, leichtes Schneetreiben und eine Wolkenuntergrenze von 50 Metern zeigten bereits Vereisungsschwierigkeiten an.

Dann erschollen plötzlich auch Panzerschüsse. Eine Ju 52 erhielt einen Volltreffer und geriet in Brand. Der Panzerbeschuss setzte sich fort; dicht vor der Startbahn wurde eine zweite Ju 52 getroffen und brannte ebenfalls aus.

Menschen sprangen hinaus, wälzten sich auf dem Boden, um die glimmenden Brände an den Uniformen zu ersticken. Männer vom Bodenpersonal sprangen hinzu und halfen ihnen.

Es war 05.30 Uhr, als GenLt. Fiebig den Befehl an Oberst Förster und die Kommandeure gab, in Richtung Nowotscherkassk zu starten. Zehn Minuten später setzte der Start bei völligem qbi-Wetter ein. Nun wirbelte der Schnee auf. Es gab keinerlei Sicht mehr. Blind rollten die Maschinen über die Startpisten. Weitere Einschläge in unregelmäßiger Folge waren über den Platz verteilt. Hier und da flackerten neue Brände auf. Ein Flugzeug rollte hinter dem anderen an und mitten in die unsichtige Nebelwand hinein. Pausenlos starteten nun die Ju 52 buchstäblich ins graue Nichts. Alle vertrauten darauf, dass keine der vorausrollenden Maschinen liegen blieb; sonst mussten sie in diese hineinrasen, was ihr Ende bedeutet hätte. Linker Hand krachte es plötzlich mit unvorstellbarer Lautstärke. Etwas blitzte auf, Flammen peitschten durch den Nebel, dicke Rauchwolken zogen empor. Eine Ju 52 stürzte ab und knallte hart jenseits des Platzes in den Schnee. Eine grelle Aufschlagsexplosion, dann ein riesiger Feuerball, der das Aus für die Besatzung und die mitgenommenen Männer des Bodenpersonals anzeigte.

Im Bunker drängte Oberstleutnant von Heinemann den Kommandierenden General zum Abflug; einer der Adjutanten meldete, dass man sich nur noch mit autoritärer Gewalt eine Ju 52 greifen könne. Von Heinemann sagte: „Herr General müssen persönlich eine Ju festhalten und sich davor stellen." – „Stellen Sie für den Stab eine Ju 52 sicher!", erwiderte der General. Von Heinemann fuhr in seinem Volkswagen fort. Ob er den Befehl ausführen konnte, war nicht zu erfahren.

Als Major Baumann vorbeikam, fragte GenLt. Fiebig ihn, ob eine Ju 52 für den Stab zur Verfügung stehe. Der Major bejahte dies und sagte, dass Flugzeugführer Fw. Ruppert Befehl habe, die „Kiste" aufzuladen. Baumann erhielt Befehl, Ruppert heranzuholen zur Einweisung.

Bis 05.50 Uhr waren die Starts erfolgt. Binnen 20 Minuten hatten alle Maschinen fast bei Null-Sicht abgehoben. Mit Oberst Overdyck ging GenLt. Fiebig wieder in den Bunker und versuchte, über den Peiler einen Spruch über den Start der Verbände an die Flotte abzusetzen und eine Begründung dafür zu geben. Ob dieser FT-Spruch abgesetzt wurde, ist nicht klar.

Ab 06.00 Uhr stand dann GenLt. Fiebig vor dem Bunker. Er sah die Flammenspeere der Panzergranaten, die über den Platz zischten. Das Verpflegungslager flammte auf. Andere Hütten und Bunker brannten ebenfalls. Dann tauchte ein nur schemenhaft sichtbar werdenden riesiger Panzer auf. Die Nordunterkunft brannte nun ebenfalls.

„Herr General, wir müssen jetzt los!", meldete Hptm. Pekrum. Es war 06.07 Uhr, als Major von Burgsdorff, Ia der 16. PD, auftauchte und meldete: „Im Ort wilde Sau, Herr General! Feindliche Panzer und Infanterie. Es ist absolut kein Halten mehr."

Eine der letzten Maschinen zog aus dem Feuerorkan hinaus in Richtung Nowotscherkassk. Es war jene Ju 52, in die Oberst Förster mit seinem Stab und der Chef des Stabes der Luftflotte 4, Oberst von Rohden, eingestiegen waren.

Der Artilleriebeschuss auf das Rollfeld verstärkte sich. Nach den Geräuschen wurde schließlich klar, dass auch dieses Feuer von feindlichen Panzern herrührte. Um 06.10 Uhr gab GenLt. Fiebig den Befehl zum Start für die letzte Ju 52. Stabsingenieur Biedenkamp flog mit dem Storch etwa zur gleichen Zeit ab.

Um 06.15 Uhr erfolgte der Start. Die Sicht hatte sich auf 500 Meter aufgeklärt. Die Wolkenuntergrenze lag bei 30 Metern. Die Ju 52 kam sehr schlecht los. Der rechte Motor knallte. Aber Fw. Ruppert schaffte den Start. Dann liefen alle Motoren rund. In der Maschine befanden sich Oberst Overdyck, Major Stollberger, Oblt. Drube, Lt. Tausch, Hptm. Biesterfeld, Hptm. Pekrum und Hptm. Kublank.

Dieser Massenstart in Tazinskaja war wohl das Tollste, was die Luftwaffe in ihrem Einsatz an allen Fronten leistete. Fächerförmig auseinander strebend, um die Gefahr einer Kollision möglichst zu vermeiden, starteten die Maschinen in einem Abstand von 20 bis 30 Metern zueinander. Es war wie in einem Tollhaus, aber fliegerisch eine einmalige Meisterleistung.

Um 07.25 Uhr landete die Ju 52 mit GenLt. Fiebig an Bord in Rostow-West bei 200 m Wolkenuntergrenze. Der Flug war fast ausschließlich blind erfolgt, denn ein Durchstoßen nach oben war nicht möglich, da bei 2400 Metern die Wolkenobergrenze noch immer nicht erreicht war. Dass keine Vereisung eintrat, war ein ganz großer Glücksumstand.

Um 07.45 Uhr erfolgte die Meldung an GenOberst von Richthofen, der sich mit dem Ausweichen einverstanden erklärte. Dass die Flucht aus Tazinskaja trotz der widrigen Umstände durch Disziplin und Können der Besatzungen und des Bodenpersonals durchgeführt werden konnte, war nicht zuletzt dem Zögern des Gegners zu verdanken. Wäre dieser in der Nacht durchgebrochen, was durchaus in seiner Macht gestanden hätte, dann wären alle 180 Flugzeuge verloren gegangen. So aber konnten 108 Ju 52 und 16 Ju 86 gerettet werden. Dennoch war der Verlust von etwa 56 Flugzeugen für die Luftflotte 4 ein Desaster, denn diese Maschinen konnten nicht mehr ersetzt werden.

Wenn man bedenkt, dass sie nur durch einen Befehl des Ob. d. L. verloren gingen, dann kann man die Erbitterung verstehen, die bei der Luftflotte 4 ebenso wie vor allem beim VIII. FlK. herrschte. Nicht nur, dass so viele Maschinen verloren gingen. Eine große Menge an fliegerischem und an Bodengerät blieb zurück.

Die Einsatzbereitschaft sank demzufolge unter 25 Prozent ab. Dennoch musste die Versorgung der 6. Armee sofort und ohne Pause weitergehen, das wusste jeder einzelne Mann des VIII. FlK. Und so starteten die Transportverbände auch weiter. Die Verluste durch Feindeinwirkung, durch Abstürze – die letzteren teilweise durch Vereisung hervorgerufen – nahmen zu. Der Opfergang der Luftwaffe nahm parallel zu jenem der 6. Armee seinen unerbittlichen Lauf.

Nach einem Gespräch mit Geneal Vierling vom Luftgaukommando Rostow, wo die Maßnahmen zur Spritversorgung erbeten wurden, fuhr GenLt. Fiebig mit seinem Stab in drei Pkw nach Nowotscherkassk, wo er um 13.30 Uhr eintraf. Im Luftflottengebäude wurde der neue Korps-Gefechtsstand eingerichtet.

Abschließend stellte GenLt. Fiebig zu dieser Überführung in letzter Minute fest: „Ich habe versucht, so zu handeln, wie es der gegebene Befehl eindeutig vorschrieb, nicht früher den Befehl zum Ausweichen der Verbände wie zum eigenen Ausweichen zu geben, bis der Platz unter direkter Feindeinwirkung lag. Das war der Fall, da Artilleriebeschuß und Panzer auf dem Rollfeld bis nach Südosten diese Bedingung erfüllten. Ein klares Feindbild war wegen des Nebels nicht zu bekommen, das Heranrollen der Feindpanzer wegen des Motorenlärms nicht zu hören.

Inwieweit die Verteidigung des Stützpunktes Tazinskaja in Ordnung war und ihre Pflicht getan hat, ist nicht zu beurteilen. – – – Jedenfalls hat der dichte Nebel es unmöglich gemacht, die sich nähernden Panzer rechtzeitig erfolgreich zu bekämpfen und ein Überrollen unmöglich zu machen. – – –

Und wenn wirklich dieser oder jener abgehauen wäre oder die Verteidigung nicht ganz funktioniert hat, so liegt die Schuld allein bei der Obersten Führung, die durch ihre Befehle eine solche Lage geradezu heraufbeschworen hat. Nicht der kleine Schuldige darf hier gefaßt werden. Das würde der wahren Lage mit der Faust ins Gesicht schlagen.

Eine besondere Anerkennung ist den Transportbesatzungen zu zollen, die eine so schwierige Wetterlage gemeistert haben. Es war ein tolles Starten! Als Motto zu dieser Lage kann man nur anführen: ‚Allen Gewalten zum Trotz sich erhalten!' D. h.: Zur Errettung der 6. Armee nunmehr von Ssalsk aus starten, von wo nun die Versorgung durchgeführt werden muß."

Bei der 6. Armee im Kessel

Nachdem die Transportverbände von Tazinskaja auf Ssalsk zurückgewichen waren, wurde die Versorgungslage im Kessel von Stalingrad kritisch, denn in Ssalsk fehlten beinahe alle Voraussetzungen für den laufenden Einsatz. Starker Frost und eisige Schneestürme ließen die Einsatzbereitschaft weiter absinken. Von hier aus – und das war das stärkste Hindernis – betrug der Flug nach Stalingrad 400 Kilometer, was bedeutete, dass die Maschinen nicht mehr viel Treibstoff aus den Zusatztanks abgeben konnten, wie dies bis dahin immer wieder geschehen war. Die Reichweite der Ju 52 war an einem kritischen Punkt angelangt. Jene Flugzeuge aber, die viel Öl verbrauchten, waren von hier aus nicht mehr einsatzklar. Die täglichen Transportleistungen mussten weiter absinken.

Die 6. Armee setzte Hilferufe an sämtliche höchsten Führungsstellen ab. Das war ihr gutes Recht, und ihre Lage ließ keine andere Wahl, als immer wieder das Unmögliche zu fordern, um das Mögliche zu erreichen. Doch die Tonnagezahlen waren nicht zu erhöhen. Die Winterstürme, Nebel und klirrender Frost forderten ihren Tribut. Dahinein schallten die Hiobsmeldungen von weiteren sowjetischen Panzervorstößen. Diese beschworen nun auch die Umklammerung aller Hilfsorganisationen herauf.

Nachdem am 19. Dez. eine Rekordzahl erzielt worden war, hatte man in der Festung die Forderungen höher geschraubt, doch am 24. und 25. Dez. konnten keine Versorgungsflüge stattfinden.

Der Winter hatte voll eingesetzt. Die Temperaturen in Stalingrad sanken auf 24–30 Grad minus. Es fiel Schnee, dann schien wieder die Sonne, es wurde milder, und undurchdringliche Nebelwände schoben sich heran. Der Sturm, der immer wieder einsetzte, riss den Schnee vom Boden hoch und führte ihn mit sich wie ein Sandsturm. Am Boden gab es kaum 100 Meter Sicht. Über den Wolken lag strahlender Sonnenschein. Auf den beiden Flugplätzen Morosowskaja und in Stalingrad herrschten grundverschiedene Wetterverhältnisse. Bei zunehmendem Frost wurden die Anlassschwierigkeiten größer. Flugzeuge fielen durch diese Hindernisse für den Einsatz aus. Dennoch wurde geflogen, trotz der Vereisungen und des Blindfluges. Die Flügel wurden bei diesen Vereisungen immer unförmiger, die Leitwerksflächen ebenfalls. Die schwer beladenen Maschinen wurden dadurch noch schwerer. Auch die Luftschrauben vereisten. Das Flugzeug schwamm – stürzte ab. In den Tagen vom 28. Dez. bis zum 4. Jan. 1943 gingen 62 Flugzeuge verloren, die Hälfte davon kam auf das Wetterkonto.

Und nach den Landungen in Pitomnik und Gumrak und später noch in Stalingradskij sahen die Flieger, die in der eisigen Kälte oftmals stundenlang auf das Ausladen ihrer Flugzeuge warten mussten, das Elend ihrer Kameraden vom Heer. Hier galt es, eiserne Ruhe und Disziplin zu bewahren, ein falscher Handgriff beim Bedienen eines wichtigen Gerätes würde die Einsatzbereitschaft der Maschine herabsetzen oder gar ausschalten. Dann war auch das Leben jener 20 Verwundeten zu Ende, die gleich nach dem Entladen der Ju 52 wieder eingeladen wurden, um zurückgeflogen zu werden.

Das Anrollen erfolgte oftmals ins Ungewisse hinein. Die verwehte Startbahn, auf der Löcher von Granateinschlägen und Bomben vorhanden waren, dies alles formte sich zur Hölle von Stalingrad, die auch für die Flieger herrschte.

Der Versorgungsstab auf Pitomnik, der am ersten Einschließungstag durch GenMaj. Pickert, dem Kdr. der 9. Flak-Division, eingesetzt wurde, stand unter den Kommando von Oberst Rosenfeld, dem Kdr. des Flak-Rgt. 104. Mit seinen Offizieren, unter ihnen auch Hptm. Schwennike, war Rosenfeld unermüdlich tätig. Sowie die eingeflogenen Güter registriert waren, wurden sie weitergeleitet. Alles kam auf den Weg: Verpflegung, Munition, Treibstoff, Sanitätsmaterial, Ersatzteile und Feldpost. Den Flugverkehr in Pitomnik wickelte der dortige Flugleiter, Oblt. Kolbenschlag, ab.

Der Abtransport der Verwundeten bereitete nach wie vor die größten Sorgen. Truppenteile und Verbandsplätze schickten ihre Verwundeten unmittelbar an den Platz und an die Maschinen. Die Fahrzeuge stauten sich vor dem Platz, wahllos strömten Verwundete und Kranke heran und schleppten sich mit letzter Kraft durch den Schnee, immer nur von dem einen Gedanken beseelt: Dort vorn bei den Ju 52 ist Rettung! Sie mussten nur einen Platz bekommen: stehend, liegend, sitzend, das war ihnen völlig gleich. Nur aus der Hölle herauskommen, das war die einzige Devise.

Die Maschinen waren überfüllt. Mit Gewalt mussten die Besatzungen jene Männer vertreiben, die noch mitgenommen werden wollten, weil sie dicht vor dem Einstieg standen. Aber es half nichts. Wenn die maximale Belastung erreicht war, musste geflogen werden, wenn nicht alle in der Maschine befindlichen Verwundeten, die Besatzungen und die Maschine selbst vernichtet werden sollte. Zu oft waren am Anfang Maschinen derart beladen, dass sie nicht vom Boden abheben konnten und am Ende des Platzes zerschellten.

An Flächen und Leitwerken und auch in den Aufhängungen der Laufwerke klammerten sich die Verzweifelten fest. Weder durch gute Worte noch durch Befehle konnten sie von diesem tödlich endenden Abenteuer abgehalten werden. Diese Plätze würden für sie den Tod bedeuten. Sie mussten mit Gewalt entfernt werden. Einer dieser Piloten hat dem Autor berichtet, dass er von der Schusswaffe Gebrauch machen musste. Die Bilder dieser Tage verfolgen ihn auch heute noch.

Am Rande des Flugplatzes waren zwei Zelte aufgestellt worden. Eine Reihe von Bunkern war inzwischen für die Aufnahme der

Schwerverwundeten hergerichtet. Von hier aus fuhren die Sankas nunmehr so zu den Maschinen, wie sie nach deren Ausladung aufgerufen wurden.

Die Ausladungen besorgten die Männer der Versorgungs-Kpn. des Heeres unter Hptm. Kreuzmann, der später bei dieser Aufgabe schwer verwundet wurde und ausgeflogen werden musste.

Der leitende Arzt der Luftflotte 4 und der Luftflotten-Intendant hatten für die Betreuung der Verwundeten und für ihren Rücktransport wirksame Maßnahmen getroffen und waren selbst in den Kessel eingeflogen, um diesem selbstverständlichen Kameradendienst hundertprozentig nachkommen zu können.

Im Kessel selbst aber war man nicht nur enttäuscht von den Leistungen der Luftwaffe, sondern argwöhnte sogar, dass diese nicht alles tue, um der Armee zu helfen, dass man die Armee vielmehr bereits aufgegeben habe.

Am 26. Dez. schickte GenObert Paulus den KommGen. des XIV. AK, Gen. d. PzTr. Hube, ins Führerhauptquartier. General Hube berichtete über die Lage in Stalingrad, und wohl zum ersten Male wehte den Stabsoffizieren das ganze Grauen ins Gesicht, durch das die 6. Armee hindurchging. Und dennoch: General Hube erklärte, dass die 6. Armee in ihren ausgebauten Stellungen verbleiben wolle und dass dann allerdings die zugesagten 300 Tonnen Versorgungsgüter am Tage auch eingeflogen werden müssten.

Der Generalquartiermeister des Heeres wurde vom Führer angewiesen, der Armee Kraftnahrung zuzuführen, da die Fleischvorräte spätestens Ende Januar zu Ende gingen. (Dies stimmte nicht, denn die letzten Pferde wurden – das sei später erklärt – bereits am 15. Januar 1943 verzehrt.)

An dieser Stelle hätte General Hube eindeutig auf die grausige Versorgungslage von Stalingrad hinweisen müssen. Er war von Hptm. Toepke, dem Quartiermeister, darauf hingewiesen worden, dass Stalingrad mit der Verpflegung der Truppe schon jetzt restlos am Ende war. Auch Major von Kunowski, der Oberquartiermeister, hatte ihm dies schonungslos dargelegt.

Weihnachten, das wusste er, gab es nur noch wenig Pferdefleisch. General Hube hätte darauf verweisen müssen, dass es in Stalingrad seit dem 26. Dez. nur noch 50 Gramm Brot pro Tag für jeden Soldaten gab. Zu Mittag wurde eine dünne Suppe von einem Liter ausgegeben. Sie bestand aus Hülsenfrüchten ohne Fettzusatz. Abends gab es etwas Büchsenverpflegung oder eine zweite dünne Suppe; diese kalorienarme Verpflegung bedingte einen raschen Kräfteverfall. Es wäre nach Meinung der Experten ein Leichtes gewesen, den Stalingradkämpfern Kraftverpflegung aus den U-Boot-Lagern und den Flieger-Versorgungsstellen zuzuführen. Nur so hätte man auch mit geringeren Transportleistungen ein Mehr an Nahrung für die Truppe schaffen können.

Dass es bei der Beladung der Flugzeuge gelegentlich zu völlig unsinnigen Transporten kam, sei an dieser Stelle angemerkt. Es wird nicht ausgeschlossen, dass in rückwärtigen Versorgungsstellen Saboteure am Werk waren, um diese Fehlbeladungen zu veranlassen.

So befanden sich an einem Versorgungstag, an dem 90 Tonnen Versorgungsgut überflogen wurden, sechs Tonnen Bonbons unter der Fracht, auch mehrere Kisten mit Kondomen sowie Ersatzteile für sperriges Pioniergerät, das man überhaupt nicht benötigte.

Als einmal der Oberquartiermeister um die Überfliegung von Gewürzen bat, weil diese zur Neige gingen, brachte man zwei Ju 52 vollgestopft mit vier Tonnen Majoran und Pfeffer an.

Aber General Hube schwieg zu dieser katastrophalen Versorgungslage. Als der General am 28. Dez. aus dem FHQ zurückkehrte, trug er die Schwerter zum Ritterkreuz mit Eichenlaub. Er meldete sich bei Generaloberst Paulus und erstattete diesem Bericht. Was General Hube vortrug, erfuhren die Männer des Oberquartiermeisterstabes erst durch Hauptmann Behr, der aus dem Führerbunker zu ihnen herüberkam und darüber berichtete: „Entsatz kommt erst mit Beginn des Frühjahrs. Bis dahin sollen wir aushalten."

Hptm. Toepke teilte uns von den innersten Gedanken des Generaloberst Paulus etwas mit. Toepke hatte bereits am Heiligen Abend den Oberbefehlshaber in dessen Bunker allein gesprochen. Er fragte direkt: „Herr Generaloberst, warum sind wir nicht ausgebrochen?" Generaloberst Paulus erwiderte: „Ich habe kein Recht dazu, Befehle in den Wind zu schlagen; sie werden ihren Sinn haben. Die Gründe können wir von hier aus nicht übersehen." Und nach langem Schweigen fuhr der Oberbefehlshaber fort: „Ich verlange von dem einzelnen Mann Gehorsam, dann habe auch ich ihn in erster Linie zu üben. Wenn jeder anfängt zu machen, was er will, dann hat eben jede Führung ihren Sinn verloren.“ (Siehe Günter Toepke: Stalingrad wie es wirklich war.)

Am 29. Dez. 1942, 40 Tage nach Einschließungsbeginn der 6. Armee, wurde dem Oberbefehlshaber West befohlen, sofort drei SS-Divisionen unter einem SS-Generalkommando nach dem Osten in Marsch zu setzen. Sie sollten an einer noch genau bezeichneten Stelle zum Entsatz von Stalingrad eingesetzt werden. Diese Divisionen hätten unter allen Umständen *sofort* in Marsch gesetzt werden müssen, als sich die Einschließung der 6. Armee abzeichnete, um gemeinsam mit der 4. PzArmee zum Entsatzvorstoß anzutreten; dann wäre GenOberst Hoth der Durchbruch nach Stalingrad gelungen, darüber besteht überhaupt kein Zweifel.

Dies unterblieb, weil der Reichsführer SS unbedingt aus den drei auf den westlichen Truppenübungsplätzen befindlichen SS-Divisionen zwei neue aufstellen wollte. Nunmehr musste er den Befehl zum Abmarsch geben, wogegen er sich erfolgreich bis dahin gesperrt hatte. Aber wertvolle, unwiederbringlich verlorene Wochen waren verstrichen, das Ende nicht mehr aufzuhalten.

Auf der Führerlage des 29. Dez. brachte Hitler dann zum Ausdruck, dass er in der vergangenen Nacht den Entschluss gefasst habe, die Heeresgruppen A und Don weit zurückzunehmen und unter Generalfeldmarschall von Manstein zu vereinigen. Dieser Entschluss hätte im Oktober getroffen werden müssen, wenn das deutsche Heer noch eine gute Chance zur Fortsetzung des Angriffs nach Osten im Frühjahr 1943 hätte haben sollen. Nun kam er zu spät; daher bedeutete er für die Befürworter dieses Planes – so auch für den abgelösten und in die Wüste geschickten General Schlömer – keinen Triumph mehr. Von Schlömers Rehabilitierung ist nicht erst zu reden.

Hube, der aus der Festung mit dem felsenfesten Entschluss abgeflogen war, Hitler vom Festhalten an Stalingrad abzubringen, hatte nichts ausgerichtet. Er war „vom Führer umgedreht“ worden, wie GFM von Manstein berichtete, der auch Hubes zuversichtliche Stimmung notierte: „Hube kehrte mit Zuversicht aus dem Führerhauptquartier zurück, daß alles geschehen werde, um die 6. Armee auf lange Zeit zu versorgen und daß sie dann später entsetzt werden würde."

Hitlers Entschluss vom 29. Dez. zeigte, dass dies ganz und gar nicht so war.

Zum Jahreswechsel rief Adolf Hitler über Funk die 6. Armee in Stalingrad:

„Felsenfest kann die 6. Armee darauf vertrauen, daß die gesamte Kraft der deutschen Wehrmacht zu Eurer Befreiung eingesetzt wird und daß Euer Aushalten zu den größten Ruhmestaten der deutschen Kriegsgeschichte gehören wird."

Als diese Worte des Führers in den Kessel gelangten, war man auch dort beruhigt, selbst wenn die Versorgungsflüge einen katastrophalen Tiefstand erreichten.

Am 1. Jan. 1943 wurde auch Hptm. Toepke aus dem Kessel geschickt, um von außen her als 1. Quartiermeister für die Lufttransporte zu dienen. Er erhielt direkt unter Oberst Finkh Weisungsrecht für die Beladung der Flugzeuge auf allen für die Luftversorgung von Stalingrad in Frage kommenden Flugplätzen. Es handelte sich um die Horste Schachty, Nowotscherkassk, Woroschilowgrad, Stalino, Taganrog und Ssalsk. Wegen der Räumung des Donbogens waren Tazinskaja und dann auch Morosowskaja in Fortfall gekommen.

Gerade die beiden letzten nahe an Stalingrad gelegenen Plätze hatten einen dreimaligen Tageseinsatz der Flugzeuge garantiert. Die Anflugszeiten verlängerten sich nunmehr bedeutend, und statt mehr und bessere Güter in den Kessel zu fliegen, wurden die Versorgungsleistungen schlechter. Das jedoch war nicht von der Luftwaffe zu vertreten.

Die Ausfälle von Flugzeugen waren inzwischen noch bedrohlicher geworden. Allein im Dezember waren beim Versorgungseinsatz nach Stalingrad und auf den Rückflügen durch feindliche Abschüsse und Abstürze 246 Flugzeuge verloren gegangen. Dazu kamen die technischen Ausfälle, die den Einsatz einer großen Flugzeugzahl oftmals illusorisch machten.

Hauptmann Toepke sprach so bald wie möglich mit dem Generalquartiermeister des Heeres, General Wagner. Als dieser darum bat, dass der 1. Quartiermeister ihm jeden Abend eine Orientierung zukommen lassen möge, sagte Toepke zu. Am Abend des 2. Jan. 1943 wurde Hptm. Toepke mit seinen Bitten um eine bessere Unterstützung der eingeschlossenen 6. Armee sowohl vom Wehrmachtsführungsstab als auch von allen anderen Stellen, die er anrief, zur nächsten verwiesen. Es war ein Kampf gegen Windmühlenflügel.

Toepke konnte sich auf den Plätzen, die er besuchte, davon überzeugen, dass die fliegenden Besatzungen bis zur Bewusstlosigkeit flogen und dass die Bodenpersonal-Einheiten sogar noch mit erfrorenen Fingern weiterarbeiteten, wenn es um die Kameraden in Stalingrad ging. Aber die Maschinen fehlten und die dafür notwendigen fliegenden Besatzungen ebenfalls.

Hptm. Toepke suchte die Beladung der Maschinen so zu steuern, dass das Versorgungsgut den Bedürfnissen im Kessel möglichst entsprach. Der Oberquartiermeister der HGr. Don, Oberst Finkh, tat alles für die 6. Armee, nur zaubern konnte auch er nicht.

Jeden Abend wurden weitere Transportflugzeuge angefordert. Und schließlich kamen nach einer Woche der bohrenden Fragen ganze 6 Ju 52, die Privatmaschinen von Göring, Ley, von Ribbentrop und anderen Herren. Man wagte es, den Versorgungsengpass Stalingrad mit ganzen sechs Ju 52 zu beheben, wo jeden Tag mehr als sechs Flugzeuge abstürzten oder abgeschossen wurden.

Was fehlte, waren jene Hunderte Ju 52 und die Ju-323-Großraumflugzeuge, die noch immer nach Afrika flogen, um der dort stehenden Panzerarmee Afrika und der 5. Panzer-Armee Material und Truppen zu überfliegen. Hier erinnert man sich spätestens an die Beschwörungen von GFM Rommel, die Truppen aus Afrika auf das Festland zurückzuschaffen und sie nicht in Afrika untergehen zu lassen. Nur so hätten dann auch genügend Transportflugzeuge für Stalingrad *und* Jagdflugzeuge jener Geschwader zur Verfügung gestanden, die in Afrika im Einsatz standen. So fielen nun die Transportstaffeln über Afrika aus, wurden die deutschen Jäger über Afrika im Luftkampf abgeschossen. Dies in einer Zeit, da die Ostfront alle diese Maschinen dringend benötigte. Man versuchte, beide kritischen Fronten zu halten und – verlor beide. Zwar etwas langsamer, aber darum umso vieles tödlicher. Stalingrad und das Ende auf afrikanischem Boden, das „Tunisgrad“ genannt wurde, forderte jeweils hunderttausende Tote und Gefangene, die nie wieder ersetzt werden konnten.

Das Versorgungsproblem in Stalingrad

Nicht weniger als 24 Transportzüge mit konzentrierten Verpflegungsmitteln, wie sie der Festung spätestens seit dem 24. Nov. 1942, dem Tage der völligen Einschließung, hätten zugeführt werden müssen, standen in Schleswig-Holstein einsatzbereit. Anstelle der Wassersuppen und des ebenfalls wasserangereicherten Brotes hätten Speck, tiefgekühltes Fleisch und Dauerwurst, anstelle von Gemüsekonserven, die zu 70 Prozent aus Wasser bestanden, hätten Trockengemüse, Knäckebrot und Schoka Kola in den zusammengestellten „Blitz-Pfeil-Transporten“, die sogar vor den Munitionstransporten Vorrang hatten, nach Stalingrad transportiert werden müssen.

Diese Züge hätten in einem einzigen Marsch bis zu HGr. Don durchrollen können. Der Generalquartiermeister im OKH hatte alles dazu vorbereitet. Bei der HGr. Don stand Generalintendant Kern zur Verfügung und in Bereitschaft, diese Nahrungsmittel zusammenzustellen, und die Oberquartiermeister-Abteilung der HGr. Don war für die Organisation und die Überführung zu den Flugplätzen verantwortlich. Alle Weichen waren gestellt. Doch diese Züge rollten erst am 10. Jan. 1943 an. Drei Züge am Tage waren vorgesehen; sie fuhren auch, aber um rund 20 Tage zu spät.

Am 2. Jan. 1943 warteten die Verantwortlichen in Stalingrad vergeblich auf eintreffende Maschinen. Zunächst konnte an diesem Tage überhaupt nicht geflogen werden. Dann gelang etwa 30 Prozent der Flugzeuge der Start und die Landung oder der Abwurf der Verpflegung. Die anderen mussten mit dem höchsten Vereisungsgrad, den es überhaupt gab, umkehren, wenn sie nicht abstürzen wollten. Andere verloren die Peilung aus den Geräten und waren damit blind. In dieser Nacht stürzten fünf Ju 52 ab und zerschellten irgendwo in der eisüberzogenen Steppe.

Eine Staffel Ju 52 auf dem Absprungplatz startbereit.

Flugplatz Tazinskaja. Der Hölle von Stalingrad entkommene Verwundete.

He 111 in Pitomnik startbereit zum Rückflug.

Auch diese He 111 startet mit Verwundeten aus Stalingrad.

Deutsche Panzergrenadiere in der Eiswüste.

Nach einem Nachtangriff: deutsche Gefallene.

Versprengte deutsche Truppen sammeln in Stalingrad.

Ein Verband Ju 52 unterwegs nach Pitomnik.

Das XXXXVIII. PzKorps unter Gen. d. PzTr. Kempf (Bild) war vorgesehen, aus dem Tschir-Don-Brückenkopf zum Entsatz Stalingrads anzutreten.

Ein deutscher Spähtrupp geht vor.

Verwundete werden in Pitomnik an Bord der Ju 52 gebracht und ausgeflogen.

Verladung von Treibstoff für die 6. Armee.

Pitomnik: eine soeben gelandete Ju 52.

Flugplatz Pitomnik: Auch im dicksten Nebel wird gestartet.

Immer wieder: Aus Pitomnik Start in die Freiheit.

Auch in Rostow werden Verwundete aus Stalingrad ausgeladen.

Am 7. Jan. war es genauso, und im Kessel breitete sich Untergangsstimmung aus, die jedoch die Disziplin nicht gefährdete. Das war das Große an den Männern der 6. Armee: dass sie den eigenen Untergang vor Augen hatten und sich dennoch nicht selbst zerfleischten.

Am 6. Jan. 1943 ist im KTB des Oberkommandos der Wehrmacht über Stalingrad wieder ein Vermerk enthalten, nachdem vom 1. bis 6. Jan. kein einziges Wort von der 6. Armee sprach. Der Eintrag des 6. Jan. 1943 lautete: „In Stalingrad sind Verpflegungslage und Kräftezustand schlechter, Betriebsstoff- und Munitionslage kritisch geworden."

Generaloberst Paulus bat noch einmal General der Panzertruppe Hube, ins FHQ zu fliegen, um als hochrangiger Offizier und Träger höchster Tapferkeitsauszeichnungen nachdrücklich die Belange von Stalingrad zu vertreten. Hube flog zunächst nach Taganrog, wohin die HGr. Don in den ersten Januartagen von Nowotscherkassk aus übergesiedelt war. Hier sprach er auch mit Hptm. Toepke, um sich über die Lage an den Absprungplätzen zu orientieren. Er brachte Briefe von Major von Kunowski und anderen Freunden sowie weitere Unterlagen mit.

Danach flog er ins FHQ weiter und erstattete Hitler in Lötzen ein ungeschminktes Bild der Lage.

Als er am 8. Jan. 1943 wieder im HQ der HGr. Don erschien, meldete er GFM von Manstein, dass er Hitler die Lage genau geschildert habe. „Der Führer hat mir versichert, daß alles geschehen werde, um die 6. Armee auf lange Zeit zu versorgen; auch auf den für das Frühjahr geplanten Entsatz der Armee hat er hingewiesen."

GFM von Manstein bemerkte über diese Rückmeldung von Gen. d. PzTr. Hube: „General Hube, der ein unerschrockener Mann war, hat bei seinem Vortrag bei Hitler auch versucht, diesem klarzumachen, wie schädlich für sein Prestige als Staatsoberhaupt Ereignisse sein müßten wie die Einschließung der 6. Armee. Er wollte ihm dadurch nahelegen, den militärischen Befehl zumindest an der Ostfront an einen Soldaten abzugeben. Da Hube auch auf seinem Hinflug nach Lötzen bei uns gewesen war, hat Hitler zweifellos vermutet, daß

General Hube zu seinem Schritt von mir veranlaßt worden sei, was jedoch nicht der Fall war.“

Hube kehrte in den Kessel zurück und erstattete auch GenOberst Paulus Bericht. Aber optimistische Berichte ersetzen nun mal kein Verpflegungs- und Munitionsdefizit, und so kam es, dass bald sowjetische Einheiten direkt vor der Front der 6. Armee spazieren gehen konnten, ohne dass ein Schuss fiel, weil die Munition zur Abwehr sowjetischer Angriffe gespart werden musste.

Die Luftwaffe mit letztem Einsatz

Der Lufttransportführer Morosowskaja

Oberst Kühl, dem Kommodore des KG 55, der seit dem 29. Nov. 1942 in Morosowskaja als Lufttransportführer fungierte, waren einige weitere Verbände der Luftwaffe direkt unterstellt worden. So die III./KG 4 unter Major Werner Klosinski, die I./KG 100 unter Hptm. Hans-Georg Bätcher, das KG 27 unter Oberstleutnant Hans-Henning von Beust und einige Nahaufklärer.

Morosowskaja, von den Fliegern nur kurz „Moro“ genannt, lag in der Steppe, nur 200 Kilometer von Stalingrad entfernt. Von hier aus starteten die Kampfflugzeuge, zumeist He 111, zum Versorgungsflug nach Stalingrad. Schneematsch, Schneegestöber und dann wieder sinkende Temperaturen forderten auch hier den Einsatz aller Kräfte. Schwer beladen flogen die He 111 nach Stalingrad. Am Platzrand stapelten sich die Kisten und Behälter mit Munition, Verpflegung und Kraftstoff. Die He 111 waren mit ihrer Bewaffnung den sowjetischen Jägern noch gewachsen, zumal sie in kleinen Pulks flogen und sich gegenseitig sichern konnten. Sie schossen manchen angreifenden Feindjäger ab. Ihre Zuladung betrug bei voller Last rund 1,5 Tonnen, mit Abwurfbehältern konnten sie auf zwei Tonnen steigern.

Am 23. Dez. erhielt Oberst Kühl mit seinen He 111 einen Kampfauftrag, da die sowjetischen Panzer dicht vor dem Platz standen. Bei fast null Grad und peitschendem Schneesturm ging es dicht über die Steppe hinweg auf Panzer. Und dies blieb so – mit wenigen Ausnahmen – bis zum Jahresende. Oberst Kühl und seine Männer mussten um das eigene Überleben und die Erhaltung des Platzes kämpfen.

Die Versorgung des Kessels wurde am 26. Dez. von Ssalsk aus geflogen, wo 40 He 111 starteten.

Da nun auch die Lage in Morosowskaja jener von Tazinskaja ähnelte und es auch hier leicht zu einer Krise mit dem Verlust von möglicherweise allen Flugzeugen kommen konnte, war Oberst Kühl bemüht, beim VIII. FlK. die Genehmigung zur rechtzeitigen Verlegung zu erhalten.

GenLt. Fiebig hielt darüber mit GenOberst von Richthofen Rücksprache. Dieser konnte ihm nur den Befehl des Ob. d. L. weitergeben, dass ein Ausweichen erst dann in Frage komme, wenn Feindeinwirkung auf dem Platz ein Starten von dort zur Versorgung der 6. Armee unmöglich mache. Dabei bestand die Gefahr, dass es nicht mehr zum Start kam.

Am 28. Dez. sah es so aus, als habe sich die Lage in Morosowskaja wieder beruhigt, zumal die Heerestruppen an diesem Tage den Flugplatz Tazinskaja zurückgewannen. Das sowjetische Panzer-Korps, das hier gestanden hatte, war zerschlagen worden und hatte sich nach Nordwesten abgesetzt.

Die Bevorratung der Festung fand am 28. Dez. aus Ssalsk statt, allerdings diesmal nur mit Ju 52, denn die He 111 hatten immer noch ihren Kampfauftrag.

Im Storch flog GenLt. Fiebig zunächst zu Major Wilcke nach Tazinskaja. Es wurde beschlossen, diesen Platz beschleunigt für die Versorgung wieder einzurichten. Dann flog Fiebig zum Absprungplatz Morosowskaja, um auch mit Oberst Kühl die Lage zu besprechen. Es wurden klare Entschlüsse gefasst, und Oberst Kühl wusste sich gedeckt, wenn er aus Morosowskaja aufbrechen musste. Das Ziel der Rückverlegung würde dann Nowotscherkassk am Don sein.

Am nächsten Tag setzte GenLt. Fiebig seine Orientierungsflüge mit dem Storch fort und landete in Ssalsk, wo er mit Oberst Förster sprach. An diesem Tage wurde endlich auch das VIII. FlK. von den Kampfaufgaben entbunden und konnte sich wieder ganz den Versorgungsflügen widmen. Dafür wurde der Gefechtsstand Braner nach Morosowskaja verlegt. GenLt. Fiebig erhielt die Zusicherung, dass weitere Flugzeuge zugeführt werden würden, um die Versorgung der 6. Armee mit allen Mitteln durchzuziehen. Daraus folgerte er, dass auch Absichten auf Entsetz bestehen mussten, doch wusste auch er nicht annähernd, welche dies sein würden.

Am 2. Jan. 1943 musste Oberst Kühl seinen Geschwadern und Gruppen den Befehl zum Verlassen von Morosowskaja geben. Es wurde bei völliger qbi-Wetterlage gestartet. Herhudt von Rohden, der Chef des Stabes der Luftflotte 4, bemerkte dazu: „Ein neues Tazinskaja können wir uns nicht leisten."

In Nowotscherkassk, 350 Kilometer von Stalingrad entfernt, fielen die Flugzeuge ein. In sein KTB trug Oberst Kühl an diesem Tage Folgendes ein: „Man wünscht sich als Führer eine innere Ausrichtung, um nach unten wirken zu können. Man saugt sich dafür etwas aus den Fingern. Ist es richtig oder falsch? Der nach einem kommt, kann genau das Gegenteil sagen."

Mit seinen Hauptleuten Dölling und Höfer hatte Oberst Kühl bis dahin über einen Monat lang die Versorgungsaufgaben wahrgenommen. Von den Flugplätzen Morosowskaja West und Süd startete ein Großteil seiner He 111. Das KG 27 unter Oberstleutnant von Beust war vom Horst in Millerowo aus eingesetzt worden. Alles in allem verfügte Oberst Kühl über 190 He 111. Für die Bekämpfung sowjetischer Flieger standen ihm das JG 3, eine Stuka- und eine Schlachtflieger-Gruppe zur Verfügung. Das war wenig genug, aber Oberst Kühl schaffte es, diese geringen Kräfte optimal einzusetzen.

Die Versorgungsflüge waren am 30. Nov. aufgenommen worden. Diesmal flogen 40 He 111 gemeinsam mit den Ju-52-Verbänden nach Stalingrad. Kühls Bomber waren Tag und Nacht in der Luft, in Ketten, einzeln oder gar in Schwärmen, wie sie beladen werden konnten. Um den sowjetischen Jägern über dem Kessel kein zu lange sichtbares Ziel zu bieten, flogen sie zunächst über den Wolken und steuerten nach dem Funkfeuer von Pitomnik. Am Ziel angelangt, durchstießen sie die Wolkendecke, bekamen Erdsicht und suchten die Landebahn.

Oftmals sahen sie diese anhand der dort stehenden Ju 52, dann durch das ausgelegte rote Landekreuz in der weißen Schneewüste und schließlich wieder durch geschossene grüne Leuchtkugeln.

Dann ging es hinunter. Die Fahrgestelle wurden ausgefahren, die

Maschinen schwebten ein, landeten auf der glatt gewalzten Schneebahn und rollten aus.

Die hauptsächlich für Versorgungsaufgaben eingesetzten Maschinen gehörten mit zwei Gruppen zum KG 55. Hinzu kamen die I./KG 100 und die He-111-Transportgruppen des KG z.b.V. 5 wie des KG z.b.V. 20.

Wie diese Flieger kämpften, sei abschließend zu diesem Kapitel dargestellt.

Die Männer aus „Moro"

Die I./KG 100 war bereits seit August 1942 zur Unterstützung des Heeres im Vormarsch auf Stalingrad eingesetzt. Sie flog ab dem 2. Okt. Einsätze über den Industrieanlagen von Stalingrad und kämpfte mit schweren Bomben die Feindstellungen nieder. Sie verminte auch die Wolga, um sie für Nachschubtransporte über den Fluss unbrauchbar zu machen. Am 28. Nov. war sie, bereits unter der Führung von Hptm. Bätcher stehend (Major Claas war bei der Schiffszielbekämpfung im Kaspischen Meer vermisst), zur Versorgung von Stalingrad eingeteilt worden. Hptm. Bätchers Gruppe flog in der Folgezeit 45 Luftversorgungseinsätze. Der Hauptmann selbst, der allein 89 Angriffsflüge gegen Stalingrad unternommen hatte, war fast immer dabei. Hansgeorg Bätcher erlebte die furchtbaren Weihnachtstage, als die Rote Armee zwischen den beiden Flugplätzen durchbrach, ebenso wie den letzten Abflug aus „Moro". Trotz einiger defekter Maschinen erreichten alle „Kisten" Nowotscherkassk.

Einer der schwersten Einsätze fand am 29. Dez. statt, als Feindjäger in mehreren Pulks auf die zurückfliegenden He 111 herunterstießen, die voll mit Verwundeten belegt waren. Durch den MG- und Kanonenbeschuss wurden weitere Verwundete aufs Neue getroffen. Einige fielen. Aus allen MG feuernd, sich gegenseitig Feuerschutz gebend, kamen diese Flugzeuge heil durch.

Am Silvestertag des Jahres 1942 unternahm Fw. Erich Jeckstat vier Einsatzflüge binnen 24 Stunden nach Stalingrad. Er führte übrigens

41 Versorgungsflüge durch und erhielt am 14. März 1943 das Ritterkreuz.

Neben diesem Feldwebel, dessen Bombenruhe selbst in schwierigen Lagen beim Verwundeten-Einladen und dem Transport nach „Hause“ bewunderungswürdig war, flogen noch Oblt. Josef Luxenburger, Oberleutnant Hans-Werner Oberländer, Fw. Pilz und Oblt. Günther Roth mit dem KG 55 nach Stalingrad. Oblt. Roth war Staffelkapitän der 2./KG 55. Als er – dies sei vorausgeschickt – am 18. Jan. 1943 vom Versorgungseinsatz zurückkehrte, hatte er 27 (!) Verwundete in seiner He 111, was einen absoluten Rekord bedeutete. Sicher flog er seine Maschine durch das feindliche Flakfeuer, hängte eine Kette sowjetischer Jäger ab, von denen einer nach einer Salve schwarz qualmend abdrehte, und landete seine Kameraden sicher in Nowotscherkassk.

In einer der letzten Nächte gelang es ihm als Einzigem von zwei angesetzten Geschwadern noch, Gumrak zu erreichen, dort zu landen, als der Platz bereits unter dichtem Beschuss lag, und wichtige Personen wie Geheimunterlagen auszufliegen.

Der Flugplatz Pitomnik, der zunächst angeflogen wurde, weil er am weitesten ausgebaut war, hatte bereits im September die ersten deutschen Jäger gesehen, die hier ihren Horst angelegt hatten. Der Platz war für einen solchen Massenbetrieb, wie er schließlich notwendig wurde, nicht eingerichtet. Sobald eine He 111 gelandet war, wurde sie zur Seite gewinkt, damit die schmale Startbahn für die nächste landende Maschine frei war.

Die Verpflegungskisten wurden ausgeladen, die Munitionsbehälter aus den Bombenschächten gelöst. Jener Sprit, der nicht zum Rückflug benötigt wurde, konnte dann abgezapft werden. Er kam aus den Flächentanks und wurde links für die Jagdflieger der Platz-Schutzstaffel und rechts für die Panzer und Fahrzeuge abgesaugt.

Verwundete kletterten in die Maschinen. Dann war die He 111 wieder startklar, doch nur, wenn Wolken über dem Platz lagen, um den Start zu verdecken. Falls die Wolken abgezogen waren, drehten meistenteils sowjetische Jäger ihre Runden über dem Kessel und lauerten auf einzeln fliegende He 111. In diesem Falle wurde gewartet, bis drei Maschinen klar waren. Ihre geballte Feuerkraft war imstande, den Gegner abzuwehren und ihm empfindliche Verluste beizubringen. Dies sollten die Jäger der verschiedenen sowjetischen Verbände immer wieder erfahren.

Genau 50 Minuten dauerte der Rückflug nach Morosowskaja. Dort erfolgte die Landung und das Ausladen der Verwundeten. Anschließend wurde neuer Nachschub eingeladen, und die Maschinen starteten zu ihrem zweiten Flug in den Kessel. Noch einmal galt es, den Gegner zu überlisten, seinen Jägern zu entkommen, zu landen und erneut, voll beladen mit Verwundeten, zum Rückflug zu starten und sicher heimzukommen.

Die Monteure mussten in Morosowskaja im Freien arbeiten. Bei eisigem Schneesturm einen Motor auszuwechseln bedeutete die Hölle. Aber sie mussten hindurch, jede Maschine wurde gebraucht. Und die aus dem Kessel zurückfliegenden Besatzungen konnten den Kameraden der Bodendienste berichten, was sie auf Pitomnik sahen. Und alle, die dies hörten, schufteten bis zum Umfallen, denn vielleicht rettete diese Maschine mit ihrer Ladung 1000 Menschen das Leben, indem sie ihnen Verpflegung brachte.

Als dann am 24. Dez. 1942 Tazinskaja geräumt werden musste, weil der Gegner bereits den Platzrand mit Panzern erreicht hatte, wurde in Morosowskaja ebenfalls Alarm gegeben. Als die Telefonverbindung nach Tazinskaja abbrach, war allen klar, was ihnen in den nächsten Stunden zustoßen konnte, denn von Tazinskaja bis hierher war es für Panzer und motorisierte Infanterie höchstens ein Nachtmarsch.

Oberst Kühl schickte sofort seine He-111-Gruppen und die Stukas nach Nowotscherkassk und brachte sie so in Sicherheit. Er selber blieb mit einem kleinen Stab in Morosowskaja zurück.

Als ihm am frühen Morgen des 25. Dez. der Meteorologe Friedrich Wobst meldete, dass sie bestes Flugwetter bekommen würden, obgleich noch immer der Nebel über dem Platz lag, rief Hptm. Höfer sofort Nowotscherkassk an, wo die meisten Besatzungen in ihren Maschinen hatten übernachten müssen, weil keine Quartiere zur Verfügung standen. Er befahl den sofortigen Start und Rückkehr nach „Moro".

Eine Stunde später landeten die ersten Maschinen wieder in

Morosowskaja, und als nun der Nebel – wie vorausgesagt – aufriss, starteten die Stukas unter Major Dr. Kupfer und stürzten sich mit eingeschalteten Jerichosirenen auf die sowjetischen Panzerspitzen herunter, die bis auf wenige Kilometer an Morosowskaja herangekommen waren. Im Feuerorkan der schweren Bomben wurden die Panzer vernichtet. Die sowjetische Vormarschstraße war gekennzeichnet durch brennende, umgestürzte und zerschrotete Panzer.

Am nächsten Tag wurde der Angriff fortgesetzt. Dann flohen die sowjetischen Verbände, soweit sie nicht zerschlagen waren. Morosowskaja war gerettet, wenn auch nur für wenige Tage, die aber wesentliche Hilfen für die Front bedeuteten.

Neben der Gruppe des Stuka-Geschwaders 2 unter Major Dr. Kupfer hatte sich auch das Schlacht-Geschwader 1 unter Oberstleutnant Hitschhold am Abwehrkampf beteiligt. Die I. Gruppe dieses Geschwaders führte Hptm. Druschel, einer der bekanntesten Schlachtflieger.

Das JG 3 war mit den verfügbaren Maschinen unter Major Wilcke ebenso dabei wie die beiden KG 27 und 55 und die I./KG 100.

Nach Weihnachten folgten wieder Nebeltage, in deren Schutz die sowjetischen Sturmgruppen Morosowskaja und auch Tazinskaja angriffen und in den beiden ersten Januartagen eroberten.

Die Ju-52-Transportgruppen starteten nach Ssalsk, die He-111-Verbände, wie zu Anfang dieses Abschnittes dargestellt, nach Nowotscherkassk. Zwischen den Nebeltagen konnten aber am 31. Dez. sowie am 1. und 3. Jan. über 200 Tonnen Versorgungsgüter abgeworfen werden.

Entlang der Flugwege der deutschen Flugzeuge hatten die Sowjets inzwischen breite Flakstraßen aufgebaut, deren Feuerkraft beträchtlich war und so manche deutsche Maschine vom Himmel herunterholte. Wenn die Transportflugzeuge auswichen, verbrauchten sie zu viel Sprit, so dass für die 6. Armee nichts übrig blieb.

Einzeln fliegende Maschinen konnten auch zügig entladen und wieder mit Verwundeten „beladen“ werden. Wenn aber dichte Pulks ankamen, dann wurde nicht nur die Landung problematisch, sondern auch die Entladearbeit, so dass kostbare Stunden verstrichen, ehe die Maschinen entladen waren.

Von Anfang an hatte sowohl die Luftflottenführung als auch das VIII. FlK. der 6. Armee den Vorschlag gemacht und diesen dann als dringende Bitte auch persönlich vorgetragen, die Flugbasis im Kessel weiter auszubauen. Das war eine der wesentlichsten Voraussetzungen für ein Mehr an zu landenden Gütern. Bei seinem Besuch in der Festung am 11. Dez. hatte GenLt. Fiebig persönlich darauf gedrängt, dass neben Pitomnik ein weiterer größerer Flugplatz errichtet werden *müsse* für den Fall, dass ersterer verloren ging. Major i. G. Stollberger, der den KommGen. begleitete, war Ohrenzeuge dieser Forderung, was sich später als entscheidend wichtig erweisen sollte, als sich GenLt. Fiebig verantworten musste.

GenOberst Paulus hatte diese Forderung rundweg abgelehnt. Als dann GenLt. Fiebig vorschlug, einen Fliegergeneral in den Kessel einzufliegen, lehnte der OB der 6. Armee dies ebenfalls ab. Dieser Fliegergeneral hätte nach Fiebigs Auffassung auch den Ausbau der Flugplätze, die Technik und Taktik des Flugverkehrs, das Anlegen von Landebefeuerungen und vieles andere mehr schaffen können.

So mühten sich nunmehr GenMaj. Pickert, sein Ia, Oberstleutnant i. G. Heizmann, und der Kdr. des Flak-Rgt. 104, Oberst Rosenfeld, ab, um eine entsprechende Bodenorganisation aufzubauen. Sie schützten Pitomnik durch Flak gegen Tieffliegerangriffe der Sowjets, organisierten den Flug- und Versorgungsbetrieb im Kessel und hatten dennoch als Flakoffiziere dort nicht genügend Überzeugungskraft, um bei der 6. Armee die fliegerischen Belange hundertprozentig zu vertreten. Vor allem waren sie ja auch durch ihre gewaltige Aufgabe der Flakabwehr im Kessel gebunden.

Wenden wir uns in dieser kritischen Phase des Einsatzes der Luftbrücke Stalingrad wieder dem VIII. FlK. zu!

„Allen Gewalten zum Trotz erhalten: die 6. Armee!"

Mit diesem Tagesbefehl an alle Verbände begann für GenLt. Fiebig der 1. Jan. 1943. Um 16.00 Uhr weilte Fiebig bei Gen.Oberst von

Richthofen zum Tee. Daraus ergab sich eine vertrauliche Aussprache über die Lage. Diese schien, im Ganzen gesehen, nicht so schwierig, wenn nicht das Gespenst des Schicksals der 6. Armee auf allen Entschließungen lastete, die getroffen werden mussten.

„Man kann sich kein Bild davon machen, was einmal dort in der Festung werden soll. Warum zerdrückt der Russe diese reife Frucht nicht? Fehlen ihm etwa die Kräfte, oder glaubt er, daß sie ihm doch eines Tages zufallen muß? Will er erst sein operatives Ziel Rostow haben? Bestimmt hat er große Schwierigkeiten mit dem Nachschub, denn ihm steht keine Bahnlinie zur Verfügung. Warum fliegt er nicht, greift er nicht unsere Plätze an? Viele Fragen und Gegenfragen. – – –

Warum ist nicht am 1. Oktober mit diesen Operationen an der Wolga Schluß gemacht worden? Warum ließ man nicht die 6. Armee von Stalingrad und von der Wolga abziehen oder gab rechtzeitig den Kaukasus auf? Nun muß man letzteres doch, *ohne* der 6. Armee helfen zu können.

Was zu einem solchen Handeln veranlasst, ist schwer zu begreifen, denn die Verluste und die heraufbeschworene Not sind sehr groß. – – –

So kreisen unsere Gedanken. Ich habe den Eindruck, daß von Richthofen diese Gelegenheit zur Aussprache vertrauensvoll aufgriff, den man hat ja in solchen Stellungen kaum Menschen, denen man einmal sein Innerstes offenbaren kann.

Wir sind uns einig, dass die Entwicklung an unserer Front nördlich und südlich des Don noch keinen Silberstreifen zeigt. Aber eines Tages muß es doch wieder werden.“ (Siehe Martin Fiebig: a. a. O.)

Der 2. Jan. 1943 wurde für das VIII. FlK. zu einem kritischen Tag, denn neben dem Abflug der He-111-Verbände aus Morosowskaja waren noch die Jagd-, Schlacht- und Nahkampfverbände dort. Und wenn am anderen Morgen – wie seinerzeit in Tazinskaja – der Gegner am Platz auftauchte, musste alles gesprengt werden. Und wenn dann alles dicht war, gingen die Maschinen verloren.

Mit seinem Storch befand sich GenLt. Fiebig an diesem Tage von 09.00 Uhr bis 12.00 Uhr auf der Suche nach einem neuen Ausweichhafen für die Nahkampf-Verbände. Die Suche blieb erfolglos. Am

3. Jan. setzte GenLt. Fiebig zusammen mit Oberst Morzik im Storch die Platzerkundung fort. Es wurde ein neuer Ju-52-Platz in Swerowo hart nördlich von Schachty gefunden.

Am nächsten Tag flogen der KommGen. und Oberst Morzik nach Ssalsk, um beim Lufttransportführer Oberst Förster die technische Einsatzbereitschaft der Ju 52 durchzusprechen und die Belegung von Swerowo vorzubereiten. Oberst Morzik hatte als Lufttransportführer Ost die Luftversorgung des im Kessel von Demjansk steckenden II. AK durchgeführt und sollte als Experte zu Rate gezogen werden.

Da infolge eines Wärmeeinfalles der Boden in Nowotscherkassk morastig geworden war, kam es zu Beladungsschwierigkeiten, die durch das sofortige Eingreifen von GenLt. Fiebig beseitigt wurden. Dadurch konnten wieder einmal 250 Tonnen in den Kessel geflogen werden. Eisregen und Schneeschauer wechselten einander ab. Nur 21 He 111 wurden am 5. Jan. auf den Weg gebracht; von den Ju 52 kam keine Maschine zum Start, denn durch die Vereisung in der Luft und auf der Erde waren sie nicht einsatzbereit.

Vom 28. Dez. 1942 bis zum 4. Jan. 1943 gingen 62 Ju 52 verloren, davon blieben 15 vermisst, 24 Maschinen waren Totalverluste. Zwölf Mann der fliegenden Besatzung waren tot und 52 vermisst. Es gab 20 Verletzte.

Auch in den ersten Morgenstunden des 6. Jan. konnten nur wenige Ju 52 starten. Die Wetterlage war äußerst ungünstig, weil das Gebiet um Stalingrad bis 300 km weit nach Westen an der Kalt-Warm-Grenze lag; die Folge davon waren aufliegende Wolken, Nebel und Vereisungsgefahr. Etwa 30 Prozent der an diesem Tage startenden Flugzeuge konnten den Auftrag nicht durchführen und mussten umkehren. „Dies ohne eigene Schuld. Es wurde bereits bei Lagen geflogen, die man sonst völlig abgelehnt hätte; aber jeder weiß, worum es geht." (Siehe Martin Fiebig: a. a. O.)

Am Morgen des 7. Jan. gingen die He 111 bei völligem qbi einzeln heraus. In der Nacht war nur ein Abwurf der Verpflegungsbehälter möglich. Aus Ssalsk wurde wieder wegen des dichten Schneefalles keine Ju 52 gestartet.

Die Versorgungslage in der Festung war wegen der geringen in den letzten Schlechtwettertagen überflogenen Mengen an Nachschubgütern sehr gespannt.

Die großen Sorgen, die GenLt. Fiebig bewegten, finden ihren Niederschlag in den KTB-Aufzeichnungen dieses Tages, in denen es heißt: „Das Wetter macht uns einfach machtlos. Wir sind zu weit von den Zielhäfen im Kessel ab. Wenn auf den Absprunghäfen der Start eben möglich ist, dann gehen bestimmt die Zielhäfen Pitomnik und Bassargino zu. Nebeleinbrüche, aufliegende Wolken, Schneefälle wechseln miteinander ab. Alle Flugsicherungsanlagen sind in Gerät und Personal weitmöglichst doppelt besetzt, und doch sind Ausfälle nicht ausgeschlossen, wie zum Beispiel der Ausfall des schweren Funkfeuers in der Nacht zum 7. Jan. 1943. Hinzu kommen laufende Störungen der Funkfrequenzen durch Störsender, durch die noch nicht gefestigte Besatzungen leicht irritiert werden können. – – – Eines steht aber fest: daß das überhaupt Menschenmögliche geleistet wird.“

Am 8. Januar wurde klar, dass die Entwicklung der Gesamtlage besonders südlich des Don die Vorbereitungen für weitere Rückverlegungen im Raume Stalino notwendig machte. Vorerst aber musste man mit allen Kräften am Raum Nowotscherkassk-Schachty festhalten, denn nur von hier aus war die Versorgug der Festung mit Ju 52 möglich. Am 9. Jan. 1943 sollte dann auch die Versorgung mit FW 200 „Condor“ anlaufen, die bis zu sechs Tonnen Material befördern konten.

Vom Mittag des 8. bis zum Mittag des 9. Jan. konnten 220 Tonnen Versorgungsgüter in den Kessel eingeflogen werden. Aber in der Nacht stürzten weitere fünf Ju 52 ab; der Grund dafür war nicht klar. Diese Verluste wogen schwer, aber sie mussten für die 6. Armee getragen werden.

Der Anruf von Generaloberst Jeschonnek zeigte die Sorge auf, die sich der Generalstabschef der Luftwaffe um Stalingrad und die Versorgung der 6. Armee machte. Der Generaloberst konnte weitere 100 He 111, 10 FW 200 und eine He 177 in Aussicht stellen und sagte seinen Besuch für die nächsten Tage zu, um sich persönlich ein Bild von der Lage zu machen.

Die großen Vögel kommen

Es war am 9. Jan., als am frühen Morgen die Soldaten auf dem Flugplatz Pitomnik aufhorchten. Dann sahen sie bereits die Maschine anfliegen, deren Motorengeräusche sie noch nicht kannten.

Es war die erste FW 200, die von Ofw. Karl Wittmann nach Pitomnik geflogen worden war. Sie kurvte um 09.30 Uhr zur Landung ein, setzte auf und rollte mit qualmenden Reifen aus. Diese FW 200, die ein Höchstgewicht von 19 Tonnen hatte, flog mit 24 Tonnen Gesamtgewicht, und nur der Schnee verhinderte, dass ihre Reifen zerfetzt wurden.

Der Jubel kannte keine Grenzen. „Wenn sie schon mit diesen Vögeln ankommen, dann werden wir es schaffen!“, sagte ein Mann des Bodenkommandos, der die Maschine zur Seite winkte, weil bereits die nächste FW 200 angesagt war. Es war die Maschine von Oblt. Franz Schulte-Vogelheim. Auch sie landete glatt, und ihr folgten noch fünf weitere Flugzeugriesen.

Diese mehr als stattlichen Transporter in genügender Zahl auf einem großen, gut ausgebauten Platz und die 6. Armee brauchte keine Sorgen mehr zu haben. Aber es waren insgesamt nur 18 FW 200, die aus dem KG 40 – dem Aufklärungsgeschwader für die U-Boot-Waffe, das zugleich auch in der Weite des Atlantiks fremde Schiffskonvois angriff – herausgelöst und nach Stalingrad geleitet werden konnten. Sie bildeten das KG z.b.V. 200, das von Major Hans Jürgen Willers geführt wurde. Ihr Absprungsplatz war Stalino, 500 km von Pitomnik entfernt.

Diese ersten sieben FW 200 brachten fünf Tonnen Kraftstoff, neun Tonnen Munition und 22,5 Tonnen Verpflegung mit. Auf dem Rückflug nach Stalino nahmen sie 156 Verwundete mit, die sich glücklich schätzten, dieser Hölle, die Stalingrad hieß, entronnen zu sein.

Am zweiten Einsatztag der Riesenvögel gab es die ersten Ausfälle. Oblt. Schulte-Vogelheim musste wegen Motorschadens umkehren. Lt. Stoye blieb in Pitomnik liegen. Ofw. Hartig landete trotz mehrerer Treffer der russischen Flak in Motor und Leitwerk in Pitomnik. Ofw. Weyer erfüllte seinen Transportflug mit einer zerschossenen

Luftschraube. Ofw. Reck kam zwar heil aus Pitomnik in die Luft, blieb aber irgendwo auf dem Rückflug nach Stalino verschollen. Mit der Besatzung waren 21 Verwundete vermisst.

In Stalino hatten diese Flugzeugführer keine Wartungsmöglichkeiten, keine Werkstatt für ihre Maschinen vorgefunden. Sie waren Hals über Kopf von der Kanalküste abgezogen worden, als man feststellte, dass die He 111 und die Ju 52 es nicht allein schaffen würden. Es standen in Stalino keine Flughallen zur Verfügung. Die störanfälligen FW 200 mussten im Freien gewartet werden. Die Motoren waren zwar mit Decken und Schneehemden abgedeckt, aber das half nichts. Bei 20 Grad unter null brachen die feuchten Decken wie Glas. Es gab nicht einmal einen Windschutz aus Brettern, den man vor die Reparaturmannschaften hätte aufstellen können, weil einfach keine Bretter vorhanden waren. Oberwerkmeister Glaser musste mit seinen Männern im eisigen Schneesturm an den Flugzeugen arbeiten. Der einzige vorerst vorhandene Wärmewagen musste von Maschine zu Maschine fahren, um wenigstens die Mechaniker abzutauen, die mit dem Schraubenschlüssel in den Fäusten buchstäblich an den Flugzeugen festklebten.

Aber alle machten weiter! Trotz Krankheiten und Erfrierungen, bei jedem Wetter. Major Willers wurden schließlich auch Großraumflugzeuge des Typs Ju 290 zugeführt, die zum Einsatz nach Pitomnik flogen. Sie konnten auf einem Flug zehn Tonnen Nachschubgüter in den Kessel bringen und bis zu 80 Verwundete mit zurücknehmen. Davon hätte man 80 bis 100 Maschinen zur Verfügung haben müssen und ein ganzes Jagdgeschwader als Geleitschutz, dann wäre die Versorgung von Stalingrad kein Problem mehr gewesen.

Die erste Ju 290 wurde von Flugkapitän Hänig am 10. Jan. 1943 in den Kessel geflogen. Sie startete mit 78 Verwundeten zurück. Beim zweiten Versorgungsflug startete Hänig um 00.45 Uhr des 13. Jan. 1943 aus Pitomnik nach Stalino. Diesmal waren 80 Verwundete an Bord.

Sekunden nachdem diese Ju 290 abgehoben hatte, um mit Voll-Last aller Motoren steil in den Himmel zu ziehen, sahen die Männer der Bodendienste, wie sich das mächtige Flugzeug plötzlich steil aufrichtete und steiler und steiler wurde. Dann überschlug es sich nach rückwärts und zerschellte am äußersten Rand des Flugfeldes in Dutzende Einzelteile.

Unter den Trümmern der Maschine, die wie durch ein Wunder nicht in Brand geriet, kroch ein Verwundeter hervor. Es war der Unteroffizier Alfred Lutz, der wie durch ein Wunder als Einziger mit dem Leben davongekommen war.

Blass und wie von Sinnen stotterte er seine Wahrnehmungen heraus. Die Verwundeten, die in diesem Flugzeug gesessen hatten, waren bei der rasanten Startbeschleunigung, die diese schwere Maschine benötigte, um überhaupt abheben zu können, nach rückwärts gerutscht. Dadurch wurde die Ju 290 schwanzlastig, und alle Verwundeten polterten nun ganz nach achtern. Die Ju 290 bäumte sich auf, stand für eine Sekunde senkrecht in der Luft und überschlug sich dann.

Wie er aus der Maschine herausgekommen war, wusste der Unteroffizier nicht mehr.

Die zweite Ju 290 wurde während ihres Anfluges bei Pitomnik von sowjetischen LaGG-3-Jägern angegriffen. Diese Lawotschkin-Jäger hatten eine Höchstgeschwindigkeit von 559 km/h und konnten die schwerfälligen Riesenmaschinen nach Belieben treffen.

Der Flugzeugführer, Major Wiskrand, entkam dem Gegner, aber seine Maschine wies so starke Beschussschäden auf, dass sie nach Deutschland in die Werft zurückmusste.

Auch der Versuch, den lange erwarteten Fernbomber He 177 für die Luftversorgung von Stalingrad einzusetzen, schlug fehl. Von 40 in der Wintererprobung in Saporoje liegenden He 177 der I./Fernkampf-Geschwader 50 waren zunächst nur sieben einsatzbereit. Major Scheede, der den Verband führte, blieb auf dem ersten Flug nach Stalingrad vermisst. Diese Fernbomber konnten nur etwa 1,5 Tonnen Material tragen und keine Verwundeten mit zurücknehmen. Damit waren sie für Stalingrad völlig ungeeignet.

Nach Scheedes Tod übernahm Hptm. Heinrich Schlosser die Führung dieses Verbandes. Dreizehn Kampfeinsätze wurden gegen die sowjetischen Einkesselungstruppen geflogen. Dabei stürzten ohne Feindeinwirkung sieben Flugzeuge brennend ab. Das „Reichsfeuerzeug", wie diese Maschine genannt wurde, deren Motorbrände Legion waren, verschliss sich hier rasch. Zur Meisterung der Versorgungskrise der 6. Armee in Stalingrad konnten sie nichts beitragen.

Am 10. Jan. 1943 wurde die III./KG 4 nach Woroschilowgrad verlegt. Die Gruppe hatte bis dahin im Einsatz bei Welikije Luki gestanden. Nunmehr sollte sie den eingeschlossenen Stalingradkämpfern helfen.

Für den neuen Einsatz erhielt die Gruppe, die starke Verluste erlitten hatte, neue Flugzeuge. In der Mehrzahl waren es He 111 H 16. Der kalte Winter und die mangelhafte technische Versorgung wirkten sich unangenehm aus. Die üblichen Stundenkontrollen wurden abgeschafft. (Die eigenen Versorgungseinrichtungen waren bei der überstürzten Verlegung zunächst in Smolensk zurückgeblieben.) Sobald Flugzeuge auch nur bedingt einsatzbereit waren, kamen sie auch zum Einsatz. Jede Maschine flog so lange, wie sie flugfähig war. Dennoch konnte die Gruppe oftmals nur 3–4 Maschinen in den Einsatz bringen. Auf den Rückflügen brachten diese Flugzeuge 8–15 Verwundete mit zurück.

Am 10. Jan. 1943 kehrten die in den Kessel geschickten Nachrichtenoffiziere des VIII. FlK., Oblt. Dohmann und Oblt. Jahns, zum Korps zurück und erstatteten GenLt. Fiebig Bericht. Sie erklärten, dass die Lage dort ernst sei, dass aber alle Soldaten gefasst in die Zukunft blickten. Das Stimmungsbarometer sei der Versorgungsverkehr in die Festung. Der Jubel über die Großraumflugzeuge, die gelandet waren, sei einmalig gewesen. Alle Befragten hätten erklärt: „Lieber mit wenig durchhalten als beim Russen verhungern."

GenLt. Fiebig entsandte Hptm. Finsterbruck in den Kessel. Er verunglückte bei der Landung durch Bodenberührung, erlitt aber nur geringfügige Verletzungen.

Die Platz-Schutzstaffel Stalingrad, die seit Anfang Dezember auf Pitomnik stationiert war, gehörte zum JG 3. Diesen wenigen Bf-109-Flugzeugen war es mit zu verdanken, dass die sowjetischen Jäger und Schlachtflieger den deutschen Nachschub nicht unterbinden und die Bodenanlagen nicht vernichten konnten. In dramatischen Luftkämpfen, immer wieder gegen eine vielfache Übermacht, schossen sie eine Reihe Feindflugzeuge ab. Die von Hptm. Germeroth geführte Staffel erzielte – dies sei vorausgeschickt – über Stalingrad 130 Abschüsse, obgleich die ganze Zeit über nie mehr als zwei bis drei Me 109 (Bf 109) eingesetzt waren.

Erfolgreichster Jäger im Kessel wurde Fw. Kurt Ebener mit 33 Abschüssen gegen die gepanzerten IL-2-Schlachtflugzeuge und gegen die den Bf 109 ebenbürtigen Mig-3- und LaGG-3-Flugzeuge.

Am 11. Januar 1943 erreichten die Nachrichten von starken sowjetischen Angriffen auf die Festung von Westen und Süden die Luftwaffen-Befehls- und Kommandostellen. Es wurde von starken Einbrüchen bis ins Rossonkatal gesprochen, auch davon, dass die Versorgungslage sehr gespannt sei, vor allem was die Lage auf dem Munitions- und Treibstoffsektor anging.

Es herrschte an diesem Tage Schneetreiben und dichter Nebel. Die He 111 flogen, mussten aber zum Teil ausweichen. Die Ju 52 versuchten den Start, kamen aber nicht frei.

„Bleibt die Wetterlage so, und es sieht nicht nach einer grundlegenden Umstellung aus, dann muß es mit der 6. Armee zu Ende gehen. Organisatorisch und fliegerisch ist nicht mehr zu leisten. Jeder weiß, worum es geht, und gibt alles. Ich kann nur immer wieder versichern, daß alles nur Menschenmögliche getan ist.“ (Siehe Martin Fiebig: a. a. O.)

Was war in Stalingrad geschehen? Welcher Art waren die Angriffe, von wem wurden sie geführt, und wer hatte sie auszuhalten?

Der Kampf in der Festung

Der Parlamentär

Bereits am 8. Jan. 1943 war im Kampfraum der 3. ID (mot.) bei Marinowka ein russischer Offizier aufgetaucht, der eine Parlamentärsflagge schwenkte. Er wurde zum Divisions-Gefechtsstand gebracht. Dort lieferte er ein Schreiben ab, das an Generaloberst Paulus gerichtet war.

Durch Kurier durche dieses Schreiben nach Gumrak in den Armee-Gefechtsstand gebracht. Generaloberst Paulus las es. Es handelte sich um ein Kapitulationsangebot. Der OB der 6. Armee befahl allen seinen Kommandeuren daraufhin, unter keinen Umständen Kapitulationsverhandlungen mit sowjetischen Offizieren zu führen. Er hatte übrigens bereits am 7. Jan. durch einen offenen Funkspruch der Sowjets an sein Armeehauptquartier erfahren, dass er den Besuch eines Parlamentärs erhalten werde. Er hatte sich – ebenfalls über Funk – bereit erklärt, diesen Parlamentär zu empfangen.

Das sowjetische Ultimatum, denn nichts anderes war es, wurde auf dem Funkwege an das FHQ übermittelt. In diesem FT-Spruch erbat GenOberst Paulus abermals Handlungsfreiheit. Aber weder Handlungsfreiheit noch die Genehmigung zu einer Kapitulation wurden erteilt. Hitlers Begründung für die Verweigerung lautete: „Jeder Tag, den die 6. Armee länger hält, hilft der gesamten Front und zieht von dieser sowjetische Divisionen ab."

Am 9. Jan. lehnte also GenOberst Paulus aus diesen Gründen das sowjetische Ultimatum ab. Zusätzlich erließ er an diesem Tage einen Armeebefehl an alle Korps: „Die Truppe ist davon zu unterrichten, dass Parlamentäre in Zukunft durch Feuer abzuweisen sind."

Noch am 9. Jan. 1943 regnete es dann Flugblätter auf den Kessel herunter, die den gesamten Wortlaut des Kapitulationsangebotes enthielten.

Als die Kapitulation abgelehnt wurde, standen die letzten vier Sturmgeschütze der Sturmgeschütz-Abteilung 177 am Bahnhof Kotluban im tiefen Schnee in einem erbitterten blutigen Gefecht. Die 44. ID kämpfte verbissen um das Halten des Flugplatzes Pitomnik. Am 10. Jan. schossen diese vier Sturmgeschütze, geführt von Oblt. Mai, mit diesem, Lt. Kirsch und zwei Wachtmeistern als Kommandanten, zahlreiche durchgebrochene T 34 und gepanzerte MTW ab. Zwei Geschütze gingen dabei durch Volltreffer verloren, die Besatzungen fielen. Das dritte Geschütz, jenes von Oblt. Mai, erhielt einen Treffer ins Leitrad und fiel aus. Die Überlebenden reihten sich in die Abwehrfront der Infanterie ein. Hier wurde Oblt. Mai schwer verwundet.

Mit dem letzten Geschütz kämpfte Lt. Kirsch noch bei der Kolchose Saponwjewka. Immer wieder gelang es Lt. Kirsch, die anrennenden Gegner mit Sprenggranaten zu stoppen. Dann fiel er selbst den Granaten einer vorgezogenen sowjetischen „Ratschbum“ zum Opfer. Oblt. Mai war einer der letzten Sturmartilleristen, der noch vom Flugplatz Gumrak aus am 21. Jan. aus dem Kessel geflogen wurde und in das Lazarett Sewerewo bei Rostow gelangte.

Und die Divisionen der Roten Armee? Wie kamen sie am 10. Jan. 1943 zum Angriff?

„Befehl an alle Divisionen: Konzentrischer Angriff!"

Am 10. Jan. 1943 traten alle Divisionen der Roten Armee im Angriffsraum zu konzentrischen Angriffen auf Stalingrad an.

Gegen die nunmehr 80 Kilometer lange Abwehrfront der 6. Armee brandeten die Panzerangriffe heran. Die sowjetische 16. Luftarmee im Norden und die sich daran im Halbkreis nach Süden anschließenden Luftarmeen (die 2., 17. und 8. Luftarmee) griffen mit Bombern und Schlachtfliegern, mit Jägern und wieder mit Bombern

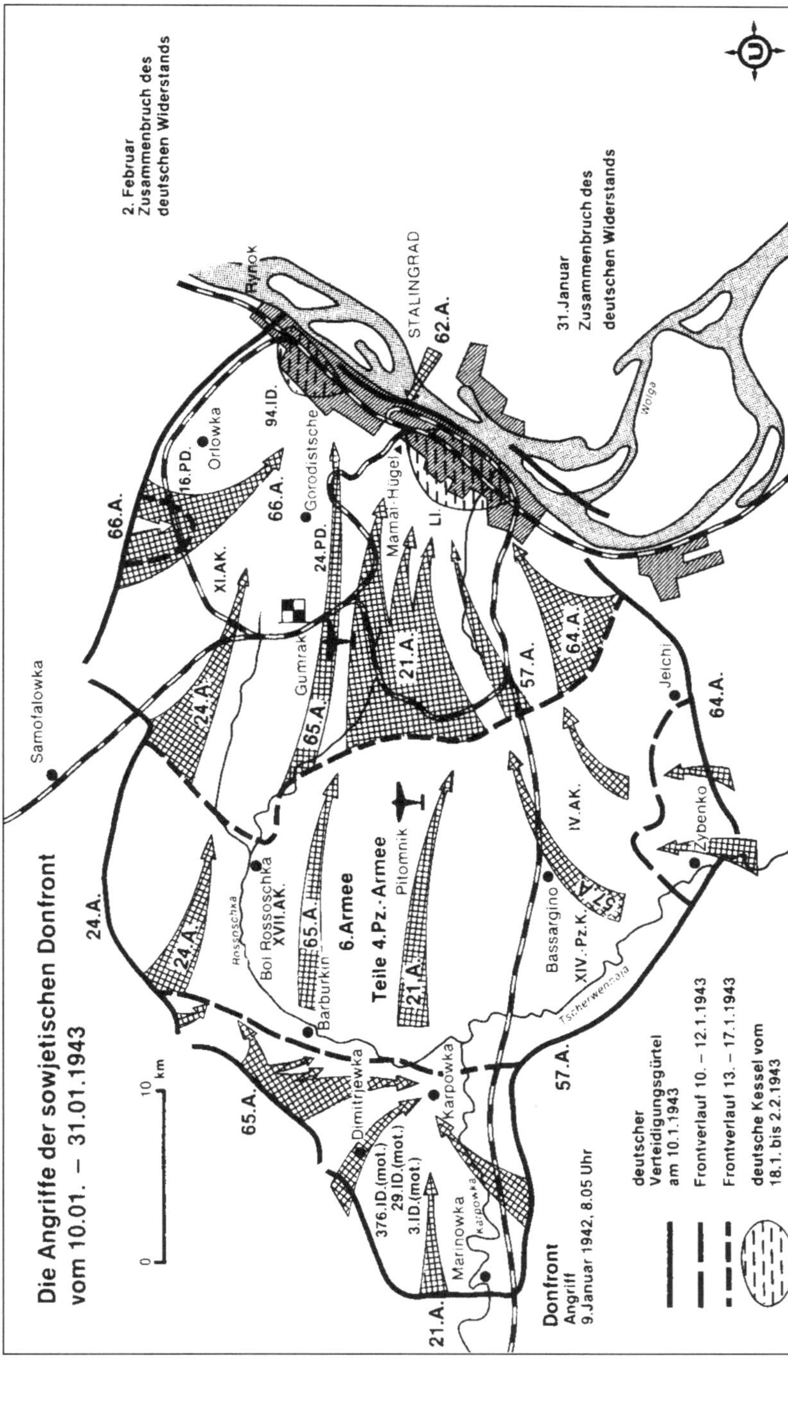
Die Angriffe der sowjetischen Donfront
vom 10.01. – 31.01.1943
0
10
km
Donfront
Angriff
9.Januar 1942, 8.05 Uhr
deutscher Verteidigungsgürtel am 10.1.1943
Frontverlauf 10. – 12.1.1943
Frontverlauf 13. – 17.1.1943
deutsche Kessel vom 18.1. bis 2.2.1943
2. Februar
Zusammenbruch des deutschen Widerstands
31.Januar
Zusammenbruch des deutschen Widerstands
Samofalowka
Rynok
STALINGRAD
Orlowka
Gorodistsche
Mamai-Hügel
Gumrak
Pitomnik
Bassargino
Jelchi
Zybenko
Karpowka
Marinowka
Dimitrjewka
Barburkin
Boi Rossosschka
Rossoschka
Tscherwennaja
Wolga
6.Armee
Teile 4.Pz.-Armee
21.A.
24.A.
65.A.
66.A.
62.A.
64.A.
57.A.
XI.AK.
XVII.AK.
IV.AK.
XIV.Pz.K.
LI.
16.PD.
24.PD.
94.ID.
376.ID.(mot.)
29.ID.(mot.)
3.ID.(mot.)

an. Die Ruinen der Stadt wurden abermals von Bombenteppichen umgewühlt.

Die gesamte Donfront geriet an diesem Tage in Bewegung. Der Hauptstoß wurde aus dem Raum südostwärts von Wertjatschi geführt. Er zielte in allgemeiner Richtung auf das Werk Roter Oktober. Aus verschiedenen Nebenrichtungen wurden ebenfalls Angriffsstöße gestartet. So aus dem Raume Warwarowka in Richtung auf Bassargino und aus dem Raum Jersowka auf Gorodischtsche.

Als die bis dahin gewaltigste Artillerie- und Luftwaffenvorbereitung vorüber war, griffen die Truppen der Donfront an.

Der Hauptstoß traf das VIII. und IX. AK, die im Großraum Karpowka-Pitomnik verteidigten. Der Angriff von Norden richtete sich zuerst gegen die 113. ID südlich Kotluban. Auf der Nahtstelle zur westlich anschließenden 76. ID brachen Sturmtruppen der Roten Armee mit starken Panzerkräften durch. Der zweite Durchbruch ging mitten durch die HKL der 44. ID, und die 384. ID, die hart rechts der 44. ID lag, wurde mit in den Untergangsstrudel hineingerissen.

In der Abendmeldung der 6. Armee an die HGr. Don hieß es: „Armee meldet schwere Durchbrüche im Norden, Süden und Westen mit Zielrichtung Karpowka und Pitomnik. 44. und 76. ID schwer angeschlagen. 29. ID (mot.) nur noch mit Teilen einsatzfähig. Keine Aussichten, entstandene Lücken zu schließen. Dimitrijewka, Zybenko und Rachotin aufgegeben."

Am Abend des 12. Jan. 1943 erreichten die Sowjets Rossoschka, und nach einer Umgruppierung griffen die sowjetischen Sturmtruppen, durch neue Kräfte wieder aufgefrischt, am frühen Morgen des 15. Jan. 1943 erneut an. Ihr Ziel war der große Flugplatz von Pitomnik, auf dem die Versorgungsflugzege für die 6. Armee landeten.

Das russische Trommelfeuer lag auf diesem Platz. Die Versorgungsstäbe mussten ihn räumen.

Oberst Rosenfeld, der Chef des Versorgungsstabes 104, der sonst jeden Tag auf seinem Panjepferd um den Flugplatz ritt, um alle Stellen zu kontrollieren, und der dafür sorgte, dass die Entladungen klappten, musste sich auf Gumrak zurückziehen.

Das Armeeoberkommando verlegte zum Südteil der Stadt in den

Divisions-Gefechtsstand der 71. ID, während diese Division ihren GefStand im GPU-Haus einrichtete.

Das erste Ziel des feindlichen Angriffs war erreicht. Und wenn auch Stalingrad selbst noch nicht gefallen war, für die 6. Armee war der Anfang vom Ende gekommen.

Räumung von Pitomnik – Übersiedlung nach Gumrak

Am frühen Morgen des 16. Jan. 1943 erhielten die sechs Bf 109 der Schutzstaffel Stalingrad den Befehl zum Alarmstart. Die Sowjets standen vor der Tür, und es konnte nur noch Stunden dauern, bis sie alles kassiert hatten.

Die Bf 109 kamen im dichten Artilleriefeuer von dem Platz frei und flogen Gumrak an, das hergerichtet sein sollte. Als sie dort landen wollten, mussten sie feststellen, dass keine Landebahn zu sehen war.

Die erste landende Maschine preschte in eine dichte Schneeverwehung hinein und überschlug sich. Der zweite Jäger raste in einen Bombentrichter. Die dritte, vierte und fünfte Bf 109 machten ebenfalls Bruchlandungen. Nur Oblt. Lukas, der letzte Flieger dieser Staffel des JG 3, drehte rechtzeitig ab, als er dieses Desaster beobachtete und die Warnrufe seiner Kameraden abgehört hatte. Er flog nach Westen und landete als einziges Flugzeug dieser Staffel sicher außerhalb des Kessels.

Die Rote Armee erstürmte den Platz Pitomnik. Nachrichtenfachleute nahmen die deutsche Platzbefeuerung wieder in Betrieb und errichteten eine Scheinanlage. Mehrere Flugzeugführer fielen in der kommenden Nacht darauf herein und landeten beim Feind.

Beim VIII. Flieger-Korps

Auf dem kleinen, nicht hergerichteten Flugplatz Gumrak, 12 km weiter östlich und in unmitellbarer Nähe des Armeegefechtsstandes gelegen, war die Hölle los.

Bereits am 13. Jan. hatte GenLt. Fiebig in einer am Vormittag stattfindenden Besprechung folgenden Entschluss vorgetragen: „Alle überführungsklaren Flugzeuge sind zurückzufliegen. Alle einsatzbereiten verbleibenden in Nowotscherkassk. Die sehr ernste Lage in der Festung gestattet keinen anderen Entschluß. Der Führungsstab des Generalkommandos VIII. FlK. unter von Heinemann geht nach vorbereitetem (arbeitsfähigem) GefStand Stalino. Ich verbleibe erst mit Oberst Overdyck, Neffert und Jähne in Nowotscherkassk." Dieser Vorschlag wurde von GenOberst von Richthofen gebilligt.

GenMajr. Pickert, der Kdr. der 9. Flak-Division, der einzige General der Luftwaffe im Kessel, und die Gegenstelle des VIII. FlK. im Kessel war aus Stalingrad ausgeflogen worden, um GenOberst Richthofen Meldung zu erstatten. Er kam danach zum GefStand des VIII. FlK., um dort abzuwarten, ob noch eine Meldung an allerhöchster Stelle in FHQ befohlen würde.

GenLt. Fiebig sprach mit GenMaj. über die Lage im Kessel, und Pickert legte klar, dass der letzte Kampf der 6. Armee zur Zeit im Kessel stattfinde und dass es nur noch sechs, möglicherweise auch nur noch zwei Tage dauern könne, bis das Ende da sei. Es seien keine Munitions- und Betriebsstoff-Reserven mehr vorhanden, und deshalb sei auch ein Verschieben der Kräfte nicht mehr möglich. Der Russe greife von allen Seiten an, und er sei noch aktionsfähig genug, den Durchbruch zu erweitern und zu marschieren.

„Jeder Mann", sagte GenMaj. Pickert knapp, „wird sich ab dem 13. Jan. 1943 mit der eigenen Schußwaffe dort verteidigen, wo er steht, bis die letzte Patrone verschossen ist."

„Pickert erklärte mir, daß die Transportverhältnisse alles getan haben, was menschenmöglich war. Davon sei jeder im Kessel überzeugt, daß in unvorstellbarer Weise geflogen worden sei . . .

Ich glaube, niemandes Herz hat heißer für das Schicksal der 6. Armee geschlagen als das jener Männer, die für Organisation und Durchführung ihrer Luftversorgung eingesetzt sind . . .

Wie lange wird die Leidenszeit der 6. Armee noch dauern?" (Siehe Martin Fiebig: a. a. O.)

In der Nacht des 14. Jan. starteten 55 Ju 52, von denen zehn nicht erfüllen – das heißt ihre Ladung nicht zum Abwurfraum bringen – konnten, weil sie Motorpannen hatten. Von den gestarteten 43 He 111 konnten zwei nicht erfüllen. Dennoch wurden an diesem Tage binnen 24 Stunden 160 Tonnen Versorgungsgüter in den Kessel geflogen.

Die bereits an diesem 14. Jan. beabsichtigte weitere Zurücknahme der Front gefährdete alle Plätze von Pitomnik.

An diesem 14. Jan. 1943 meldete sich der Kommandeur der He-177-Gruppe mit zehn Flugzeugen eingefallen. Die 20 weiteren Maschinen seien noch nicht einsatzbereit. Dazu GenLt. Fiebig: „Dieser Flugzeugtyp bringt nichts. Nur Abwurf von acht 250-Behältern, also achtmal 140 Kilogramm gleich 1120 Kilogramm Versorgungsgut-Einflug bei einem Verbrauch je Maschine von 4000 Litern Brennstoff."

Eine Landung dieser Maschinen kam nicht in Frage, da sie zu störanfällig waren. GenOberst von Richthofen entschied, dass die He 177 ihre Ladungen abzuwerfen hätten.

Auch Major Kiess vom Schleppgeschwader meldete sich am 14. Jan. bei GenLt. Fiebig. Ein laufender Einsatz der in diesem Geschwader zusammengefassten Lastensegler konnte nicht erfolgen, da die Möglichkeiten zum Wiederstart im Kessel nicht gegeben waren. Diese Lastensegler wurden zum einmaligen Transport in die Festung hinein bereitgestellt.

Ebenso war der Einsatz der He 111 E und F und der Ju 86 nach Überzeugung der Fachleute unüberlegt und übereilt. Diese Aktion brachte – außer Belastungen in jeder Hinsicht – kein Mehr an Überführungsgütern und schädigte darüber hinaus auch den Ausbildungssektor, wie der Chef des Ausbildungswesens der Luftwaffe bestätigte.

Am 14. Jan. fragte GenLt. Fiebig auch bei GenOberst von Richthofen nach, wie sich Stukas, Jäger und Aufklärer verhalten sollten, wenn der Feind mit Artillerie auf den Platz Pitomnik einwirken würde. Generaloberst von Richthofen entschied: „Bei Einwirkung schwerer Infanteriewaffen auf den Platz wird das Ausweichen vollgetankt nach Gumrak freigegeben. Möglichst Einsätze fliegen. Ist der Verbleib in Gumrak nicht mehr möglich, soll nach Kampfeinsatz auf Flottenplätze ausgewichen werden.“

Vom 13. Jan., 17.00 Uhr, bis zum 14. Jan., 17.00 Uhr, konnten 160 Tonnen Versorgungsgüter nach Stalingrad überflogen werden.

Am Morgen des 15. Jan. 1943 war der Flugplatz Pitomnik noch anfliegbar. Mit allen einsatzbereiten He 111 wurde Versorgungseinsatz geflogen. Die einsatzklaren FW 200 und He 177 schlossen sich an.

Um 09.45 Uhr ging ein Luftflottenbefehl bei GenLt. Fiebig ein, nach welchem Ssalsk bis zum 16. Jan. zu räumen sei. Die einsatzbereiten Ju 52 sollen nach Swerowo ausweichen und von dort die Versorgung der Festung weiterführen. GenLt. Fiebig bat GenOberst von Richthofen, diesen Befehl fernmündlich nach Ssalsk weiterzuleiten, da die Leitungen gestört waren.

Oberst Morzik traf noch am Vormittag auf dem GefStand des VIII. FlK. ein. Er sollte vom 16. Jan. ab als Lufttransportführer Swerowo eingesetzt werden, weil seine Kenntnisse über den Lufttransport von entscheidender Bedeutung sein könnten. Unter seiner Führung sollten sämtliche verfügbaren Ju-52-Verbände zusammengefasst werden.

„Es handelt sich jetzt um die letzte Kameradenpflicht gegenüber den Männern im Kessel, das letzte noch Mögliche ohne Rücksicht auf Personen herauszuholen. Daß wir die 6. Armee erhalten können, schaffen wir nicht. Wir wollen ihnen nur noch das Höchstmögliche bringen, was wir vermögen.

Es drängt sich mir jetzt oft der Vergleich der 6. Armee mit einem an der Wirbelsäule verletzten Menschen auf, der bei lebendigem Leibe allmählich zugrunde geht.

Generalmajor Pickert fliegt heute wieder in den Kessel, um Gumrak für den Versorgungsbetrieb zu organisieren.“

In dieser Situation war bereits ein weiterer Offizier aus dem Kessel ausgeflogen, um im FHQ eine Lageschilderung abzugeben.

Hauptmann Behr im Führerhauptquartier

Am 14. Jan. 1943 erschien Hptm. Winrich Behr, der 1. OrdOffz. der 6. Armee, im Auftrage von GenOberst Paulus im HGr.-Hauptquartier von GFM von Manstein in Taganrog. Behr, der als Oblt. in der berühmten Aufklärungs-Abteilung 3 in Afrika das Ritterkreuz erhalten hatte, sollte von Taganrog aus direkt ins FHQ weiterfliegen und bei Hitler die aussichtslose Lage im Kessel schildern und dem Führer klarmachen, dass das Schicksal der 6. Armee endgültig besiegelt sei, wenn nicht innerhalb von 48 Stunden Entscheidendes für die 6. Armee getan werde.

Als Behr als Pitomnik ausflog, stand die Rote Armee bereits wenige Kilometer vor diesem wichtigen Versorgungshafen, und sowohl GenMaj. Schmidt als auch sein Oberbefehlshaber waren sich darüber im Klaren, dass der Platz nur noch für wenige Stunden, vielleicht auch ein bis zwei Tage, gehalten werden konnte.

Hauptmann Behr nahm die Abschiedsbriefe von GenOberst Paulus und von zahlreichen Offizieren und Soldaten mit aus dem Kessel. Behr war auf den Weg gebracht worden, weil er nach Meinung von Paulus und Schmidt als Tapferkeitsoffizier und Ritterkreuzträger des Afrika-Korps einen gewissen Nimbus mitbrachte, der Hitler anzusprechen vermochte. Außerdem war er als 1. Ordonnanz-Offizier über alle Dinge im Kessel orientiert und auch willens, einen ungeschminkten Bericht darüber zu geben.

Am Morgen des 15. Jan. 1943 flog er von Taganrog ins FHQ ab. Um 21.00 Uhr dieses Tages war er bei der abendlichen Lagebesprechung im FHQ zugegen. Anwesend waren außer Hitler noch Keitel, Jodl, Schmundt, Bodenschatz, Himmler, Bormann und die verschiedenen Sachbearbeiter der Kriegsschauplätze.

Drei Stunden war Behr im Lagezimmer. Von Hitler wurde er überraschend mit den Worten „Heil, Herr Hauptmann!“ begrüßt.

Ein Händedruck Hitlers folgte. Der Führer führte den Hauptmann zu den verschiedenen Lagekarten und erklärte ihm die Lage an der Front, die Behr, der ja nur für Stalingrad sprechen konnte und dies auch dem Führer gemeldet hatte, nicht interessierten.

Erst als anschließend die Diskussionen aufbrandeten und Oberst

Christiansen, Görings Luftwaffenadjutant, meldete, dass heute Abend 200 Flugzeuge für Stalingrad einsatzbereit gemeldet seien, unterbrach Behr energisch.

„Mein Führer, ich bitte darum, weiter gehört zu werden, da ich noch nicht fertig bin. Für die 6. Armee ist nicht wichtig, was einsatzbereit gemeldet wird, sondern was wirklich und tatsächlich in den Kessel gelangt. Nach den bisherigen Erfahrungen erfüllt immer nur ein Teil der einsatzbereit gemeldeten Flugzeuge ihren Auftrag."

Winrich Behr holte die Versorgungsunterlagen hervor und erklärte, wie viele Flugzeuge in den vergangenen Tagen gemeldet waren und wie viele davon erfüllt hatten. Er zeigte auf, wie viele Maschinen hatten umkehren müssen und welche abgeschossen worden waren.

Hitler blieb ruhig. Behr verstand es, ihn mit dieser ungeschminkten Meldung, wie er ähnlich über Stalingrad noch keine gehört hatte, voll zu fesseln. Der Führer merkte, dass hier zwischen dem Zweckoptimismus seiner Berater und der Meldung des Frontoffiziers Welten klafften. Er wusste ebenso, dass hier etwas Einschneidendes geschehen musste. Aber er wusste nicht, was er anordnen sollte und was Stalingrad würde helfen können. Deshalb verabschiedete er den Hauptmann und befahl ihn für den folgenden Abend wieder zur Führerlage. Bis dahin würde ihm sicher etwas eingefallen sein.

Hitler befahl am Vormittag des 16. Jan. 1943 auch GFM Milch zum Lagevortrag zu sich, so dass Hptm. Behr auch den Mann nach Göring zu Gesicht bekam, während der Reichsmarschall durch Abwesenheit glänzte, als das wichtigste Kapitel des Luftwaffeneinsatzes, das er in die Wege geleitet hatte, zur Sprache kam. Er, der die Durchführbarkeit der Luftversorgung Stalingrads Hitler gegenüber garantiert hatte, wäre der Mann gewesen, sich Behrs Vortrag anzuhören und dann entscheidende Maßnahmen zu ergreifen.

Milch wurde im Beisein Behrs in die Lage von Stalingrad eingewiesen und anschließend von Hitler zum Generalbevollmächtigten für die Luftversorgung Stalingrads ernannt. Hitler ordnete die sofortige Verlegung des GFM mit seinem persönlichen Stab zur HGr. Süd nach Taganrog an. So viele Flugzeuge wie möglich sollten aus dem Mittelmeerraum und von anderen Kriegsschauplätzen zum Don verlegen. Das war alles. Als sich Hitler von Hptm. Behr verabschiedete, sagte er diesem: „Grüßen Sie Paulus!“ Ich tue alles für ihn, was ich kann.“

Sowie Behr anschließend den Generalquartiermeister, Gen-Maj. Wagner, aufsuchte, empfing ihn dieser mit den Worten: „Sie bringen mir nichts Neues. Ich bin über alles unterrichtet.“

Am 17. Jan. 1943 abends kehrte Hptm. Behr nach Stalingrad zurück, und zwar mit einer He 111, die ihm von FHQ zur Verfügung gestellt worden war. Er brachte die „Abschiedsgeschenke“ aus dem FHQ und die Gaben von dessen Angehörigen an Verwandte und Freunde im Kessel mit, mehr nicht. Seine eigene Meinung über die Lage im FHQ lautete: „Das Führerhauptquartier steht dieser Lage machtlos gegenüber. Die Initiative ist auf den Feind übergegangen; er bestimmt das Gesetz des Handelns.“

Noch vor ihm aber war GFM Milch, der neue Generalbevollmächtigte für die Versorgung der 6. Armee, in Taganrog eingetroffen.

Der Sonderstab Milch

Auftrag des Führers

Am 15. Jan. 1943 erhielt GFM Milch im Anschluss an die Lagebesprechung von Hitler folgenden Auftrag: „Da nun einmal der Entschluß gefaßt ist, Stalingrad zu halten, müssen hierzu auch die Mittel angewandt werden. Ich habe zwar den Eindruck, daß sich dort alles weitgehend anstrengt und daß – im großen gesehen – alles geschehen ist, was geschehen konnte. Ich verlange jedoch, daß in Zukunft tatsächlich 300 Tonnen in die Festung transportiert werden, damit sie sich halten kann und somit die Bindung der sowjetischen Kräfte erreicht wird. – Sie erhalten von mir die entsprechenden Sondervollmachten und die Befugnis, an alle Kommandostellen der Wehrmachtsteile Befehle und Anordnungen zu geben."

Am Mittag dieses Tages hatte Reichsmarschall Göring GFM Milch bereits instruiert und ihm selber streng verboten, nach Stalingrad einzufliegen.

Noch am Mittag wurde der Stab für die Versorgung Stalingrads aufgestellt. Seine Mitglieder waren:
Generalfeldmarschall Milch,
Oberst Polte als Adjutant,
Oberstarzt Prof. Dr. Kalk,
Oberstingenieur Breith,
Oberst i. G. Rohde als V.O. Generalquartiermeister,
Oberstleutnant Petersen als Kommandeur der Erprobungsstellen,
Hptm. Amelung als Ia (kommandiert vom Stab Luftflotte 4),
Hptm. i. G. Meffert, vom 23.–26. Jan. vom Stab VIII. FlK. kommandiert.

Um 14.24 Uhr dieses 15. Jan. 1943 startete die Maschine mit GFM Milch in Gatow; sie landete um 15.40 Uhr in Rastenburg. 50 Min. darauf erreichte der GFM das FHQ Wolfsschanze, in dem sich Hitler aufhielt. Der Feldmarschall wurde von General Bodenschatz empfangen, der ihm die vom Führer gestellte Aufgabe in großen Zügen umriss. Sie lautete, wie eingangs dargestellt: „Verbesserung der Luftversorgung der in Stalingrad eingeschlossenen 6. Armee mit allen Mitteln."

Die erwähnte Besprechung beim Führer fand um 20.00 Uhr statt und brachte das eingangs zitierte Ergebnis. – In der daran anschließenden Besprechung mit General Bodenschatz, General Jodl und Major von Below ging es darum, die Versorgung mit möglichst konzentrierter Nahrung fortzusetzen. GFM Milch erfuhr hier, dass ihm dazu im Raume Taganrog-Rostow 500 He 111 und 500 Ju 52 zur Verfügung stünden.

Am frühen Morgen des 16. Jan. 1943 ließ sich GFM Milch über die Lage in Stalingrad unterrichten. Er erfuhr, dass am Vortage heftige Angriffe gegen die West- und Südwestfron sowie gegen die Stadtfront Stalingrad abgewiesen worden waren und dass der Gegner diese Angriffe fortsetze. Die Versorgungslage sei äußerst gespannt, die Verpflegung konnte infolge Betriebsstoffmangels nicht zur Front gebracht werden. Der Flugplatz Pitomnik sei gefallen und der Flugplatz Gumrak nicht nachtlandeklar.

Die Luftlage über Stalingrad sei gekennzeichnet durch zahlreiche Angriffe von Stuka-, Jagd- und Schlachtflugzeugen gegen den gesamten Festungsraum. Es erfolgten Bombenwürfe von zum Teil schwerstem Kaliber und Bordwaffenbeschuss. Die Bekämpfung dieser massiert auftretenden feindlichen Luftwaffenverbände sei nicht möglich, da die eigenen Jäger nach Ausfall von Pitomnik nicht mehr einsatzbereit seien und sämtliche schweren Flak-Batterien im Erdkampf eingesetzt werden mussten.

Der Versorgungseinsatz sei mit 39 Flugzeugen vonstatten gegangen, die 68,5 Tonnen Versorgungsgüter überführten. Infolge des wolkenlosen Wetters konnten die Ju 52 und die FW 200 nicht eingesetzt werden. Die Einsatzbereitschaft sei infolge der vorhergehenden schnellen Verlegung der Ju-52-Verbände nach Swerowo gering. Dort herrschten zunächst schlechte Platzverhältnisse.

Um 09.45 Uhr startete die Maschine mit GFM Milch an Bord in Rastenburg zum Fluge nach Kalinowka, wo zum Auftanken zwischengelandet wurde. Von hier aus ging es direkt nach Taganrog-West weiter, wo die He 111 um 14.57 Uhr landete. 23 Minuten später erschien GFM Milch im Sonderzug der Luftflotte 4 am Flugplatz Taganrog-Süd, wo um 18.30 Uhr die erste Lagebesprechung stattfand, an der neben Milch GFM von Richthofen und Obert i. G. Herhudt von Rohden, der Chef des Generalstabes der Luftflotte 4, der Oberquartiermeister dieser Luftflotte, Oberst i. G. Schulz, Oberst i. G. Rohde, der V.O. des Generalquartiermeisters, Oberstarzt Prof. Dr. Kalk und Oberstleutnant teilnahmen.

Einziger Besprechungspunkt waren die zur Versorgung der Festung eingesetzten Verbände. Oberst Schulz trug vor, und GFM Milch erfuhr hier vor Ort, dass erheblich weniger Flugzeuge zur Verfügung standen, als dies im FHQ angenommen worden war. Er erfuhr weiterhin einen Umstand, den man im FHQ überhaupt nicht zur Kenntnis genommen hatte: dass die Hauptschwierigkeit beim Einsatz der Maschinen die große Kälte war, durch die ein erheblicher Teil der Flugzeuge nicht startklar wurde. Die Übersicht über die Lastensegler und Schleppflugzeuge lautete ähnlich niederschmetternd. – Abschließend gab der Sonderstab die erste Versorgungsmeldung an das FHQ durch.

Wunsch und Wirklichkeit

Auf die Frage von GFM Milch, wie viele Flugzeuge auf den Plätzen stünden, hatte Oberst Rohde in dieser denkwürdigen Lagebesprechung antworten müssen, dass es 280 Maschinen seien, von denen jedoch nur 70 Flugzeuge einsatzbereit seien.

„Das ist ja eine viel geringere Zahl, als wir im FHQ angenommen haben; wie ist das möglich?", forschte Milch weiter.

Oberst Schulz verwies nur auf die täglichen Lagemeldungen, die an das FHQ gegangen waren und die genau das Gleiche sagten wie er hier, nur dass Hitler diese Meldungen niemals vorgelegt worden waren. GFM Milch wurde dann das Überführungsergebnis mitge-

Eine Sanitäts-Ju 52 auf dem verschneiten Platz von Pitomnik.

Ein russischer Gefangener wird ausgefragt.

Sowjetische Sturmgruppe im Gegenstoß.

Rotarmisten im Häuserkampf Stalingrad-Mitte.

Bereitstellung zum Angriff auf ein feindbesetztes Haus.

Eine FW 200 „Condor“ der 2./Kampfgeschwader 40 trifft mit anderen Maschinen dieses Typs ein.

Wracks in der Nähe der Stadt: Eine Ju 87 und ein T 34 vereint.

Ein Versorgungslager in Tazinskaja.

Einige Bf 110. Als Fernjäger kamen sie noch zum Einsatz.

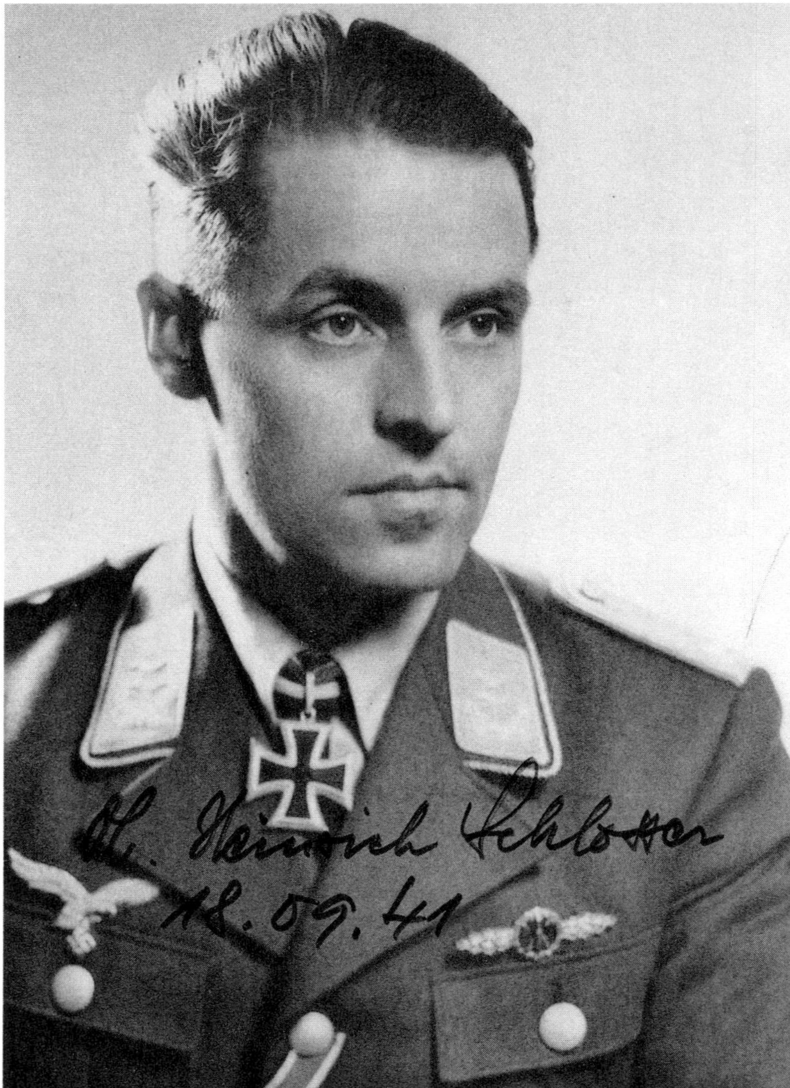

Hauptmann Heinrich Schlosser führte zum Schluss bei Stalingrad und über der Stadt das Fernkampfgeschwader 50 (mit He 177).

In Salsk werden Versorgungskisten und Verpflegungsbomben klar gemacht.

In Morosowskaja werden noch einmal Ju 52 beladen.

Start in den Kessel zum Abwurf.

Taganrog, 450 km von Stalingrad entfernt. Der äußerste Abstand und zugleich die letzte Chance für die Ju 52, Stalingrad zu erreichen.

teilt. Es besagte, dass vom 22. Nov. 1942 bis zum 16. Jan. 1943 von 3410 Flugzeugen insgesamt 5300 Tonnen Versorgungsgüter in die Festung eingeflogen wurden. Dies entsprach einem täglichen Durchschnitt von 64 Maschinen mit 100 Tonnen.

Im Kessel von Stalingrad sah es entsprechend aus. Dass es keine Desertionen gab, dass Disziplin und Einsatzbereitschaft voll erhalten geblieben waren, grenzte an ein Wunder. In der Orlowkastellung wurde Anfang Januar 1943 bereits das letzte Brot ausgegeben. Jeder Mann versuchte, im Kochgeschirr sein Essen selbst zuzubereiten. Es bestand teilweise aus geschossenen Krähen und gefrorenem Pferdefleisch mit Schneewasser, das nannte man Kraftbrühe. Fußpuder, Sägemehl, geraspeltes Holz von Eisenbahnschwellen wurden mit anderen Nahrungsmitteln zu Suppe verarbeitet. Das brachte dann die grauenhafte Steppenruhr und Gelbsucht.

Die letzten Flugzeugführer, die in Pitomnik starteten, während die Sowjets bereits auf den Platz schossen, hatten hier noch einmal eine Hölle erlebt. Der Feind hatte die Außenstellen des Flugplatzes erreicht, und die verzweifelten Soldaten stürmten auf die Flugzeuge zu, um noch einen Platz zu erhalten. Da die Maschinen aber mit Sitzenden und Liegenden bis an die äußerste Grenze der Tragfähigkeit belastet waren, mussten die Besatzungen – um nicht das Ausfliegen der an Bord befindlichen Menschen auch noch in Gefahr zu bringen – diese Überladung verhindern. Es kam zu den ersten gewaltsamen Versuchen, an Bord zu kommen. Diese Versuche mussten mit Gewaltanwendung abgewehrt werden.

Am 16. Jan. hatten auch die Ju-52-Gruppen den Absprungplatz Ssalsk fluchtartig verlassen müssen. Sie verlegten nach Swerowo, wo ein Maisfeld notdürftig zur Startbahn umfunktioniert worden war. Oberst Morzik übernahm die Führung dieses Verbandes und sollte sie bis zum Schluss auch behalten.

Gleich zum Auftakt verloren hier die Transportgruppen am 16. Jan. durch einen überraschenden sowjetischen Bombenangriff über 50 Ju 52. Zwölf davon brannten nach Bombenangriffen völlig aus, der Rest war teils schwerer, teils leichter beschädigt worden.

In der Nacht zum 16. Jan. 1943 erreichten noch vier Ju 52 Pitomnik. Zwei davon stürzten bei der Landung ab, die beiden anderen landeten und wurden noch entladen. Am frühen Morgen des 16. Jan. rollten sowjetische Panzer auf den Platz.

Am Abend dieses schwarzen 16. Jan. 1943 ließ der Chef des AOK 6, GenMaj. Schmidt, aus dem Kessel einen Funkspruch folgenden Wortlautes absetzen: „22.15 Uhr: Von Chef AOK 6 an Luftflottenkommando 4 und VIII. Flieger-Korps: Von heutiger Nachtversorgung Nacht 17./18. Jan. Schicksal der Armee allein entscheidend abhängig. Einzelheiten siehe Tagesmeldung Armee." Dieser Funkspruch ging an GFM Milch, den Luftflottenchef, den Chef des Generalstabes sowie an die Ia und Ic.

Genau zur gleichen Zeit, direkt an den vorausgegangenen FT-Spruch angehängt, folgte ein zweiter Funkspruch folgenden Inhaltes: „Bisher nur Versorgungsabwürfe. Wenn heute nacht nicht Betriebsstoff in großer Menge gebracht wird, ist der Kampf der Armee aussichtslos. Bewegungen von Panzern und Sturmgeschützen am 17. Jan. dann nicht mehr möglich. Abwurfbehälter in der Nacht nicht auffindbar; am Tage bei tiefem Schnee und ohne Betriebsstoff nur in geringem Umfange zu erfassen. – Flugplatz Gumrak ist wiederholt frühzeitig nachtlandeklar gemeldet worden. – AOK 6 Chef."

Was die Bereitschaft des neuen Flugplatzes Gumrak anlangte, so erfuhren jene drei He 111 des KG 55, die am Mittag des 16. Jan. 1943 als erste Maschinen dort landeten, es ganz anders. Zwar war eine Landebahn abgewalzt worden, aber es war kein Entladekommando vorhanden, und die Besatzungen mussten selbst entladen.

„Das AOK 6 hat es seinerzeit abgelehnt, den Flugplatz Gumrak ausbauen zu lassen, weil dort der Gefechtsstand der Armee und zweier Generalkommandos, die Versorgungseinrichtungen, Lazarette und so weiter eingerichtet worden waren. Nun rächt sich dies." (Siehe Martin Fiebig: a. a. O.)

In acht Punkten hatte GenLt. Fiebig am 16. Jan. 1943 aufgezeichnet, worin die Gründe für die Tragödie in Stalingrad liegen konnten. Er wusste und befürchtete, dass das Erscheinen von GFM Milch dem Versuch des OKW diente, Schuldige zu finden. Deshalb zeichnete er auf:

„1. Es wurde im Oktober kein rechtzeitiger Entschluß zum Beziehen einer Winterstellung gefaßt.

2. Es wurden keine oder nur verspätete Maßnahmen getroffen, um die sich abzuzeichnenden Angriffsvorbereitungen der Roten Armee vor den Rumänen am Don und im Zaga-Abschnitt, bereits seit Anfang Oktober klar erkannt und von uns gemeldet, abzublocken.

3. Der Entschluß, an der Festung festzuhalten, ohne sofort den Kaukasus aufzugeben.

4. Kein Befehl Mitte Dezember zum Ausbrechen, als die 4. PzArmee am Myschkowa-Abschnitt stand.

5. Falsche Beurteilung der Leistungsfähigkeit der Luftversorgung, da anscheinend Wetter und Kampflage sowie das Abgesetztsein der Plätze nicht berücksichtigt wurden.

6. Allen Unterführern wurde bis hinauf zu den Heeresgruppen jede Entschlußfreiheit genommen.

7. Die Kraft der Russen und jene unserer Truppen wurde falsch beurteilt.

8. Niemand von oberster Stelle hat sich hier an Ort und Stelle über die wirkliche Lage unterrichtet; nicht einmal von seiten der Luftwaffe unterrichtete man sich persönlich über die Versorgungsmöglichkeiten und die Versorgungsleistungen."

Die Funksprüche aus der Festung gingen als Echo von GFM Richthofen aus an das VIII. FlK. weiter; und GenLt. Fiebig fragte, warum keine Landungen auf Gumrak erfolgt seien. Alle Flugzeuge, die in dieser Nacht starten sollten, waren jedoch bereits auf Abwurf eingestellt, weil aufgrund aller Feststellungen – Jäger-Bruchlandungen auf Gumrak, He-111-Landungen um 12.30 Uhr und die Erkundung einer Ju 88 um 15.30 Uhr – Landemöglichkeiten nicht gegeben waren und eine Platzorganisation in Gumrak fehlte.

GenLt. Fiebig sagte zu, dass die ersten He-111-Flugzeuge am Morgen des 17. Jan. eine Landung versuchen würden.

Noch am späten Abend führte GenLt. Fiebig mit GFM Milch eine Reihe von Gesprächen. Der GFM und Sonderbeauftragte für Stalingrad versicherte dem KommGen. des VIII. FlK., dass seine Aktion kein Misstrauen gegen von Richthofen und ihn sei. Der Führer wolle lediglich Gewissheit haben, dass nichts versäumt und alles Menschenmögliche zur Versorgung unternommen werde.

Im Nachteinsatz starteten in der Nacht zum 17. Jan. 35 He 111 und fünf Ju 52 zum Abwurf. Es wurde ein Kreuz ausgemacht, das aber nur zeitweise leuchtete. Ein Landepfad war nicht ausgeleuchtet. Die fünf Ju 52 setzten trotz der erkannten Artillerieeinschläge zur Landung an.

Als sie ausgerollt waren, mussten die Besatzungen feststellen, dass kein Entladekommando vorhanden war. Man handelte sofort und kurz entschlossen. Die Verpflegung wurde an vorüberziehende eigene Truppen ausgehändigt. Auch hier versuchten einige Gruppen ins Flugzeug zu stürmen, wieder mussten die Flugzeuge mit der blanken Waffe verteidigt werden. Dann starteten die fünf Ju 52 wieder. Keine Minute zu früh, denn wo sie noch vorhin gestanden hatten, gingen vier Salven Stalinorgelfeuer nieder.

Im Tageseinsatz des 17. Jan. konnten nur 16 He 111 eingesetzt werden. Es gab Anlassschwierigkeiten. Die Wärmegeräte reichten nicht aus, und die Motoren sprangen bei 30 Grad Frost nicht an.

Die Beschwerde des AOK 6 über die HGr. Don, dass in Gumrak am 17. Jan. nicht gelandet worden sei und dass nur zehn Tonnen Versorgungsgüter abgeworfen wurden, womit die Versorgungsanlage sich einer Katastrophe nähere, wurde an diesem Tag um 19.45 Uhr durch einen FT-Spruch des AOK 6 aus der Festung noch verschärft.

Dieser lautete: „Platz Gumrak durch Hauptmann Pfeil, Major Kauffmann und Major Freudenfeld für einwandfrei nachtlandeklar befunden. Start- und Landebahn 1000 × 100 Meter. Bodenorganisation und Flugsicherung voll vorhanden. Platzausmaße größer·als Pitomnik. Funkfeuer, Peiler und Leuchtfeuer betriebsklar. Höchste Eile geboten, da größte Gefahr, wenn ausreichende Versorgung ausbleibt. Auch Weitergabe Heeresgruppe Don."

Vom VIII. FlK. ging ein FT-Spruch in den ersten Morgenstunden des 18. Jan. an die 6. Armee ab: „Zugeflogenes Versorgungsgut am 17. Jan.: 4,65 Kubikmeter Otto-Kraftstoff, 48 Tonnen Verpflegung, 28 Tonnen Munition C 250, 0,2 Tonnen Gerät. – Vorgesehen für den 18. Jan. 1943: Abwurf oder Landung von Munition, Betriebsstoff und Verpflegung."

Die Morgenmeldung des AOK 6, vier Stunden nach diesem nächtlichen FT-Spruch des VIII. FlK., lautete: „Nacht 17. zum

18. Jan. keine besonderen Kampfhandlungen. Starke Stoßtrupptätigkeit und zahlreiche Bombenabwürfe. – Keine Versorgungsmaschinen gelandet, obwohl alle Bodenorganisationen klar waren und den früheren in Pitomnik entsprachen. Wenn Flugzeugführer das Gegenteil melden, so ist dies unwahr und zeugt von deren mangelnder Einsatzbereitschaft. Kein Artilleriefeuer auf Flugplatz Gumrak, sondern nur feindliche Bombenwürfe in normalen Grenzen. AOK 6 Ia."

Das war starker Tobak, zumal die Einsätze der Versorgungsflieger unter schwierigsten Bedingungen bis an den Rand der totalen Erschöpfung weitergeführt wurden.

Inzwischen waren in Swerowo bei Oberst Morziks Transport-Ju-Gruppe immer neue Bombenangriffe erfolgt. Am 17. Jan. verbrannten zehn Ju 52 nach Treffern, zwei wurden total vernichtet und 42 waren beschädigt. (Einige Maschinen waren vorher bereits getroffen worden.) Damit hatte sich die Gesamtzahl der vernichteten oder beschädigten Flugzeuge dieses Typs vom Tage der ersten Landung in Swerowo an auf 54 erhöht.

Zwei He 111 waren am späten Nachmittag des 17. Jan. noch nach Gumrak gestartet. Sie erkannten trotz zwanzigminütigen Kreisens über dem Platz keinen Leuchtlandepfad. Hptm. Höfer vom KG 55 fand schließlich ein Lichter-Dreieck, das aus zwei grünen und einem roten Licht bestand.

Das waren die Erkundungsergebnisse, die jenem FT-Spruch und seinem Inhalt vom frühen Morgen des 18. Jan. 1943 entgegenstanden.

Am Morgen des 18. Jan. waren die Einsatzplätze der Transportgruppen durch meterhohe Schneewehen versperrt. Eine Arbeit an den Flugzeugen war nicht möglich. Generalingenieur Weidinger, der nach Swerowo geflogen war, erkannte, dass auf diesem vom feindlichen Luftbombardement verwüsteten Platz zurzeit kein Einsatz möglich sei.

Aus der Festung gingen nun beinahe stündlich Beschwerden bei allen führenden Stellen ein, dass nicht gelandet werde. Alle Feststellungen hatten aber ergeben, dass Gumrak nicht nachtlandeklar war.

GFM Milch, der am 17. Jan. um 09.00 Uhr am Bahnübergang

Taganrog mit seinem Kraftwagen gegen eine Lokomotive gefahren war, hatte trotz seiner Verletzungen (Prellung am linken Arm, Kopfhautverletzung und Kreislaufschock) seinen Dienst weiter versehen. Sein Stab war ziemlich lädiert. So hatte Oberst Polte Prellungen und Hautabschürfungen, Oberstarzt Prof. Dr. Kalk zwei Rippenbrüche, Oberstleutnant Petersen eine Schulterprellung und der Fahrer mehrere Rippenbrüche erlitten.

Im Luftwaffenlazarett Taganrog wurden die Beteiligten ärztlich versorgt. Dennoch führte GFM Milch am 17. Jan. eine Reihe wichtiger Telefongespräche, zum einen mit GenLt. Fiebig, dann mit GFM von Manstein, Generaloberst Jeschonnek, Oberstleutnant Christian im FHQ, auch mit GFM von Richthofen; er veranlasste den Einsatz weiterer Motoranlasstrupps, die aus Rechlin überflogen werden sollten. In seinem Ferngespräch mit GenOberst Jeschonnek erklärte auch Milch den Flugplatz Gumrak als nicht nachtlandeklar. Er erbat darüber hinaus die Zuweisung von zwei Jagdgruppen, um die laufend durch Feindbomber angegriffenen Versorgungsplätze schützen zu können. Wären diese verfügbar gewesen, hätte Swerowo nicht so entscheidende Verluste hinnehmen müssen.

Die Antwort auf GenOberst Jeschonnek lautete, dass zurzeit keine Jagdgruppen abgegeben werden könnten, da diese bei Leningrad und Welikije Luki benötigt würden. Am Ladogasee sei der Russe bei Schlüsselburg durchgebrochen und habe den Anschluss an die Leningrader Front herstellen können.

Ob diese Notlagen jene von Stalingrad überstiegen, wurde nicht nur vom AOK 6 bezweifelt.

Am Abend des 17. Jan. hatte Oberstingenieur Breith mit dem Ia des VIII. FlK., Hptm. i. G. Meffert, fernmündlich ausgemacht, die ersten am 18. Jan. in die Festung einfliegenden Flugzeuge sollten Lampen für eine Landebahn und die Platzkennzeichnung mitnehmen sowie für die Überfliegung von Leucht- und Rauchzeichen Sorge tragen, um die Landungen zu erleichtern.

Ein landender Offizier sollte an Ort und Stelle den Lande- und Rollablauf für die Flugzeuge festlegen. Außerdem sollte ein orts- und platzkundiger Offizier zur persönlichen Berichterstattung beim VIII. FlK. aus der Festung ausgeflogen werden. Von der 6. Armee wurde Major Kauffmann genannt. Dieser Offizier sollte vom VIII. FlK. sofort zu GFM Milch zum Vortrag geflogen werden.

Dieser ließ abschließend noch durch GFM von Manstein an das AOK 6 funken, dass der Platz Gumrak für Nachtlandungen richtig hergerichtet werden müsse.

Unmittelbar nach Eingang des FT-Spruches aus Stalingrad am Morgen des 18. Jan. 1943 führten GFM Milch und GenLt. Fiebig ein Ferngespräch. GenLt. Fiebig musste melden, dass auch in der vergangenen Nacht keine Landung erfolgen konnte und dass in Gumrak bis 24.00 Uhr nur ein Dreieck aus zwei weißen Lichtern und einem grünen Licht gesehen worden sei. Die Besatzungen, die teilweise sehr lange über dem Platz geflogen seien, hätten starke Bombenwürfe der Russen erkannt. Er selbst, Fiebig, habe 30 Minuten über dem Platz gekreist und am Südwestrand Artilleriefeuer beobachtet. Fiebig erklärte dem GFM, dass man sich gegenüber den ehrenrührigen Vorwürfen der 6. Armee zur Wehr setzen müsse.

Daraufhin beruhigte Milch den General: „Diese Vorwürfe sind nicht so wichtig zu nehmen, da schwere Not die Leute in der Festung zu unverantwortlichen Aussprüchen veranlasst. – Sprechen Sie den Besatzungen meine volle Anerkennung für ihre Leistungen aus!"

Der Tageseinsatz am 18. Jan. brachte zunächst den Start von Hptm. Meyer, Staffelkapitän der 9./KG 27, der landen und die Platzverhältnisse in Gumrak klären sollte.

In diesem morgendlichen Ferngespräch kam auch heraus, dass in Schachty nur vier einsatzbereite Jäger zur Verfügung standen und dass eine Reihe Besatzungen dort vorhanden seien, die keine Maschinen hatten.

Der Morgenvortrag von Oberst i. G. Rohde über die Möglichkeiten der Versorgung mit Versorgungsbehältern ergab, dass auf den verschiedenen Plätzen noch etwa 7000 Abwurfbehälter vorhanden waren. Bei einem täglichen Bedarf von höchsten 1000 reichten diese für eine ganze Woche. Aus dem Reich seien neun Züge im Anrollen, die ab dem 25. Jan. eintreffen mussten. Zwei Züge träfen jedoch bereits am 19. und 22. Jan. ein; in ihnen würden Abwurfbehälter und Verpflegungssäcke sowie Verpflegung herangeschafft.

Was die Lastenseglerfrage angehe, seien 50 Segler im Raume

Makejewka vorhanden und 92 weitere in der Luftzuführung unterwegs. In zwei Zügen würden DFS 230-Lastensegler zugeführt. Vier weitere Züge mit Go 242 seien im Zeitraum vom 11. bis 15. Jan. in der Heimat abgerollt und würden zwischen dem 23. und 27. Jan. in Stalino eintreffen.

Diese kurze Einblendungen der Transportleistungen sollen die Anstrengungen veranschaulichen, die noch in letzter Minute – leider um einen vollen Monat zu spät – angelaufen waren.

Oberst Morzik, der soeben erst als Lufttransportführer eingesetzte Fliegeroffizier von Swerowo, hielt GFM Milch an diesem Morgen ebenfalls Vortrag. Er erklärte:

„Die Bombenangriffe auf Swerowo forderten sieben Tote und eine Anzahl Verletzte. Die Platzverhältnisse in Swerowo: ein glattes Feld, keine Halle und keine Unterkunft. Die Flugzeuge standen sehr eng an der Startbahn, da das gesamte Flugplatzgelände durch Schnee völlig verweht war. Fünf Baracken sind in Bau, weitere im Antransport mit der Eisenbahn. Sieben Bunker sind vorhanden. Da der Boden überall metertief gefroren ist, kann der weitere Bunkerbau nicht durchgeführt werden. Ein Anschlussgeleise ist vorhanden.

Es erfolgten insgesamt acht Feindangriffe in Schwärmen von 5–7 Flugzeugen aus 7000 m Höhe. Rund 50 Prozent der Maschinen gingen verloren.

Was die Schneeverhältnisse angeht, so musste eine Ju 52 heute morgen 3½ Stunden lang ausgegraben werden.

Der Zustand des fliegenden Personals ist ausgezeichnet. Einige Besatzungen sind durch Nachtstarts stark mitgenommen. Alle Besatzungen sagen aus, dass dieser Einsatz der schwierigste sei, den sie bisher mitgemacht haben. Die schwerste Belastung sei der Blindflug, weniger schwer jene durch die russische Abwehr. – Auch die Stimmung des Bodenpersonals ist gut. Die Bekleidung in Ordnung. Es hat bisher 15 Erfrierungen gegeben."

GFM Milch gab eine Anweisung an den OQu, dass Sprengkommandos von den Pionieren angefordert werden sollten, damit man in Swerowo schneller in den Boden komme.

Zurzeit seien in Swerowo 106 Ju 52, davon 42 leicht beschädigt, meldete Oberst Morzik abschließend. Der Flakschutz bestehe aus einer rumänischen 7,5-cm-Batterie und einer 3,7-cm-Batterie. Der Abmarschbefehl für diese Einheiten liege bereits vor, da sämtliche Geschütze unbrauchbar seien. An diesem 18. Jan. sollte je eine leichte und schwere deutsche Batterie eintreffen.

„Da die Plätze für die Versorgung von Stalingrad bis zuletzt gehalten werden müssen, ist eine Flakverteidigung gegen Panzer notwendig", erklärte GFM Milch. „Die Versorgung ist wichtiger als der Verlust einzelner Flugzeuge."

Nunmehr gab Oberst Morzik eine Schilderung der Flüge nach Stalingrad. Er erklärte, dass der Einflug nach Pitomnik noch leichter gewesen sei, weil der Festungsraum größer war. Bei Tag und Nacht während der Landung, Entladung, Zuladung und Start erfolgten laufend Bombenangriffe der Sowjets auf den Platz. In Bassargino herrschten ähnliche Zustände.

Morzik erklärte dem GFM auch, wie das Abwerfen fuktionierte, denn Milch wollte über alles möglichst genau Bescheid wissen. Aus der Ju 52 werde ohne Fallschirm abgeworfen, und zwar aus etwa 30 Metern über Grund. Zurzeit seien neun Gruppen Ju 52 auf Swerowo. Der rückwärtige Platz sei Saporoš je, dort sei Oberst Beckmann Leiter der Schleuse, durch die neue Ju 52 zum Transportverband kämen.

Von den 21 einsatzbereiten Flugzeugen seien an diesem 18. Jan. nur acht gestartet, von denen fünf hätten abbrechen müssen, und zwar zwei mit Motorstörung und drei mit FT-Störung. Die übrigen Flugzeuge seien durch die genannten Bombenangriffe zerstört oder beschädigt, andere durch den Schnee, der mit Bodenwindstärke von 90 Stundenkilometern über den Platz fege, völlig zugeweht. Die Wärmewagen kämen infolge dieser Schneeverwehungen nicht zu den Liegeplätzen durch.

„In den Quartieren", meldete Oberst Morzik weiter, „herrschten heute nach 10 Grad Kälte, da durch die Bombenangriffe sämtliche Fensterscheiben zerstört wurden."

Nach der in Swerowo liegenden Verpflegung für Stalingrad befragt, meldete Morzik: „An Versorgung für die Festung liegen in Swerowo 1000 Tonnen Konserven, Dauerwurst, Käse, Schmalz, dazu 8000 Tonnen Munition."

Der Transportführer machte den Vorschlag, die Masse der Ju 52 auf bessere Plätze zu verlegen und Swerowo nur als Absprunghafen zu benutzen. Bei der Besprechung, welche Plätze in Frage kämen, wurde dann erkannt, dass der Platz Taganrog-West zu stark belegt und Schachty ebenfalls ohne Hallen und Unterkünfte sei. Stalino war von rumänischen Fliegern belegt, wozu noch die FW-200-Gruppe und Reparaturflugzeuge gekommen seien. So wurden schließlich Stalino und Makejewka als Rückhalthorste bestimmt.

Erst jetzt kam man in diesem Vortrag darauf, dass Oberstingenieur Breith Schneefräsen, Trecker und Bulldoggs beschaffen müsse. Diese seien aber erst aus Breslau heranzuschaffen. Dies war eines der Versäumnisse, die sich schwerwiegend auswirkten.

Es wurden insgesamt vier rückwärtige Plätze vorbereitet, und zwar zwei für die He 111 in Tagenrog-West und Konstantinowka und zwei für die Ju 52 in Stalino und Makejewka. Für später wurde noch Mariupol vorgesehen.

Das VIII. Flieger-Korps im Einsatz

Um 12.00 Uhr des 18. Jan. startete GenLt. Fiebig in Begleitung von Oberst Kühl und GenMaj. Pickert nach Taganrog zur Meldung bei GFM Milch. In den Gesprächen, an denen sich auch GenOberst von Richthofen beteiligte, wurde einstimmig beschlossen, dass der 6. Armee mit allen Mitteln und Kräften das Erforderliche zugeführt werden müsse. Alles, was möglich sei, müsse dafür aktiviert werden; ob es noch helfen konnte oder nicht, das war nicht die Frage. Das war auch bisher das Leitmotiv des VIII. FlK. gewesen, und die Anwürfe aus der Festung konnten nichts daran ändern.

Am Nachmittag des 18. Jan. 1943 setzte das AOK 6 einen FT-Spruch an die HGr. Don ab: „Laut Führerbefehl General Hube herausfliegen. Er wird GFM Milch für die Durchführung der Versorgung der 6. Armee unterstellt. Hierzu General Hube am 19. Jan. ab Hellwerden Flugplatz Gumrak bereithalten und mit erster landender Maschine starten."

Es war die FW 200 von Lt. Hans Gilbert, die in der Nacht zum

19. Jan. mitten im Schneesturm bei 50 Meter Sicht durch einen offenen Funkspruch von der Festung aus zur Landung herunterbefohlen wurde.

Die Landung ging trotz des gebrochenen Sporns glatt. General der Panzertruppe Hube kletterte in die Maschine, und um 10.35 Uhr gab das AOK 6 eine Meldung aus dem HQ der HGr. Don weiter: „General Hube in Taganrog gelandet."

Die am 19. Jan. startenden He 111 von Oberst Kühl landeten zum Teil in Gumrak, andere Teile warfen ab, weil die Landung schwierig war und zugleich Artilleriefeuer auf dem Platz lag. Es waren sieben He 111, die herunterkamen, während 41 He 111, eine FW 190 und drei Ju 52 ihre Versorgungsgüter abwarfen.

Ein Funkspruch des AOK 6 gab über das Schicksal einer vermissten Ju 52 Aufklärung. Es heißt darin: „Ju 52 1ZNH gegen 10.30 Uhr bei Gonschara notgelandet nach Jagdflieger- und Flakbeschuß. Ein Mann tot, drei Männer verwundet. Brotbeladung durch eigene Truppe geborgen. – Quartiermeister Festung."

Am Nachmittag wurde das Gefechtsquartier des VIII. FlK. von Nowotscherkassk nach Tscheglowa bei Stalino verlegt. Der Stab kam in einer Bergarbeitersiedlung unter, die mitten in einem ausgedehnten Zechengelände lag.

GenLt. Fiebig hatte noch den Flug von Major Thiel, Kdr. der III./KG 27, mit einer Kette He 111 nach Gumrak befohlen. Der Auftrag, den Martin Fiebig dem Offizier mitgab, lautete klipp und klar: „Untersuchung des Flugplatzes Gumrak auf seine Beschaffenheit."

Die Widersprüche zwischen den Schilderungen der fliegenden Besatzungen und jenen aus der Festung waren so schwerwiegend, dass nur eine genaue, schonungslose Analyse hier Klarheit schaffen konnte. Und die wollte GenLt. Fiebig haben.

„In der Festung hört man furchtbare Szenen, wie Menschen sterben, vergehen, erfrieren. Man mag es sich gar nicht vor Augen führen, wie es dort aussieht. Die Haltung der Offiziere ist hervorragend. Wie unendlich schwer muß es für sie sein."

Und dieses Wissen bewegte GenLt. Fiebig, der keine innere Ruhe mehr fand vor diesen Bildern, die ihn Tag und Nacht verfolgten. Er *musste* Gewissheit haben.

Die Kette flog befehlsgemäß Stalingrad an. Es herrschten 20 Grad Kälte, nebliger Dunst lag über der Steppe, als die Maschinen herunterkamen und landeten. Major Thiel sah als Erstes überall herumliegende Verpflegungsbomben, von denen ein Teil, an der Ausfallstraße gelegen, aufgerissen war. Umgestürzte Kraftfahrzeuge, schwere Waffen, halb unter dem Schnee begraben, Tote, ebenfalls unter dem Schnee versteckt, und in den zerschossenen Kellern und Gebäuden die schemenhaft sichtbar werdenden Gestalten der Soldaten.

Vor den Sanitätsunterkünften Ansammlungen von Sankas, die oftmals zum nächsten Bunker weitergewiesen wurden. Die Marschkolonnen, die zu sehen waren, setzten sich aus stolpernden Gestalten in kleinen Gruppen zusammen. Und irgendwo im Rücken war das Brodeln und Dröhnen der Schlacht zu vernehmen. Bomben fielen, Granatsalven hämmerten in die Trümmer hinein, Stalinorgelfeuer paukte und jaulte vom Himmel herunter.

Major Thiel empfing hier den Eindruck eines riesigen sterbenden Körpers, der die 6. Armee war; ihr konnte nach diesem Eindruck niemand mehr helfen.

Thiel notierte im Geiste die Verwüstungen, die er sah, und als er schließlich in den Befehlsbunker von Generaloberst Paulus geführt wurde, sah er den Oberbefehlshaber dieser sterbenden Armee; groß, hager aufragend, von den Strapazen gezeichnet. Ein Soldat, den das Schicksal dazu verurteilt hatte, seine Armee dem Tode zu überantworten.

Daneben der kleinere Generalmajor Schmidt, der sofort loslegte und empört auf die Luftwaffe schimpfte, die versagt und die 6. Armee ins Elend getrieben habe. Er hatte im November Paulus vorgeschlagen, den Ausbruch zu wagen, und hatte auch den Anfang gemacht, war aber zurückgepfiffen worden.

(Leider geriet GendArt. Walther von Seydlitz-Kurzbach später ins Zwielicht, als er im September 1943 Vorsitzender des Bundes deutscher Offiziere wurde, der mit dem kommunistischen Nationalkomitee Freies Deutschland zusammenarbeitete.)

Die Stimmung war eisig und irgendwie bedrückend. Hier stand ein junger Major, wegen Tapferkeit vor dem Feind mit dem Ritterkreuz ausgezeichnet, ein Mann, der hundertmal seine Pflicht und mehr erfüllt hatte, und ihm gegenüber Generale und ein Generaloberst, die von der Luftwaffe Unmögliches forderten.

Knapp und militärisch gab Major Thiel seinen Auftrag bekannt, die Nachtlandefähigkeit von Gumrak zu überprüfen. Er schilderte die Lage auf den Absprungplätzen bei der Luftwaffe und versuchte, die Wetterlage und die Frontlage am Donez, die daraus resultierenden Verzettelungen und Aushilfen sowie das Ausweichen auf westlicher gelegene Plätze und die damit verbundene Minderleistung zu erklären.

Aber Generaloberst Paulus winkte ab: „Uns tote Leute interessiert die Kriegsgeschichte nicht mehr. Wir wollen wissen, was ihr uns zu bringen habt."

Und Generalmajor Schmidt fiel wütend ein: „Die Tonnagezahl ist es, die für uns eine Rolle spielt, weiter nichts! Die Gründe, die die Luftwaffe für die Behinderung der Luftversorgung durch Feind, Wetter und weiß Gott was noch vorgibt, sind uns völlig gleichgültig."

Von Logik und Konsequenz, von Sachzwängen und einer unerbittlichen Urnatur, die ihren Tribut forderte, wollten die Todgeweihten nichts mehr wissen. Thiels Gründe, so stichhaltig sie auch waren, interessierten hier nicht, wo es um das nackte Überleben ging.

Nicht einmal die wirklichen Fehler, die sofort hätten ausgebügelt werden können, wie das Fehlen der Entladekommandos, wurden hier zur Kenntnis genommen. Man bewertete diese Dinge als Ausnahmen, obgleich der gesamte Flugplatzbereich eine beredte Sprache von Schluderei, Unverstand und Unvermögen jener Stellen sprach, die dafür verantwortlich waren, und das war letztendlich die 6. Armee selbst.

Major Thiel hätte nun GFM Paulus berichten können, dass noch am Tage zuvor ein Kurier der 6. Armee beim VIII. FlK. gewesen war, der glaubhaft versichert hatte, dass die Armeeführung nichts von Gumrak und über die Lage dort wisse. Der Armeestab liege zu weit ab und stelle seine Beurteilungen nach den Meldungen der am Platz befindlichen Stellen auf.

Major Thiel tat dies nicht. Er bewahrte Haltung trotz seiner Erschütterung. Er erklärte, dass das Entladen der Maschinen *nur* auf den Startbahnen erfolgen könne, weil sie seitab davon für immer im tiefen Schnee stecken bleiben würden. Aus dem Schnee, voll gepackt mit Verwundeten, auf die Startbahn zurückzurollen, sei vergebliche Mühe, nicht nur des Schnees wegen, sondern auch wegen der zahlreichen Bombentrichter, die tückisch darunter lägen. Dies aber bedeute, dass nur immer drei oder vier Maschinen gleichzeitig auf dem Platz sein könnten und dass sie dann *sofort* entladen werden müssten, wenn die Zufuhr nicht ins Stocken geraten solle.

Major Thiel kämpfte hier gegen Windmühlenflügel. Man wollte ihn nicht verstehen. Es war so, als sei vor den Offizieren und Generalen – General von Seydlitz einmal ausgenommen – eine Klappe gefallen, die den Blick auf die Realität versperrte.

Die Flugzeuge sollten unter Feindfeuer landen. Das aber war unrealistisch, weil dann binnen weniger Tage kein einziges mehr zur Verfügung gestanden hätte. Der versteckte Vorwurf der Feigheit vor dem Feind traf Major Thiel schwer. Er war versucht zu sagen, dass hier in Stalingrad eigenes Unvermögen und Versagen zum Vorwand genommen wurde, die Luftwaffe des Versagens zu bezichtigen.

Die furchtbare Spannung der Menschen im Kessel, die übermächtig werdende Verantwortung für eine ganze Armee hatte eine Atmosphäre geschaffen, die kurz vor einer Explosion stand. Und der kleine Major der Luftwaffe stand ihr wehrlos gegenüber. Was er hier erfuhr, war schrecklich, auch für ihn, aber was konnten er und seine Kameraden daran ändern, dass die Armee seit vier Tagen kein Brot mehr bekommen hatte? Was konnten sie dafür, dass die Männer erfroren, verhungerten, starben? Alles dies aber wurde ihm und damit auch der Luftwaffe angelastet. Nur einer blieb kühl: General von Seydlitz. Er hatte dieses Furchtbare geahnt, er hatte den rechtzeitigen Ausbruch befohlen.

Generalobert Paulus fragte nach dem Verantwortlichen in der Luftwaffe. Er sagte bitter: „Wer ist der verantwortliche Mann, der die Möglichkeit der Durchführung der Luftversorgung der 6. Armee aussprach? Wenn man mir gesagt hätte, dass sie nicht möglich ist, hätte ich der Luftwaffe keinen Vorwurf gemacht. Denn dann hätte ich mich durchschlagen können. Damals, als der russische Einbruch erfolgte, war ich noch stark genug, den Durchbruch zu erzwingen. Heute ist es zu spät.“

War das wirklich so? Hatten nicht der Reihe nach Generaloberst von Weichs, Generaloberst von Richthofen, Generalleutnant Fiebig, Generalmajor Pickert eindeutig und klar darauf hingewiesen, dass eine Versorgung der 6. Armee aus der Luft unmöglich sei? War dies nicht eine zu billige Zuflucht, nach der Generaloberst Paulus an diesem 19. Jan. 1943 griff: Wollte er überhaupt ausbrechen, nachdem Hitler dies verboten hatte?

Hatten nicht er selber, Generalmajor Schmidt und vor allem General der Artillerie von Seydlitz immer wieder zu Anfang den Ausbruch gefordert? Was brachten da solche Floskeln, dass die Luftwaffe die 6. Armee im Stich gelassen habe? Und was solche des Generalmajors Schmidt, dass Major Thiel hergekommen sei, um die Luftwaffe zu rechtfertigen, „die den schlimmsten Verrat geübt hat, der je in der deutschen Geschichte vorgekommen ist. Es muß doch diese Luftversorgung dem Führer vorgeschlagen worden sein. Eine ganze Armee, diese herrliche 6. Armee, muß so vor die Hunde gehen." (Siehe Herhudt von Rohden: Die Luftwaffe ringt um Stalingrad.)

Das letzte Wort in diesem Gespräch hatte Generaloberst Paulus: „Wir sprechen bereits aus einer anderen Welt, denn wir sind tot. Von uns bleibt nichts übrig, als was die Chronik noch über uns schreiben wird. Haben wir den Trost, dass wir noch zu irgendetwas nütze sein mögen?"

Generalmajor Schmidt aber bekräftigte noch einmal, bevor er den Raum verließ, ohne den Major der Luftwaffe noch eines Blickes zu würdigen: „Die Luftwaffe hat uns verraten! Und dieses Verbrechen an der 6. Armee ist nicht wieder gutzumachen."

Major Thiel zog sich auf seinen Auftrag zurück. Er forderte, den Flugplatz Gumrak nachtlandeklar zu machen, was er noch immer nicht sei. Die Abwurfstellen der Versorgungslasten sollten durch Lampenkreuze gekennzeichnet werden. Das war alles, was er tun konnte. Gedemütigt kehrte der Fliegermajor aus Stalingrad zurück. Er zeigte die Wirklichkeit auf Gumrak auf, und eine einzige Fahrt von GenMaj. Schmidt dorthin hätte bewiesen, dass auch an diesem Tage ein heilloses Durcheinander auf dem Platz herrschte. Ein Flugzeug war neben der Landebahn getroffen und auseinander gerissen worden. Die Trümmer lagen noch dort herum. Ein anderes war noch nicht enttankt und nicht entladen. Es war 15.00 Uhr, als Major Thiel zum Platz zurückkehrte. Über ihm kreisten drei Schwärme sowjetischer Störflugzeuge mit jeweils drei bis vier Maschinen. Diese bombten alles, was sich zeigte. Es gelang aber, in der Nacht mit einer Ju 52 zu starten und den Absprunghorst zu erreichen.

Major Thiel machte über diesen Besuch im Kessel befehlsgemäß schriftliche Meldung an GFM Milch. Diese Meldung ist erhalten. Sie lautet:

„Thiel, Major GefStand, den 21. 1. 1943

Betr.: Meldung über Beschaffenheit des Platzes (Kessel von Stalingrad) und Rücksprache mit Herrn Generaloberst Paulus.

Herrn
Generalfeldmarschall Milch

Ich erhielt in der Nacht vom 18./19. Jan. 1943 vom VIII. Fliegerkorps den Befehl, mich über die Beschaffenheit des Flugplatzes Gumrak hinsichtlich Tag- und Nachtlandeklarheit und der Bodenorganisation zu orientieren, für Vervollständigung fehlender Einrichtungen zu sorgen und mich bei Herrn Generaloberst Paulus zu melden.

Der erste Start im Morgengrauen mußte am Don infolge starker Vereisung abgebrochen werden, da aus der Kanzel heraus keine Sicht mehr vorhanden war und ich auf der schmalen Landebahn in Gumrak nicht hätte landen können.

Den zweiten Start führte ich befehlsgemäß mit einer Kette durch. Ich flog den Platz über den Wolken an, erhielt einwandfreie Peilung und eine Wolkenuntergrenze von 400 m mitgeteilt. Als ich durchstieß, betrug die Wolkenhöhe 2400 m, so daß ich die Kette zusammenhielt, um beim Auftauchen feindlicher Jäger eine stärkere Abwehrkraft zu haben.

Der Platz ist aus 1500 bis 2000 m Höhe an gewalzter Startbahn, herumliegenden Brüchen und zahlreichen Bomben- und Artillerietreffern gut zu erkennen. Das Landetuch war mit Schnee überdeckt. Kurz nach dem Ausrollen wurde der Platz bereits von zehn feindlichen Jägern mit Bordwaffenbeschuß angegriffen. Jedoch wagten sich diese infolge der dann einsetzenden leichten Flakabwehr nicht unter 1000–800 m. Gleichzeitig lag auf dem Platz Artilleriefeuer.

Ich hatte die Motoren gerade abgestellt, da konzentrierte sich das Feuer, das die Form eines regelrechten Schulschießens hatte, auf mein Flugzeug. Es war bis zum 18. Jan. von einfliegenden Besatzungen gemeldet worden, daß das Artilleriefeuer nur immer die Südseite des Platzes bestrichen hatte. Ich erfuhr dann später, daß der Feind ab 19. Jan. mit schwerer und mittlerer Artillerie, deren Abschüsse man aus offener Feuerstellung aus Richtung SW erkennen konnte, den ganzen Platz bestreichen konnte. Ich begab mich zur Flugleitung.

Mein Eindruck über den Platz war folgender: Der Platz ist taglandeklar hinsichtlich Länge und Breite. Die auf der Landebahn befindlichen Bombentrichter, die besonders nachts viele Besatzungen abgehalten hatten zu landen, rührten von Splitterbomben her, die so flache Trichter bildeten, dass sie nur als Schlaglöcher angesprochen werden können, die aber infolge ihrer rasanten Sprengwirkung durch Verfärbung des Schnees breite Bombentrichter vortäuschen.

Durch Artilleriefeuer sind ausgerollte Flugzeuge in wenigen Minuten zu erfassen. Bei guter Wetterlage wird der Luftraum durch den Feind überwacht, er zwingt dadurch zum Verbandsflug; das kann beim Auflösen der Verbände zwecks Landung zu erheblichen Verlusten führen. Anfliegen für Ju 52 meines Erachtens unmöglich oder nur bei schlechter Wetterlage möglich. Laufende Jagdangriffe aus Höhen über 800 m auf abgestellte Flugzeuge, die aber keine besondere Wirkung hatten.

Hart südlich der Landebahn vier Bruchflugzeuge, hart nördlich ebenfalls zwei Brüche; im ganzen 13 Bruchflugzeuge auf dem Platz. Breite der Landebahn infolge der Bruchflugzeuge etwa 80 m. Für den Nachtflug besonders hinderlich eine Me 109 am Ende der Startbahn, die bei überladenem Flugzeug, insbesondere bei unerfahrener Besatzung sehr gefährlich werden kann. Das Räumen dieses Hindernisses wurde sofort bei Oberst Rosenfeld beantragt.

Auf dem Platz verstreut zahlreiche Verpflegungsbomben, schon halb verschneit. Entladekommando an meinem Flugzeug war bis 22.00 Uhr noch nicht eingetroffen, obwohl ich etwa um 11.00 Uhr gelandet war. Auch war eine Enttankung wegen des Artilleriebeschusses nicht vorgenommen worden.

Zusammenfassend: Flugplatz ist taglandeklar vom fliegertechnischen Standpunkt aus gesehen, nachtlandeklar nur für gute erfahrene Besatzungen. Es ist ein Leuchtpfad vorhanden, der Peiler arbeitet sehr gut. Wenn viele Landungen nachts nicht durchgeführt worden sind, so lag es daran, daß viele Flugzeugführer sich diese Landung nicht zugetraut haben und fürchteten, an den wenn auch flachen Splitterbombentrichtern zu scheitern.

Der Leuchtpfad hat nicht immer gebrannt, weil der Platz unter feindlicher Bombeneinwirkung stand. Diese wurde von leichten Störkampfflugzeugen – U 2 – durchgeführt, die ungehindert aus niedrigsten Höhen den Platz überwachen, um diese Zeit bei hellem Mondschein jede Bewegung am Boden erkennen, auch ein landendes Flugzeug erkennen können und es nach Ausrollen sofort mit Splitterbomben zerstören würden. Bei Zerstörung eines Flugzeuges in der Landebahn ist aber in derselben Nacht jeglicher weitere Landebetrieb unterbunden, da die Bodenorganisation infolge Feindeinwirkung so niedergehalten wird, daß sie nicht fähig ist, Brüche wegzuräumen.

Der Abstellplatz zum Entladen ist zu klein, um größeren Lande- und Entladebetrieb zu bewältigen. Die Besatzungen hatten immer wieder gemeldet, daß Entladekommandos nicht zur Stelle waren, sie selbst die Entladung vornehmen mußten, das entladene Gut sich staute, vielfach unbewacht dalag und bis zum Wegräumen durch planlos herumlaufende Soldaten gestohlen wurde.

Eine weitere Bedingung für die Nachtlandung und Nachtlandeklarheit muß durch das Hochstellen der vorhandenen Lampen geschaffen werden, die dann auch bei Schneeverwehungen gut erkannt werden.

Bei meiner Meldung bei Generaloberst Paulus waren anwesend: General Schmidt, General von Seydlitz, ein weiterer Kommandierender General, dessen Name mir entfallen ist, Oberst Elchlepp, Oberst Rosenfeld und Oberleutnant Kolbenschlag.

Ich meldete dem Generaloberst meinen Auftrag und wies auf alle die Punkte, die hauptsächlich die Nichtlandung vieler Besatzungen verursacht haben, wie oben angeführt hin und betonte auch, daß die Meldungen der Besatzungen mit den Funksprüchen des AOK 6 über vollständige Tag- und Nachtlandeklarheit des Platzes und der vorhandenen Bodenorganisation nicht übereinstimmten, daß auch meine Beobachtungen im Gegensatz zur Auffassung des AOK 6 hinsichtlich der Nachtlandeklarheit und der Landemöglichkeiten bei Tag und Nacht stünden. Ich versicherte Generaloberst Paulus zum Schluß die bis zum Letzten gehende Einsatzbereitschaft der höchsten Luftwaffenkommandostellen und der fliegenden Verbände. Ich wies besonders noch auf die Schwierigkeiten der augenblicklichen Bodenorganisation und des Wetters in den letzten Tagen hin.

Herr Generaloberst führte hiergegen folgendes aus: ‚Wenn nicht gelandet wird, bedeutet dies den Tod der Armee. Jetzt ist es sowieso bereits zu spät. Schon in Pitomnik hat es nicht geklappt. Jede Maschine, die landet, rettet 1000 Menschen das Leben. Was Sie über Mängel in der Bodenorganisation sagen (Entladungskommandos), können nur Ausnahmeerscheinungen sein. Der Abwurf nützt uns gar nichts. Viele Bomben werden nicht gefunden, wir haben keinen Sprit, um sie abzuholen. Die Leute sind zu schwach, um sie auf dem Rollfeld suchen zu können. Ich kann keine Linie mehr 6 km zurücknehmen, da die Leute vor Entkräftung umfallen. Heute ist der vierte Tag, an dem die Soldaten nichts mehr zu essen bekommen haben. Es können keine schweren Waffen zurückgebracht werden, weil kein Sprit vorhanden ist. Sie gehen verlören. Die letzten Pferde sind aufgegessen. Können Sie sich vorstellen, daß sich die Soldaten auf einen alten Pferdekadaver stürzen, den Kopf aufschlagen und das Gehirn roh verschlingen?‘

Dieser letzte Satz kann auch von einem anderen Herrn stammen; es wurden von allen Seiten Einwürfe gemacht.

‚Was soll ich als Oberbefehlshaber einer Armee sagen, wenn der Mann zu mir kommt und bettelt: Herr Generaloberst, ein Stückchen Brot! Warum hat denn die Luftwaffe versprochen, daß die Versorgung durchgeführt werden kann? Wer ist denn der verantwortliche Mann, der die Möglichkeit aussprach? Wenn man mir das gesagt hätte, daß es nicht möglich ist, ich hätte der Luftwaffe keinen Vorwurf gemacht, denn dann hätte ich mich durchschlagen können; damals,

als der Einbruch erfolgte, war ich noch stark genug, um den Durchbruch zu erzwingen, heute ist es zu spät.‘

General Schmidt warf ein: ‚Und da kommen Sie und wollen die Luftwaffe rechtfertigen, die den schlimmsten Verrat geübt hat, der je in der deutschen Geschichte vorgekommen ist! Es muß ja doch dem Führer vorgeschlagen worden sein. Eine ganze Armee, diese herrliche 6. Armee, muß so vor die Hunde gehen?‘

Generaloberst Paulus: ‚Der Führer hat mir in die Hand versprochen, er und das ganze deutsche Volk fühle sich für die 6. Armee verantwortlich, und jetzt diese fürchterlichste Tragödie der deutschen Kriegsgeschichte, weil die Luftwaffe versagt hat. Das bißchen Sprit benötigen wir zum Abtransport der Verpflegung, heute sind es noch 50 Gramm Brot. Sehen Sie sich die Leute an, wie sie so selbstverständlich ihre Pflicht tun, weil sie noch nicht einmal die Wahrheit wissen. – – –

Wir sprechen bereits aus einer anderen Welt zu Ihnen, denn wir sind tot. Von uns bleibt nichts anderes übrig, als was die Chronik noch über uns schreibt. Haben wir den Trost, daß wir noch zu irgend etwas nütze gewesen sind?‘

General Schmidt: ‚Doch eines mögen Sie mitnehmen und aus meinen Worten machen, was Sie wollen: die Luftwaffe hat uns verraten, und dieses Verbrechen an der 6. Armee ist nie wiedergutzumachen.‘

Mit diesen Worten verließ General Schmidt in hoher Erregung den Raum, wobei er sich noch von allen Herren verabschiedete, mich aber ostentativ übersah.

Generaloberst Paulus: ‚Die Armee hat das Menschenmögliche getan, um die Luftversorgung am Boden zu organisieren. Wenn Sie heute kommen, ist das zu spät. Wenn hier irgend etwas zu verbessern ist, dann hätte dies früher geschehen müssen. Und dazu war ein General notwendig, denn dafür ist die Angelegenheit ja wohl zu wichtig, hängt doch eine ganze Armee daran.

Die Landung im Feuer mußte durchgeführt werden, selbst wenn ein Flugzeug dabei zu Bruch geht. Also hat die Luftwaffe nicht ihre Pflicht getan. Man darf es nicht den Besatzungen überlassen, nach eigenem Ermessen zu landen oder nicht, sondern man muß es ihnen befehlen, und wenn dann eine diesen Befehl nicht befolgt, wird sie vor das Kriegsgericht gestellt. Außerdem ist es erwiesen, daß nicht ein Flugzeug, das auf dem Platz liegt, durch schlechte Platzverhältnisse zu Bruch gegangen ist, sondern die Brüche sind nach der Überführung von Pitomnik, als dieser Platz noch nicht erkundet war, vorgekommen.'

Diese Äußerung ist inzwischen durch ein Bruchflugzeug überholt. Da ich jedoch die Gründe bereits genannt hatte, Herr Generaloberst jedoch eine andere Auffassung vertrat, habe ich mich nicht mehr dazu geäußert und nur gemeldet, daß ich auf die Vorwürfe, die der Luftwaffe gemacht wurden, nicht antworten könne und mir eine Diskussion darüber nicht zustehen könne und dürfe.

Daß die Vorwürfe und vor allem die Wutausbrüche des Generals Schmidt und Obersten Elchlepp aus der furchtbaren Nervenanspannung geboren waren, war mir bekannt. Im Gegensatz dazu darf ich die Haltung des zwar hochgradig nervösen Oberbefehlshabers als ruhig bezeichnen, während die Haltung des Generals von Seydlitz äußerst korrekt und dieser bemüht war, objektiv zu denken. Oberst Rosenfeld, der anwesend war, hatte meine Bitten um Abstellung der Mängel hinsichtlich der Nachtlandeklarheit gehört, und es wurde noch von der Armee aus ein Funkspruch mit meiner Unterschrift herausgegeben, daß der Platz die ganze Nacht hindurch landeklar gehalten werde.

Nach mehrmaliger Festlegung der Abwurfplätze und der Vereinbarung, daß diese nachts durch ein Lampenkreuz beleuchtet werden, meldete ich mich ab.

Ich kehrte zu meinem Flugzeug zurück; es war inzwischen durch Artilleriefeuer schwer beschädigt, der Bordmechaniker war gefallen. Ein zweites Flugzeug meiner Kette stand ebenfalls (durch Artillerietreffer unmittelbar nach der Landung) schwer beschädigt unklar außerhalb der Landebahn. Mein Flugzeug war noch nicht entladen und enttankt, obwohl der Kraftstoff hier so dringend benötigt wurde. Als Grund wurde das schwere Artilleriefeuer angegeben.

Von 15.00 Uhr an begannen sowjetische Störflugzeuge – U 2 – in Schwärmen zu drei und vier Flugzeugen den Platz zu überwachen. Ich habe mich vom Start aus überzeugt, wie der Landebetrieb gesteuert wurde. Es war nicht möglich, bis 22.00 Uhr auch nur ein Flugzeug hereinzuholen. Das Wetter war wolkenlos, heller Mondschein, ausgezeichnete Sicht und jede Einzelheit von den in 500 m Höhe fliegenden U 2 zu erkennen. Der Leuchtpfad blendete bei Annäherung eines deutschen Flugzeuges mit sieben Lampen auf und bot ein weithin sichtbares Ziel. Im selben Moment einer Aufblendung fielen sofort Bomben. Ein ausrollendes Flugzeug wäre sofort mit Bomben eingedeckt worden und damit zur späten Nachtzeit bei Wetterverschlechterung, die sich bereits um 16.00 Uhr ankündigte, die Möglichkeit ausgeschlossen gewesen, Flugzeuge hereinzuholen.

So wurde nur deutschen Flugzeugen durch kurzes Aufblenden der Platz gezeigt, um wenigstens den Abwurf sicherzustellen. Die Lampen wurden auf drei vermindert, und um 22.00 Uhr landete die erste Ju 52 bei leichtem Schneefall, nachdem jetzt das Wetter anscheinend für die Störkampfflugzeuge zu schlecht geworden war. Eine Startbahn-Ausbesserungstruppe sollte sich laufend um die Schäden kümmern, die durch die leichten Splitterbomben entstanden waren. Diese Trupps wurden jedoch, sobald sie sich auf der Landebahn zeigten, mit Splitterbomben bekämpft. Sonst lag der Schwerpunkt der Bekämpfung in der Gegend des Startpostens.

Die Ju 52 entlud am Startposten und nahm 20 Verwundete auf. Dauer dieser Aktion eine halbe Stunde. Es drohte bei dem Andrang wieder zu einer Panik zu kommen aus der Angst der Soldaten, nicht mitkommen zu können. Ein Oberleutnant kümmerte sich dann jedoch um ein Einladen und das entladene Stückgut. Ich bin mit dieser Maschine in Swerowo gelandet. gez. Thiel, Major.“

Dieser Bericht zeigt mehr als ein ganzes KTB, welche Nervenanspannung in der Festung herrschte und dass man zwar die oberste Luftwaffenführung meinte, aber die fliegenden Besatzungen schlug, die sich opfervoll diesem schweren und zugleich tödlichen Dienst widmeten. Er zeigt darüber hinaus auch jenen Wandel, den selbst GenMaj. Schmidt durchgemacht hatte, der doch immer für die Durchhalteparolen des Führers empfänglich gewesen war und auf alle Mahnungen der verantwortlichen Luftwaffenführer im Einsatzbereich verzichten zu können glaubte.

Stalingrad, das zeigt dieser Bericht zweifelsfrei auf, hätte spätestens zu diesem Zeitpunkt kapitulieren müssen. Ob dann mehr Menschen gerettet worden wären, ist zweifelhaft, sicher aber ist, dass dann der 6. Armee volle zwei Wochen des Elends, des Hungers und der Verzweiflung erspart worden wären.

Beim Sonderstab Milch

Am 19. Januar kam es im Befehlszug der Luftflotte 4 in Taganrog-Süd um 11.05 Uhr zu einer ersten Besprechung mit dem aus dem Kessel ausgeflogenen General Hube und GFM Milch. General Hube führte aus:

„Die mangelhafte Versorgung von Stalingrad gestaltete die Lage kritisch. Der Kessel war nicht mehr in seiner alten Form zu halten. Gumrak war ab dem 16. Jan. anfliegbar. Seit gestern zeichnet sich die Notwendigkeit ab, den Flugplatz Gumrak in absehbarer Zeit ebenfalls aufzugeben. Der Schneesturm mit 30 Grad Kälte brachte enorme Schneeverwehungen.

Der Kessel muss voraussichtlich weiter verengt werden. Dann kann die Versorgung nur noch durch Abwurf erfolgen. Es ist möglich, dass sich in der Nähe des Gefechtsstandes des AOK 6 ein behelfsmäßiger kleiner Flugplatz einrichten lässt. So lange es aber geht, muss Gumrak rücksichtslos angeflogen werden.

Die Schwierigkeiten des Abwurfs sind sehr groß, da die Abwurfbomben zu weit verstreut fallen und im hohen Schnee schwer zu finden sind. Etwa 25% werden nicht gefunden. Außerdem macht der Abtransport Schwierigkeiten, da Mangel an Betriebsstoff herrscht und länger stehende Kfz der Kälte wegen nicht mehr anspringen.

Generaloberst Paulus hielt schon im November 1942 die Luftversorgung einer Armee von 250 000 Mann für unmöglich. Gefordert wurden damals 500 Tonnen Versorgungsgut. 300 Tonnen sind das Mindestmaß, um überhaupt vegetieren zu können. Der Führer hat die Notwendigkeit dieser Zahlen anerkannt und sie sogar für bescheiden gehalten.

Generaloberst Paulus forderte außerdem das Einfliegen von Personalersatz. Ab 6. Jan. 1943 gab es für taktischen Einsatz keine Personalreserven mehr. – – –

Inzwischen stellte sich heraus, dass das Wetter eine bedeutende, wenn nicht entscheidende Rolle spielt. Am 4. Jan. wurde an den Führer die Frage gestellt, ob nicht bei Gutwetter bis zu 750 Tonnen einzusetzen seien, um den Schlechtwetterausfall auszugleichen. Der Führer sagte: ‚Das *muss* geschafft werden, dafür werde ich sorgen.' Er hat den Eindruck, dass sich hier alles weitgehend anstrengt und dass, im Großen gesehen, alles geschehen ist, was nur geschehen kann.

Allerdings sind mehrfach auch Flugzeuge nur zur Hälfte beladen in Pitomnik gelandet und es wurde unnötiges Versorgungsgut eingeflogen, das von der Armee nicht benötigt wurde.

Die Armee ist der Auffassung, dass von Seiten der Luftwaffe nicht energisch genug auf die Landungen eingewirkt wird. Vorgestern war Gumrak den ganzen Tag anfliegbar, und es lag ein Landekreuz aus."

Generalfeldmarschall Milch entgegnete diesen Vorwürfen mit den Worten: „Dies widerspricht den Vernehmungen von 14 Besatzungen, die sämtlich aussagten, dass der Platz nicht landeklar ist. Die Besatzungen werden in Zukunft gezwungen zu landen, wenn die Voraussetzungen dazu gegeben sind.

Schwierigkeiten traten durch das Wetter auf. Einerseits wurde der Flug an sich zeitweise stark behindert, andererseits sprangen die Maschinen infolge des großen Frostes nicht an und mussten zum Teil in stundenlanger Arbeit aus den Schneeverwehungen ausgegraben werden."

Nach weiterem Hin und Her der Meinunegn über Einsatz oder Nichteinsatz der Luftwaffe trug General Hube die Bitte der 6. Armee vor, dass alles Versorgungsgut in Versorgungsbomben eingeflogen werden möge.

GFM Milch erklärte, dass mit Kampfkräften gegen Stalingrad Aufklärung geflogen würde und dass man in den Erdkampf eingreifen werde, um der 6. Armee zu helfen. Auf die Frage nach der Möglichkeit des Einfliegens von Panzern aber musste Milch eine verneinende Antwort geben.

Abschließend wurde der Sonderstab noch um einige Herren verstärkt, die ausschließlich General Hube zur Verfügung stehen sollten. Es waren dies:

Major Wilutzki, Stab General Hube,
Hptm. von Freytag-Loringhoven, Stab General Hube,
Hptm. Behr, V.O. zum Lufttransportführer Nowotscherkassk,
Hptm. Wagemann, V.O. zum Lufttransportführer Woroschilowgrad,
Hptm. ???, V.O. zum Lufttransportführer Swerewo.

Das Unglaubliche an diesem Gespräch ist: Es fiel kein Wort darüber, dass Überführungs- und Versorgungsflüge von 750 Tonnen am Tage einfach nicht möglich waren, weil buchstäblich nicht genügend Maschinen vorhanden waren, und selbst wenn sie vorhanden gewesen wären, niemals eine Bodenorganisation hätte aufgebaut werden können, die diese etwa 550 Flugzeuge auch entladen und wieder zum Start gebracht hätte.

Nicht einmal auf Pitomnik hätte eine solche Luftarmada in einem Tag landen und wieder starten können. Man handelte immer noch mit Utopien und bezahlte mit einer Armee.

Das Gespräch zwischen GFM Milch, Oberstleutnant von Beust, dem LTF Woroschilowgrad, und Oberst Kühl, LTF Nowotscherkassk, am selben Tage war von mehr Realität getragen, wenigstens was die beiden Transportführer anging. Von Beust meldete, dass für seine 80 Flugzeuge nur zwei Tankwagen zur Verfügung stünden und dass er nur auf einen Wärmetrupp zurückgreifen könne. Tankwagen, Kraftfahrzeuge und Wärmekolonnen, seit dem ersten Tage angefordert, sollten sich im Anmarsch befinden, aber wo sie steckten, wusste niemand zu sagen.

Die Frage von Oberst Kühl, ob neue Verbände herangeführt würden, um die Nachschubflugzeuge zu übernehmen, oder ob neue Besatzungen in Marsch gesetzt worden seien, beantwortete der GFM damit, dass neue Besatzungen zu den alten Verbänden kommen würden. In der Schleuse Krakau würden in den nächsten Tagen 50 He-111-Besatzungen und 25 Ju-52-Besatzungen bereitgestellt, darunter 15 Prozent Offiziere, die zu Staffelkapitänen geeignet seien.

Oberst Kühl ergriff auch die Gelegenheit, darauf hinzuweisen, dass das Heranholen von Ersatzteilen über den Luftgaupark zu umständlich und langwierig sei.

GFM Milch versprach, diese Frage General Vierling, dem Kommandierenden General des Luftgaues Rostow, vorzulegen, damit dieser sie prüfe und Erleichterungen veranlasse.

Die Meldung der Luftflotte 4 vom 19. Jan., die bei GFM Milch einging, wurde vom V.O. des Generalquartiermeisters, Oberst i. G. Rohde, vorgetragen. Darin hieß es, dass die Einsatzbereitschaft der Flugzeuge, die für die Transportzwecke eingesetzt wurden, im Gesamtbereich der Luftflotte 4 10–25 Prozent betrage: Von 280 Ju 52 und He 111, die auf den Einsatzplätzen stünden, seien nur 70 einsatzbereit.

Dies war die Wirklichkeit, mit der sich GFM Milch nunmehr herumschlagen musste, und sie war niederschmetternd, entsprach aber entgegen den frisierten Berichten, die in der Führerlage jeden Abend Hitler vorgelegt und besprochen wurden, der Wahrheit.

Als bisheriges Tagesergebnis nannte GenLt. Fiebig den Einsatz von 23 He 111, von denen neun durch Landung den Auftrag erfüllten; vier mussten abbrechen, und zehn befanden sich noch im Einsatz. Des Weiteren hatten sechs Ju 52 den Start gewagt, von denen vier durch Landung erfüllt hatten, während zwei abbrechen mussten.

Für die Nacht meldete der KommGen. 22 He 111 und acht Ju 52 sowie fünf FW 200 zum Nachteinsatz, doch könne dieser wegen der Wetterverhältnisse nicht vor Mitternacht anlaufen.

In der Nacht sollte – ein erstes Ergebnis der Anwesenheit von Major Thiel in Stalingrad – ein Leuchtpfad mit zehn Panzerlampen aufgestellt werden. Das leichte Funkfeuer und der Peiler sollten in der kommenden Nacht in Betrieb sein, auch bei leichtem Artilleriebeschuss auf den Platz Gumrak sollte dort die Landung gewagt werden; nur bei schwerem Artilleriefeuer sei Abwurf möglich.

General Hube und Hptm. Behr hielten auch GFM von Richthofen Vortrag.

Am 20. Jan. wurden in der um 09.00 Uhr stattfindenden Lagebesprechung der Luftflotte 4 Generalingenieur Dr. Weidinger und Hptm. Amelung gehört. Letzterer berichtete über die Erdlage in Stalingrad und über den Versorgungseinsatz. 57 Flugzeuge überflogen

52,2 Tonnen Versorgungsgüter. Von diesen landeten 25 Flugzeuge. In Gumrak herrschte starke Flakabwehr der Russen, die bis dicht an den Platz herangekommen waren.

Am selben Tage kam es zu einem Ferngespräch zwischen GFM Milch und Oberst Morzik. Der GFM sagte, dass der Einsatz der Ju-52-Verbände in der bisherigen Form nicht mehr tragbar sei. „Die Einsatzbereitschaft muss unter allen Umständen gesteigert werden. Die Kommandeure sind mit den schärfsten Mitteln zum restlosen Einsatz anzuhalten. Notwendigenfalls sind die Kommandeure vor ein Kriegsgericht zu stellen. – – – Ich lasse jeden Kommandeur erschießen, der meinen Befehlen zuwiderhandelt."

Wenig später telefonierte Milch auch mit dem Vertreter des LTF Nowotscherkassk und befahl: „Heute muss wegen der relativ günstigen Wetterlage alles eingesetzt werden, was irgendwie flugklar ist."

Damit wollte der Generalfeldmarschall die Versorgungsleistungen steigern, ohne daran zu denken, dass ein solches Vabanquespiel binnen kürzester Zeit die Luftversorgung zur Gänze zum Erliegen bringen würde. Und es gab auch Offiziere, die in das gleiche Horn stießen, wie sich beim Vortrag von Generalingenieur Weidinger, Chefingenieur der Luftflotte 4, zeigen sollte, der auf die Frage von GFM Milch, wie die geringe Einsatzbereitschaft der Ju-52-Verbände zu erklären sei, zur Antwort gab: „Die Verbände sind nicht genügend in der Hand der Kommandeure. Die Kommandeure setzen sich nicht genügend durch. Die technischen Offiziere sind der Aufgabe anscheinend nicht gewachsen."

Die Reaktion darauf war, dass GFM Milch Oberst Morzik „durch einen tatkräftigeren Offizier ersetzen lassen" wollte, „damit die Ju-52-Verbände endlich fest zusammengefasst werden".

Die Maßnahmen aber, die zur Erhöhung der Einsatzbereitschaft getroffen wurden, zeigten deutlich auf, dass die Führung und vor allem auch die unter der Führung von Generalingenieur Weidinger stehenden Männer es verabsäumt hatten, den Transportgruppen das Material an die Hand zu geben, das benötigt wurde. So wurde jetzt auch der Befehl erteilt, 50 erste Warte für die Ju 52 aus der Heimat heranzuholen, obgleich man seit Wochen wusste, dass diese fehlten.

Ebenso wusste man seit Wochen, dass die Ursachen der wenigen Starts im Fehlen der Wärmewagen, der Raupen und Bagger bestanden, dass nichts dafür vorhanden war, um den Einsatz optimal zu gestalten.

Am selben Tage noch übermittelte GFM von Manstein eine Meldung des AOK 6, dass der Flugplatz Gumrak am 20. Jan. von der Roten Armee angegriffen worden, dass es aber gelungen sei, den Platz zu halten. Der GFM bat darum, in der kommenden Nacht noch einmal Landungen durchzuführen.

Um 17.45 Uhr meldete GenLt. Fiebig GFM Milch, dass ein Funkspruch von der Armeeabteilung Fretter-Pico eingegangen sei, die Luftwaffe müsse den Flugplatz Woroschilowgrad unverzüglich verlassen. Die Armeeabteilung habe zwar die Absicht, die Donez-Linie zu halten, es sei jedoch unmöglich, dass der Gegner durchbreche und den Flugplatz Woroschilowgrad angreife.

GFM Milch gab den Befehl zur Räumung von Woroschilowgrad und zur Verlegung der Flugzeuge nach Konstantinowka, wie dies bereits am Abend des 18. Jan. vorsorglich angeordnet worden war. Dabei sei der Versorgungseinsatz, von Woroschilowgrad startend und in Konstantinowka landend, durchzuführen.

Major Maehs, der bisher noch nicht nach Gumrak durchgekommen war, sollte in der kommenden Nacht dorthin einfliegen. Außerdem sollten ein zweiter erfahrener Fliegeroffizier in einer anderen Maschine und fünf ältere Unteroffiziere als Flugleitpersonal für Gumrak, auf verschiedene Maschinen verteilt, in die Festung einfliegen. Major Maehs und der zweite Offizier erhielten Weisung, in Verbindung mit dem AOK 6 neue Ausweich-Landeplätze in der Festung festzulegen und vorzubereiten, damit bei Verlust von Gumrak außer Abwurf auch noch Landungen durchgeführt werden konnten.

Mit den entsandten Soldaten sei zu vereinbaren, wie sie gegebenenfalls wieder abgeholt werden könnten, notfalls auch aus Gorodischtsche. Oblt. Kolbenschlag und noch sonst im Kessel befindliches fliegendes Personal, besonders Jäger und Stukaflieger, seien nach Möglichkeit mitzubringen.

Als es durchgesickerten Feindgruppen gelang, die Bahnlinie Rostow–Nowotscherkassk zu sperren, und der in Rostow liegende Flugbetriebsstoff-Zug nicht abfahren konnte, würde am 21. Jan. auf dem Platz Nowotscherkassk der Flugbetriebsstoff fehlen. Aus diesem Grunde wurde die Verlegung von dort nach Stalino notwendig. Dies teilte GFM Milch dem KommGen. des VIII. FlK., GenLt. Fiebig, mit.

In einem Gespräch mit Oberstleutnant Christian, dem Adjutanten des Führers, bekannte GFM Milch, dass Woroschilowgrad und Nowotscherkassk geräumt werden mussten, dass Swerowo aber trotz der kritischen Erdlage gehalten werden könne. Er fuhr fort:

„Die Festung meldete heute bessere Versorgung. Es wurden heute 56 Flugzeuge bei Tage eingesetzt; 40 sind für die Nacht vorgesehen. Für die nächsten Tage ist mit einer weiteren Erhöhung der Einsatzzahlen zu rechnen. – Heute ist die Landung durch starke sowjetische Flakabwehr und durch Bomben- und Artillerietreffer auf den Flugplatz erschwert."

Die Frage von Oberstleutnant Christian nach einem zweiten Flugplatz, die vom Führer gestellt worden war, beantwortete Milch, dass Gorodischtsche vorgesehen sei, es aber für den Ausbau an Arbeitskräften fehle.

Milch beendete dieses Ferngespräch mit den Worten: „Ich bitte, dem Führer zu sagen, dass es keinen Mann gibt, der nicht alles für die Versorgung einsetzt. Was hier von unseren Leuten geleistet wird, ist mehr, als bisher in diesem Kriege in dieser Beziehung getan wurde. Mit erfrorenen Fingern wird weitergearbeitet."

Was aber war beim VIII. FlK. geschehen? Wie sah der Einsatz der geschmähten Ju-52-Gruppen aus?

Beim VIII. Flieger-Korps

Das KTB des VIII. FlK. berichtet unter dem 20. Januar 1943 über die Tätigkeit des Sonderstabes Milch Folgendes:

„Die Einschaltung von GFM Milch in die Versorgungsaktion hat noch keine klare Linie gebracht, alles geht durcheinander, weil er keinen arbeitsfähigen Stab hat. Es wird direkt an die LTF befohlen, ohne uns zu orientieren; es kommen keine Befehle. Ich schlage daher GenOberst von Richthofen vor, den Stab umzubauen. Erst erschien es so, als ob Milch sich in den Stab des Korps einbauen wollte; jetzt aber wird es so, daß er an die Flotte angehängt bleibt, sich aber mit Hilfe des Korps einen Führungsstab aufbaut. Von Heinemann soll diesen einrichten, glaubt aber auf Dauer wegen seines Ischias den Anforderungen körperlich nicht voll gewachsen zu sein.

Ich scheide damit aus meiner bisherigen Aufgabe aus, behalte nur einen kleinen Ia-Stab für den Neuaufbau der alten Korpsverbände, der Q-Stab wird ganz an Milch angehängt. Es ist sehr schwer, meine Aufgabe abzugeben; im Interesse der Sache können aber nicht drei Stäbe arbeiten, es muß eine klare Organisation sein zur direkten Auswirkung auf alle eingespannten Stellen."

Der 21. Jan. war etwas weniger hektisch. Die Versorgung brachte über 100 Flugzeuge auf oder an den Platz von Gumrak, aber der Ablauf der Dinge konnte dadurch nicht aufgehalten werden. „Es sind nur noch Morphiumspritzen, die damit gegeben werden. Ein unerbittliches Los ist über die 6. Armee gekommen. Ob es schicksalbestimmend für den Krieg wird?" (Siehe Martin Fiebig: a. a. O.)

Am Abend des 21. Jan. 1943 musste Gumrak als Versorgungsplatz aufgegeben werden.

An diesem Tage wurde auch General Jaenecke aus dem Kessel ausgeflogen. Mit ihm kam Major Maehs aus Stalingrad zurück.

Nach dem am Vortage vom AOK 6 abgesetzten Lageplan über die Abwurfplätze, die durch ein rotes Kreuz gekennzeichnet waren, konnten am 22. Jan. die Abwürfe beginnen. Die Plätze waren nach der Lagekarte bezeichnet und trugen die Kürzel-Codes SY 4 B, SZ 5 A, SZ 7 C, SA 7 B, TZ 8 B und TZ 4 C 4. Die Plätze Nr. 2 und 6 waren für den Nachtabwurf vorbereitet worden. Die Landeklarheit des Ausweichplatzes TZ 4 C 4 sollte gesondert gemeldet werden. Es handelte sich um den kleinen Flugplatz Stalingradskij, der als kaum anfliegbar galt, aber die letzte Möglichkeit zum Landen im Kessel bedeutete.

Der Flugbetrieb in der vergangenen Nacht hatte mit starken Vereisungen abgebrochen werden müssen. Die Tagversorgung des 22. Jan. ging auf den Platz Stalingradskij über. Er lag 3 km ostwärts des Bahnhofes Gumrak. Hier landeten in rascher Folge He-111- und

Ju-52-Flugzeuge. Fünf He 111 und eine Ju 52 blieben als Bruch am Platzrand liegen. Die Besatzungen kamen mit den übrigen Maschinen zurück. Die Startbahn bestand aus 40 bis 50 cm dickem verharschtem Schnee. Das angrenzende Gebäude war von Bomben- und Granattrichtern übersät.

Nach dieser erschreckenden Meldung sah auch GFM Milch ein, dass ein nächtliches Landen auf einem solchen Sturzacker viel zu gefährlich war und dass es nichts brachte, Flugzeuge um jeden Preis dort landen zu lassen, weil sie dann mit ziemlicher Sicherheit für die weitere Versorgung verloren waren, wie das Beispiel der bei der Landung zu Bruch gegangenen sechs Flugzeuge schlagend bewies.

Hätte das VIII. FlK. so unverantwortlich gearbeitet, wären längst keine Maschinen mehr vorhanden gewesen.

Bei Tag aber sollten nach wie vor He 111 „mit größter Vorsicht" landen.

Generalleutnant Fiebig befand sich am 22. Jan. 1943 von 08.00 bis 12.00 Uhr am Befehlszug in Taganrog. Die erste Besprechung bei GenOberst von Richthofen im Befehlszug drehte sich noch immer um die Organisierung des Stabes Milch. Die Zukunftsaufgaben der Luftflotte 4 waren ebenso unbekannt wie jene des VIII. FlK.; es ging darum, nach dem Ende in Stalingrad alle Verbände des VIII. FlK., die total herunter waren, wieder aufzufrischen, um den Kampf fortsetzen zu können. GenLt. Fiebig äußerte seine Bedenken, wie man eines Tages bei Erteilung einer neuen Aufgabe personell und materiell antreten könne, wo man jetzt doch bereits zu 100 Prozent abgewirtschaftet habe.

Die gleichen Fragen wurden bei GFM Milch erörtert. Dieser erklärte Fiebig, dass er nicht selbst führen wolle, dies sei Sache des Korps; er gebe nur Weisungen, dazu reiche sein Stab aus. Er bedürfe nur eines Verbindungsoffiziers. GenLt. Fiebig entschied, Hptm. Meffert, sein Ia, solle zum Stabe Milchs treten.

Wenig später meldete Hptm. Maehs über seinen Aufenthalt in der Festung. Auch er gab seinen Eindruck vom Besuch beim AOK 6 so an, wie dies Major Thiel getan hatte: dass die Luftwaffe angeklagt werde, weil sie die Zusagen des Führers nicht eingehalten habe. Die trostlosen Bilder der verhungernden Soldaten zeigten

GenLt. Fiebig, dass seine schlimmsten Befürchtungen noch übertroffen wurden.

Auch General Jaenecke berichtete aus der Festung, und er klagte auch hier noch die Luftwaffe an, dass sie nicht alles getan habe, um in Gumrak zu landen, die Besatzungen seien lässig. Den Erwiderungen mit der Darlegung der Fakten war er in keiner Weise zugänglich. Sein IV. AK hatte in Stalingrad zu viel gelitten, als dass er sich auf technische und taktische Diskussionen einlassen wollte. In seinem KTB hat GenLt. Fiebig diese Unterredungen und Meldungen festgehalten. Das Fazit, das er dazu zog, lautete:

„Zu allen Anklagen kann nichts anderes gesagt werden, als dass die für den Kessel eingesetzten Luftwaffenteile in nicht zu überbietender Weise ihre Pflicht getan haben. – Wer von Seiten der Luftwaffe die Versprechungen auf die Durchführbarkeit des Überfliegens so hoher Tonnenzahlen gemacht hat, ist nicht bekannt. Paulus und Schmidt kannten klar meine Auffassung, dass ich eine Luftversorgung für unmöglich hielt."

Wie der „lässige Einsatz" der fliegenden Verbände aussah, sei hier an einem Einsatzbericht dargestellt.

Unser letzter Start aus dem Kessel

„Es war im Januar 1943, als von Swerowo aus die Lufttransporte mit Ju-52-Flugzeugen nach Stalingrad durchgeführt wurden. Ich startete am 22. Januar 1943 um 09.45 Uhr mit meiner Besatzung, Uffz. Frielinghaus, Uffz. Könnecke und Uffz. Wassilowski. Wir hatten eine Tonne Sondermunition geladen. Die Wolkenuntergrenze lag zwischen 600 und 800 m, und ich flog zunächst in 2000 m Höhe blind in Richtung Stalingrad.

Über sowjetischem Gebiet wurde es langsam heller, so daß ich auf 2500 m ging und damit im Sonnenlicht über einer geschlossenen Wolkendecke flog. Mein Kurs lag auch diesmal etwa 50–100 km südlich des Funkstrahls, der von Saporožje aus in Richtung Stalingrad-Stadtmitte verlief.

Der Russe hatte diesen Electra-Strahl längst ausgemacht und ent-

Pitomnik: Ein Bild der Verwüstung.

Strandgut der großen Schlacht; verblutete Opfer und zerstörte Fahrzeuge.

Der deutsche Stalingradkämpfer der letzten Phase.

Das Ende ist gekommen.

Generalfeldmarschall Paulus geht in die Gefangenschaft. Rückkehr 1954.

Ihm folgten die Überlebenden des Südkessels nach.

Der Feldmarschall (mit Mütze) trifft im Abschnitt der 64. Sowjetarmee ein. Rechts neben ihm GenMaj. Schmidt und Paulus' Adjutant, Oberst Wilhelm Adam (RK am 17. 12. 1942).

Generalfeldmarschall Paulus im ersten Verhör durch die Russen.

Waren es 90 000, die in Stalingrad in die Gefangenschaft gingen, oder viel mehr? Niemand wird es je erfahren.

So traten sie den Weg in die Gefangenschaft an. Ob sie je durchkamen?

Die Madonna von Stalingrad: Sie wurde Weihnachten 1942 auf eine Landkarte gezeichnet. Es war Pfarrer Dr. Kurt Reuber, der dieses Bild als „Mahnmal zum Frieden und Symbol der Geborgenheit" zeichnete. Die Umschrift lautet:

Weihnachten 1942
im Kessel.
Licht – Leben – Liebe.
Festung Stalingrad

Die großen Strategen Hitler, Keitel und Jodl ließen eine ganze Armee verheizen.

lang der Strecke Flaksperren errichtet, die zu umfliegen nur ratsam war.

Als wir uns in Höhe unserer alten Einsatzhäfen Tazinskaja und Morosowskaja befanden, riß die Wolkendecke plötzlich auf, ohne daß ich am Horizont eine Fortsetzung der Wolken entdecken konnte.

Dann aber fand ich wieder einige Wolkenfetzen, die uns Deckung bieten konnten; ich hatte praktisch Stalingrad erreicht, als unter mir eine große Wolkendecke durchzog. So gelangte ich von der Feind-Flak unbehelligt über das Festungsgebiet.

Unter mir zog eine He 111 im Steigflug vorbei, die mir anzeigte, daß der Flugbetrieb auch von Stalino aus durchgeführt wurde. Gleich darauf passierte uns ein russischer Jäger, der etwas höher flog und uns nicht bemerkte, durch den wir aber den MG-Stand mit der Führerkanzel verloren.

Während ich auf die gegnerische Jagdmaschine einkurvte, stieß nämlich mein Bordmechaniker mit dem Körper gegen die Verriegelung des MG, so daß das MG mitsamt der Plexiglashaube fortgerissen wurde. Wir saßen von diesem Augenblick an nicht nur im Freien, sondern hatten auch noch unsere Antenne verloren und keine Funkverbindung mehr.

Parallel zur Wolga fließend, stieß ich nach unten durch und fand sofort den Landeplatz, auf dem ich bereits mehrere zu Bruch gegangene He 111 bemerkte. Im Tiefflug erkannte ich, daß die Landebahn nicht horizontal eben verlief, sondern sich zum Fluß hin stark senkte. Dieser Umstand hatte offenbar den Kampfflugzeugen das Fahrwerk gekostet.

Ein Landekreuz war nicht vorhanden, wurde jedoch wenige Augenblicke, bevor ich mich dem Platzrand näherte, in Form eines roten Balkens blitzschnell ausgebreitet und nach unserem Aufsetzen wieder eingezogen. Diese Arbeit wurde von einem einzelnen, einsam in der Schneewüste stehenden Soldaten verrichtet.

Sobald die Räder in den Schnee eingesunken waren, verlor das Flugzeug sofort an Fahrt, und nur mit Vollgas konnte ich zu den winkenden Mannschaften rollen, die mich etwa auf Höhe des Landepunktes an den Rand des Platzes einwinkten.

Ich bemerkte auf diesem neuen Platz in Stalingradskij im großen und ganzen keinen Betrieb, der sich mit jenem in Pitomnik oder Gumrak vergleichen ließ. Da es nicht sehr kalt war und die Sonne bereits an verschiedenen Stellen den Nebel durchbrach, stellte ich alle drei Motoren ab und verließ mit Funker und Bordmechaniker die Maschine. Unser Heckschütze blieb in der Mühle zurück.

Ein Fw. der Flak, den ich nach der Lage fragte, sagte mir, daß die Panik nicht im Kessel stattfinde, sondern draußen gemacht würde. Die Stimmung sei gut, und man hoffe, daß recht bald Entsatz eintreffen werde. Diese Antwort traf mich tief, denn sie zeigte mir: dieser Mann ahnte nicht, daß die deutschen Linien nun bereits mehr als 350 km weiter nach Westen zurückgenommen worden waren und daß der erste Entsatzvorstoß aus Richtung Kotelnikowo nur eine Episode gewesen war.

Inzwischen war die Wolkendecke aufgebrochen. Und als man mich fragte, wie viele Verwundete ich mitnehmen wolle, wurde mir klar, daß bei so hellem Himmel ein Steigflug mit der Ju 52 über mehrere tausend Meter kaum eine Chance bringen würde, den russischen Jägern zu entkommen, die über der Festung kreisten.

So entschloß ich mich, den Start um zwei bis drei Stunden zu verschieben und zur Zeit der einsetzenden Abenddämmerung gegen 03.00 bis 04.00 Uhr zu starten.

Inzwischen ging das erste Granatwerferfeuer auf den Platz nieder. Mehrere russische IL 2-Tiefflieger preschten über den Platz hinweg und beschossen glücklicherweise lediglich die auf dem Bauch liegende Bruch-He 111. Wir warfen uns in den Schnee.

Diese Ereignisse sagten uns, daß eine Chance zum Entkommen nur im sofortigen Start lag, denn der Gegner konnte zu jeder Zeit wiederkommen und unsere Maschinen zusammenschießen. Der Ausflug aus dem Kessel, unter Umständen im Tiefflug, bot die reellste Entkommenschance.

Ich ließ die Verwundeten herbeirufen. Wir hatten uns vorgenommen, 17 Mann mitzunehmen, da wir glaubten, mit dieser Belastung bei halb leergeflogenen Treibstofftanks die besten Chancen zu haben.

Augenblicke später kamen, in Grüppchen verstreut, die ersten Verwundeten heran. Der Anblick von Menschen, die sich halb angekleidet, zum Teil nur in Unterhosen, mit schwersten Erfrierungen und Verwundungen durch den Schnee schleppten, ist auch für den hartgesottensten Soldaten etwas Furchtbares. Mir fehlte die Sprache, um einen solchen Eindruck zu schildern. Wenn es auch nur vereinzelte Grüppchen waren, die sich der Maschine näherten, so konnten wir doch nicht alle unbedenklich einsteigen lassen.

Mein Bordmechaniker stand in der Tür, und während er beim Einsteigen behilflich war, zählte er genau mit. Als die vorgegebene Zahl erreicht war, drehte ich mich um, da ich nicht mit ansehen konnte, wie nun die Reihe der Ankömmlinge zurückgewiesen werden musste. Für manchen dieser Armen – wenn nicht für alle – bedeutete das den Tod. Einzelne hatten sich fast drei Tage und Nächte ununterbrochen, auf den Knien durch den Schnee kriechend, von einem Gemäuer am Horizont, das als Lazarett diente, zum Landeplatz geschleppt, nachdem sie bemerkt hatten, daß auch hier Flugbetrieb vorbereitet wurde. Alle wurden zurückgewiesen, nur einer Bitte konnte ich mich nicht entziehen. Zwei Landser sagten mir mit Verbitterung, daß in einer etwa 100 m entfernt zu Bruch gegangenen He 111 in der Bodenwanne noch ein Schwerverwundeter liege. Die Besatzung habe sofort nach dem Unfall die Maschine verlassen, um noch gerade von einem zum Start rollenden Kameraden mitgenommen zu werden. Alle an Bord befindlichen Verwundten hätten sich aus dem Wrack befreit bis auf diesen Mann, der durch seine schwere Kopfverwundung daran gehindert war.

Ich gab Frielinghaus und Könnecke den Befehl, diesen Mann zu holen. Sie brachten ihn wenige Minuter später gemeinsam mit den Landsern an. Sobald wir ihn im Stroh der Maschine zwischen die anderen gebettet hatten, die in den verschiedensten Lagen in der Kabine hockten, starteten wir.

Es ging zunächst im Steigflug mit Vollgas empor, obgleich ich mich ja vorher zum Tiefflug entschlossen hatte. Ich denke, daß diese Eingebungen vom Gefühl her diktiert waren. So entdeckte ich über dem südlichen Stadtrand eine Wolkenbank, und diese ‚Wolke vom Dienst' mußte ich erreichen.

Ich hatte kreisend nahezu 3000 m Höhe erreicht, als ein Feindjäger auftauchte. Sofort ging ich in einem stark gedrückten Vollgasflug in Richtung auf die Wolkenbank über. Gleich darauf geriet ich über das Frontgebiet, und es dauerte auch nur wenige Sekunden, bis die ersten Flakwolken und Leuchtspurlinien von unten auftauchten. Da ein Jäger hinter mir hing, schossen die Flak-Batterien nicht genau, weil man sich offenbar auf die Jak verließ.

Als mein Heckschütze den ersten Angriff meldete, riß ich die Ju 52 seitlich über die linke Tragfläche in einen 60-Grad-Sturzflug, durch den ich den Rand der Wolkenbank erreichte. Die MG-Salven des Gegners flitzten über uns hinweg. Die Jak überholte uns; sie mußte hochziehen und kreisen, um erneut von hinten angreifen zu können. Diese Zeitspanne reichte für mich aus, in die Wolken einzutauchen. Aber Sekunden später befand ich mich bereits unter den Wolken und mußte zu meinem Entsetzen feststellen, daß es sich nur um einen Wolkenschleier handelte. Immerhin brachte er uns Rettung. Es entspann sich ein förmliches Katz-und-Maus-Spiel. Befand ich mich unter dem Wolkenschleier, war der Gegner darüber. Stieß er hinunter, zog ich den Schleier empor und darüber hin. Dies setzte sich einige Minuten fort, ehe die Jak – offenbar aus Benzinmangel – verschwand.

Wassilowski hatte im Heckstand alle Munition auf den Angreifer verschossen. Als eine Ladehemmung auftrat, hatte er mit dem Reserve-MG, aus der Hüfte heraus stehend, freihändig weitergeschossen, weil ihm keine Zeit blieb, die MG auszuwechseln.

Wir befanden uns über der Kalmückensteppe und erreichten um 15.30 Uhr Swerowo, wo wir landeten. Um 12.20 Uhr waren wir in Stalingradskij gestartet. Drei Stunden und 10 Minuten waren wir in der Luft gewesen.

Am nächsten Tag wurden wir zum Lufttransportflieger Oberst Morzik befohlen, der meiner Besatzung die besonderen Glückwünsche von GFM Milch aussprach. Die Landung war eine der letzten einer Ju 52 im Kessel von Stalingrad." (Siehe Fritz Krause: Start der letzten Ju 52 aus Stalingrad.)

Mehr als viele Worte zeigte dieser Bericht, was die Ju-52-Besatzungen zu leisten hatten und dass sie immer wieder in einen fast sicheren Tod hineinstarteten, wenn sie Kurs auf Stalingrad nahmen und zu landen versuchten.

Doch zurück zum GefStand des VIII. FlK., wo sich am 23. Jan. 1943 die Abwicklung auf dem neuen Platz Stalingradskij zunächst gut anließ, obgleich Artilleriefeuer auch hier auf dem Nordteil des Platzes lag. Aber am Spätnachmittag setzten sowohl das Funkfeuer als auch der Peiler in der Festung aus. Der Einsatz, der gerade lief, musste abgebrochen werden. Um 21.45 Uhr ging dann ein FT-Spruch des Ia der 6. Armee ein:

„Lage am Flugplatz ungeklärt, seit 17.00 Uhr keine Verbindung mehr. Nicht mehr landen."

Der nächste Funkspruch des AOK 6 vom 23. Jan. um 19.00 Uhr mit KR an das Luftflottenkommando 4 und das VIII. Fliegerkorps abgesetzt, lautete:

„Ring um Festung schließt sich enger. Auch heute andauernde starke Angriffe des Gegners vor der ganzen Front. Nord- und Westfront noch gehalten. Feind hat neue Einbrüche erzielt. Im engeren Stadtbezirk grauenhafte Zustände; mindestens 20 000 unversorgte Verwundete und ebenso viele Frostkranke. Verhungernde und Versprengte hausen unterkunftssuchend in Hausruinen und Kellerlöchern.

Bilder der Katastrophe größten Ausmaßes. Starkes Artillerie- und Granatwerferfeuer auf der ganzen Stadt.

Die Front wird gehalten durch kleine Kräftegruppen unter Führung von Generalen und beherzten Offizieren, die, selbst in vorderster Linie stehend, letzte kampfkräftige Männer organisiert haben. – Erster Generalstabsoffizier: Ellenkamp."

Dieser Funkspruch wurde am 24. Jan. 1943 um 00.57 Uhr aufgenommen. Auch der Wehrmachtsbericht meldete sich am 24. Jan. zur Lage in Stalingrad zu Wort. Es heißt in der Meldung dieses Tages: „In Stalingrad konnten Angriffe an der Nordfront abgewiesen werden; an der nur schwach befestigten Widerstandslinie im Westen erzielte der Feind weitere Einbrüche. Die Lücke zwischen Nord- und Südkessel konnte aus Mangel an Kräften nicht mehr geschlossen werden. Der letzte Flugplatz der Stadt nordwestlich der Stadtmitte war nicht mehr anfliegbar."

Am 24. Jan. kam allmählich der Funkverkehr mit der Festung wieder zustande. Funksprüche von Major Freudenberg gingen ein, dass

Funkfeuer an den Abwurfplätzen organisiert werden sollten. Es konnten jedoch keine in Betrieb befindlichen Funkfeuer festgestellt werden.

Der Versorgungsbetrieb war durch die Wetterlage fast völlig zum Erliegen gekommen. In der Festung herrschte eine Wolkendecke vor mit der Untergrenze von weniger als 50 m. Eine FW 190, vier He 111 und drei Ju 52 schafften dennoch den Abwurf auf die Stadt. Die russische Flakabwehr war trotz der Wolkendecke sehr stark. Mit Einfall der Dunkelheit musste wegen des Fehlens der Funkfeuer und starker Vereisung mit niedrigst hängender Wolkendecke der Einsatz erstmals zur Gänze eingestellt werden.

Als die von Norden einziehende Kaltfront mit Temperaturen von minus 20 Grad heranzog, riss die Wolkendecke auf, und ab 02.30 Uhr des 25. Jan. standen die He 111 wieder im Einsatz. Sie erkannten einen Abwurfplatz im Süden der Stadt und warfen die Verpflegungsbomben ab. Die Ju 52 konnten bei Tag nicht starten. Ebenso war es für die FW 190 unmöglich, nach Stalingrad zu fliegen. Die He 111 meldete starke Jagd- und Flakabwehr.

Um 10.00 Uhr meldete sich GenLt. Fiebig bei GFM Milch. In dieser Besprechung brachte Milch zum Ausdruck: „Es muss abgeworfen werden, solange deutsches Leben sich regt und erkannt wird. Lastenseglereinsatz kommt nicht mehr in Frage, und Storch-Aktionen zum Herausholen wertvoller Menschen haben keine Chancen mehr, da im Stadtgebiet kein Landegelände zur Verfügung steht. Aber wir machen weiter.“

Was war in Stalingrad in diesen letzten entscheidenden Tagen geschehen?

Endkampf in Stalingrad

Der Stand der Dinge vom 24.–26. Jan. 1943

„Im Südteil des Stadtgebietes von Stalingrard erzielte der Gegner am 24. Jan. einen tiefen Einbruch. Auf dem höchsten Haus des inneren Stadtgebietes wurde die Hakenkreuzfahne gehißt, um unter diesem Zeichen den letzten Kampf zu führen."

So lautet die Eintragung in das KTB des Sonderstabes Milch vom 25. Jan. 1943. Es fährt fort:

„Gegen starke Feindangriffe konnte der Westrand von Stalingrad (die Südhälfte) in Linie 7 km südl. Gorodischtsche – 3 km ostw. Sadowaja gehalten werden. Vorstadt Minina ging verloren. Reste der 371. ID kämpfen noch an der Bahnlinie. Die Wolgafront ist unverändert. Verbindung mit dem XI. AK nicht mehr vorhanden. XI. AK kämpft in der Linie Spartakowka – nördl. Orlowka – Westrand Gorodischtsche und südl. davon. Letzte Widerstandslinie des Korps am Westrand von Stalingrad. Laufend starke Luftangriffe gegen das gesamte Stadtgebiet."

Am 26. Jan. meldete das KTB des Sonderstabes Milch folgende Lage in der Festung:

„Angriffe auf der ganzen Front des XI. AK machen die Zurücknahme in Linie 2 km nordostwärts Orlowka bis 4 km südostwärts Gorodischtsche erforderlich. Zurückklappen der 100. Jäger-Div. nach Süden öffnet die Südfront des XI. AK hart westlich Krasnyj Oktjabr. Abriegelung ist im Gange.

Die Westfront ist nicht mehr kampffähig. Überlegene Feindkräfte nahmen bis Mittag das Stadtgebiet südlich der Zariza in Besitz und zerschlugen dabei die Reste des IV. AK.

Eine dünne Sicherungslinie steht am Nordufer der Zariza. Über die Zariza vorgestoßener Feind wurde vernichtet. Die Westfront in der Linie 5 km südostwärts bis 4 km südlich Gorodischtsche und 5 km nordostwärts Werchne Jelschanka konnte die Feindangriffe abweisen. An der Wolgafahrt keine besonderen Ereignisse. – Laufende Bombenangriffe auf das gesamte Stadtgebiet."

Von diesem Einsatz des 26. Jan. meldete der Wehrmachtsbericht am darauf folgenden Tage: „In Stalingrad besetzte der Feind den Südteil der Stadt bis zur Zariza. An der Westfront wurden Angriffe abgewehrt. Die Verpflegung ist bis auf Reste aufgebraucht. Tatkräftige Führer versuchen noch, aus Versprengten, deren Zahl mit denen der Verwundeten auf 30 000–40 000 Mann gestiegen ist, Widerstandstrupps zu bilden."

Was aber verbarg sich hinter den trockenen Berichten? Welche Tragödien begleiteten diese lapidaren Sätze? Noch während die Sowjets den Flugplatz Gumrak in Besitz nahmen, befahl das AOK 6, die Tausende Verwundeten in den Behelfslazaretten um den Flugplatz herum und am Bahnhofsgelände ihrem Schicksal zu überlassen. Alle Ärzte und das Pflegepersonal erhielten Befehle, sich den nach Stalingrad-Stadt zurückflutenden Truppen anzuschließen. Damit waren die Verwundeten, die man zurückließ, ihrem Schicksal hilflos ausgeliefert.

Von Gumrak aus wankten die total erschöpften, verhungernden Soldaten in die Stadt und verkrochen sich in den Ruinen. Autos, Panzer, Selbstfahr-Lafetten und selbst die letzten ausgeladenen Nachschubgüter, die von den He 111 gebracht worden waren, blieben als Beute für die Sowjets zurück.

Als am Sonnabend, dem 23. Jan. 1943, in einer der letzten Maschinen der Armee-Pionierführer Oberst Selle als Kurier aus dem Kessel ausflog, hatte ihm GenMaj. Schmidt beim Abschied folgende Worte mit auf den Weg gegeben: „Sagen Sie es überall, wo Sie es für angebracht halten, dass die 6. Armee von höchster Stelle verraten und im Stich gelassen worden ist."

In der Dämmerung des 23. Jan. 1943 startete Lt. Krause mit seiner Besatzung in der He 111, deren Höhenruder halb weggeschossen war, mit neun Verwundeten an Bord aus dem Kessel und vom Flugplatz Stalingradskij. Als er eben abgehoben hatte, rollten die ersten sowjetischen Panzer auf den Platz und schossen auf alles, was sich regte. Baracken gingen in Flammen auf, Flugzeuge, schon Brüche, wurden vollends zerfetzt.

Die Hauptfunkstelle des AOK 6 meldete nunmehr der HGr. Don die in Frage kommenden Abwurfplätze für Versorgungsbomben. Es waren: das Traktorenwerk Dserschinsk, der Rote Platz, Gorodischtsche und das Krankenhaus.

Am Sonntag, dem 24. Jan., stießen die Sowjets dann von Westen her zur Wolga durch und trennten das von Gen. d. Inf. Strecker geführte XI. AK im Norden von der Masse der Armee ab.

Im Südteil der Festung, dem sog. Südkessel, verteidigten sich noch die Reste des XIV. AK.

Am Morgen des 24. Jan. musste der Armeestab seinen GefStand räumen, denn Rotarmisten stürmten bereits mit „Urrä!" dicht daran vorbei. Die Schlucht wurde verlassen, und der Armeestab richtete sich in Stalingrad-Süd, in einem Keller des ehemaligen Krankenhauses ein.

In der Stadt herrschten an diesem Sonntag unsäglich grausige Zustände. Ungezählte unbestattete Tote lagen herum, zerlumpte Soldaten bettelten um ein Stück Brot. Bombentrichter neben Bombentrichter, zerschossene Autos und ausgebrannte Straßenbahnen beherrschten das Bild der Ruinenlandschaft. 30 000 Verwundete kampierten in den Ruinen.

Am 25. Jan. rief Oberst i. G. Clausius, Chef des Stabes des LI. AK unter Gen. d. Art. von Seydlitz, die Offiziere zusammen und erklärte ihnen im Namen des Kommandierenden Generals: „Meine Herren, Sie können von jetzt an alles tun und lassen, was Sie wollen. Die Schlacht ist verloren! – Ich wünsche Ihnen alles Gute."

Im Gegensatz zu diesen Impressionen der Teilnehmer an der Schlacht und der Augenzeugen meldete der Wehrmachtsbericht am 28. Jan. 1943: „In Stalingrad ist der heroische Widerstand der Verteidiger ungebrochen. Anstürme der Sowjets gegen die West- und Südfront brechen unter schweren Verlusten für den Feind zusammen."

Im Gegensatz dazu lautete die tägliche Lagemeldung der 6. Armee vom selben Tage an die HGr. Don folgendermaßen: „Nach starken Feindangriffen mit überlegener Artillerie und Salvenschützen wurde die Zarizafront westlich der Eisenbahn durchbrochen, nachdem dort die letzte Munition verschossen war. Die Verpflegungslage zwingt dazu, Verwundeten und Kranken keine Verpflegung mehr auszugeben, damit die Kämpfer erhalten bleiben."

Und als dritter Funkspruch jener von Reichsmarschall Göring: „Vom Kampf der 6. Armee wird es einmal stolz heißen, an Todesmut ein Langemarck, an Zähigkeit ein Alkázar, an Tapferkeit ein Narvik, an Opfer ein Stalingrad."

Von außen her wurde nicht bekannt, dass noch am 25. Jan. 1943 eine allerletzte Ju 52 in fieberhafter Eile in Stalingradskij startklar gemacht und mit Verwundeten beladen wurde.

Sowjetische Infanterie war aus Westen bereits bis zum Platzrand vorgedrungen und arbeitete sich nun in kurzen Sprüngen, von einigen MG immer wieder aufgehalten, zum Beladeplatz hin vor.

Um diesem Feuer zu entgehen, stürmten Leichtverwundete und Soldaten auf diese einzige Maschine zu und versuchten, sich am Rumpf, an den Flächen und sogar in der Laufwerksaufhängung festzuklammern. Mehrere Versuche, den kalt gewordenen Motor anzulassen, misslangen. Das Flugzeug kam nicht vom Boden weg, und nach einigen Minuten des Kampfes war auch dieses Drama beendet. Der gesamte Flugplatz Stalingradskij befand sich in sowjetischer Hand.

Die Zahl der Verwundeten und unter Erfrierungen und Krankheiten leidenden Soldaten hatte sich auf insgesamt 50 000 Mann erhöht. Das 21 km lange Trümmerfeld der inneren Stadt war mit Toten und Verwundeten übersät und lag unter dem dauernden Feuer sowjetischer Artillerie. In tollkühnen Anflügen wurde der Feuerring der sowjetischen Flak um die Stadt herum durchstoßen und Verpflegung für die Eingeschlossenen abgeworfen.

In der dreistöckigen Kommandantur Stalingrad-Süd lagen die Verwundeten dicht bei dicht in den Räumen; vom Keller bis zum Dachgeschoss auf den Fluren und Treppen saßen die leichter Verwundeten.

Am Morgen des 27. Jan. 1943 schlugen hier Artillerie-Volltreffer ein und setzten das Haus in Brand. Ein fürchterliches Chaos entstand. Wer noch laufen oder kriechen konnte, versuchte den Ausgang zu gewinnen; doch gelang dies nur wenigen. Andere arbeiteten sich zu den Fenstern durch und stürzten sich, ganz gleich, in welchem Stockwerk sie sich befanden, hinaus. Diejenigen aber, die nicht mehr die Kraft und den Willen aufbringen konnten, diesem grauenvollen Brand- und Erstickungstode zu entfliehen, blieben im Hause zurück: zu Asche gebrannt.

Diese letzten Tage von Stalingrad, nicht auszuloten im maßlosen Leid und Schmerz der Soldaten, waren das Entsetzlichste, was ein derart eskalierter Krieg hervorbringen konnte.

Am 28. Jan. 1943 setzte die Funkstelle des AOK 6 einen FT-Spruch an das VIII. FlK. ab: „Erbitten folgendes Sanitätsmaterial: Mullbinden, Verbandspäckchen, Dermatolpuder, Tetanus-Serum, Morphium, Cardiaca, Frostheilsalbe, Lebertransalbe, Antipyretika, Urotropin, Bärentraubenblättertee, Prontosil, Tannalbin, Kohle oder Bolusalbe, Targesin oder Noviformsalbe, Schienen, Luminal, Marfinalpuder, Perozgas, Aedum-Serum, Leukoplast, Sicherheitsnadeln. Quartiermeister Festung."

Stalingrad war verloren; verloren waren auch die dort noch lebenden deutschen Soldaten, etwa 100 000 an der Zahl.

Der letzte Akt des Dramas

Bestandsaufnahme

Am 24. Jan. 1943, eine Woche vor dem Ende in der Festung, befanden sich im Bereich der Luftflotte 4 folgende Flugzeuge:
308 Ju 52, daon 51 Maschinen einsatzbereit;
355 He 111, davon einsatzbereit 55 Maschinen;
5 FW 200 standen einsatzbereit zur Verfügung, hatten aber keinen ausreichenden Landeplatz.

Nachdem am 24. Jan. der Versorgungseinsatz fast unmöglich geworden war, überflogen dennoch sieben Flugzeuge 12,4 Tonnen Verpflegung und warfen sie über der Stadt ab.

Der 25. Jan. sah den Abwurf aus 21 Flugzeugen, die 13 Tonnen Versorgungsgüter zum Zielpunkt brachten. Am 26. Jan. waren es 52 Flugzeuge. Sie brachten 46,3 Tonnen Versorgungsgüter und warfen sie an den gekennzeichneten Punkten ab.

In einem Ferngespräch am 26. Jan. um 11.15 Uhr zwischen GFM Milch und Oberst Morzik kam es zu folgendem Dialog:

Milch: „Von 62 einsatzbereiten Ju 52 sind nur 21 eingesetzt worden, von denen 10 abgebrochen haben. Warum ist dies geschehen?“

Morzik: „Die Motoren sprangen, nachdem die Maschinen kurze Zeit in Swerowo gestanden haben, der Kälte wegen nicht mehr an.“

Milch: „Ich verlange, dass heute Nacht ganz anders eingesetzt wird. Jeder Flugzeugführer, der ohne triftigen Grund abbricht, wird vor ein Kriegsgericht gestellt. Heute sind 98 Ju 52 einsatzbereit.“

Morzik: „Zur Zeit sind nur insgesamt 66 Ju 52 auf dem Platz, davon sind 28 einsatzbereit. Gestern waren nur 41 Maschinen kesselklar, davon 21 eingesetzt. Die restlichen 20 hatten Zündstörungen, hervorgerufen durch den plötzlichen Wetterumschwung.“

Milch: „Die He-111-Verbände setzen viel mehr ein, letzte Nacht 47 von 51 einsatzbereiten Flugzeugen, und haben es auch nicht leichter. Ich verlange, dass heute Nacht alles Menschenmögliche geschieht. Ich habe den Eindruck, dass ein Teil der Kommandeure nicht in Ordnung ist. Es ist mir völlig unverständlich, wie man Major Maehs in die Festung schicken kann."

Morzik: „Mit Ausnahme von Major Maehs sind alle Kommandeure in Ordnung."

Milch: „Ich verkenne nicht die Schwierigkeiten Ihres zusammengewürfelten Unternehmens und bin mir darüber klar, dass Verluste eintreten müssen, um unseren schwer kämpfenden Kameraden von der 6. Armee Hilfe zu bringen. Ich hoffe, Sie sind ein harter und scharfer Kommandeur."

Nachdem Milch so versucht hatte, Oberst Morzik zu nötigen, und dieser einwandfrei die Fehlinformationen in Bezug auf die einsatzbereiten Flugzeuge dargelegt hatte, ohne ein Blatt vor den Mund zu nehmen, befahl GFM Milch eine sofortige Untersuchung der Ju 52 auf dem Platz Swerowo. Major Planert flog dorthin und erstattete am Abend, zum Gefechtsstand zurückgekehrt, dem GFM seinen Bericht:

„Die Ju 52 haben Schwierigkeiten beim Start wegen des hohen Schnees. An den Vergasern tritt Kristallbildung auf. Durch die starke Kälte trugen mehrere Mechaniker Erfrierungen davon. Für die Wärmewagen ist nur eine kleine Halle da. Das Bedienungspersonal der Wärmewagen hat keine ausreichende Winterbekleidung."

Das waren Mängel genug, die längst hätten abgestellt werden müssen. GFM Milch veranlasste denn nun auch endlich durch einen Befehl an Oberstingenieur Herrmann, dass innerhalb von 48 Stunden in Swerowo kleine Schutzhäuschen für das technische Personal errichtet wurden.

Gerade diese Dinge zeigen eindeutig auf, dass die oberste Führung, an ihrer Spitze GFM Milch, nicht in der Lage war, den Bedingungen des extremen russischen Winters entsprechende Voraussetzungen für eine Versorgung der 6. Armee zu schaffen. Dass man immer noch – seit acht Tagen dicht am Ort des Geschehens – im Stabe von GFM Milch an Flugzeugzahlen festhielt, die reinste Utopie waren, obgleich man sich durch einen kleinen Flug zu den Absprunghäfen vom Gegenteil hätte überzeugen können, zeugt entweder von völliger Unfähigkeit, eine solche Aktion überhaupt zu überblicken, oder davon, dass GFM Milch und sein Stab bewusst den „Kopf in den Sand steckten“.

Die Versuche, den schwarzen Peter weiterzureichen und jene Stellen zu diffamieren, die bis an die äußerste Grenze des Möglichen gingen, um das Unmögliche dennoch zu schaffen, waren nicht nur schlechter Stil, sondern die Absicht, eine tapfere Luftwaffe zur Schuldigen zu stempeln, die in jedem Sinne ohne Tadel war.

Das fliegende Personal setzte sich opfervoll ein, die großartige Hilfe des Bodenpersonals und die unermüdliche Arbeit des technischen Personals bis an die Grenze der physischen Kraft sowie die Anstrengungen aller beteiligten Führungsstellen sind von allen zuständigen Seiten anerkannt und gewürdigt worden.

Allein am 27. Jan. wurden von den 57 einsatzbereiten Ju 52 35 Einsätze gemeldet. Die 50 einsatzbereiten He 111 flogen die überragende Zahl von 104 Einsätzen. Mit seinen 24 Flugzeugen des KG 55 konnte Oberst Kühl allein 65 Flüge durchführen. Dies bedeutete, dass diese He 111 dreimal am Tage nach Stalingrad flogen. Dreimal in die Hölle hinunterzutauchen und aus geringster Höhe die Verpflegungsbomben ins Ziel zu bringen, dann wieder aufzusteigen und dem Flakfeuer und der Jagdabwehr zu entkommen, das zu versuchen und zu vollbringen war eine Leistung, die niemand im fernen FHQ auch nur annähernd abschätzen konnte. Und wenn GFM Milch tönte, dass die Einsatzbereitschaft unter allen Umständen erhöht werden müsse, ohne jedoch die dazu notwendigen Mittel zur Verfügung zu stellen, so war dies nichts weiter als Augenwischerei gegenüber Hitler und seinem Stab, denn Milchs Befehle wurde allesamt ans FHQ weitergegeben; sie zeigten dessen „unermüdliche Tätigkeit“ auf. In Worten, versteht sich.

Anstelle seiner Drohung, er lasse jeden Mann erschießen, der seinen Befehlen zuwiderhandelte, hätte er jene Männer erschießen lassen müssen, die entgegen dem Rat der Kenner der Lage die Luftversorgung befahlen und der 6. Armee in Stalingrad durch einen Haltebefehl das Todesurteil sprachen.

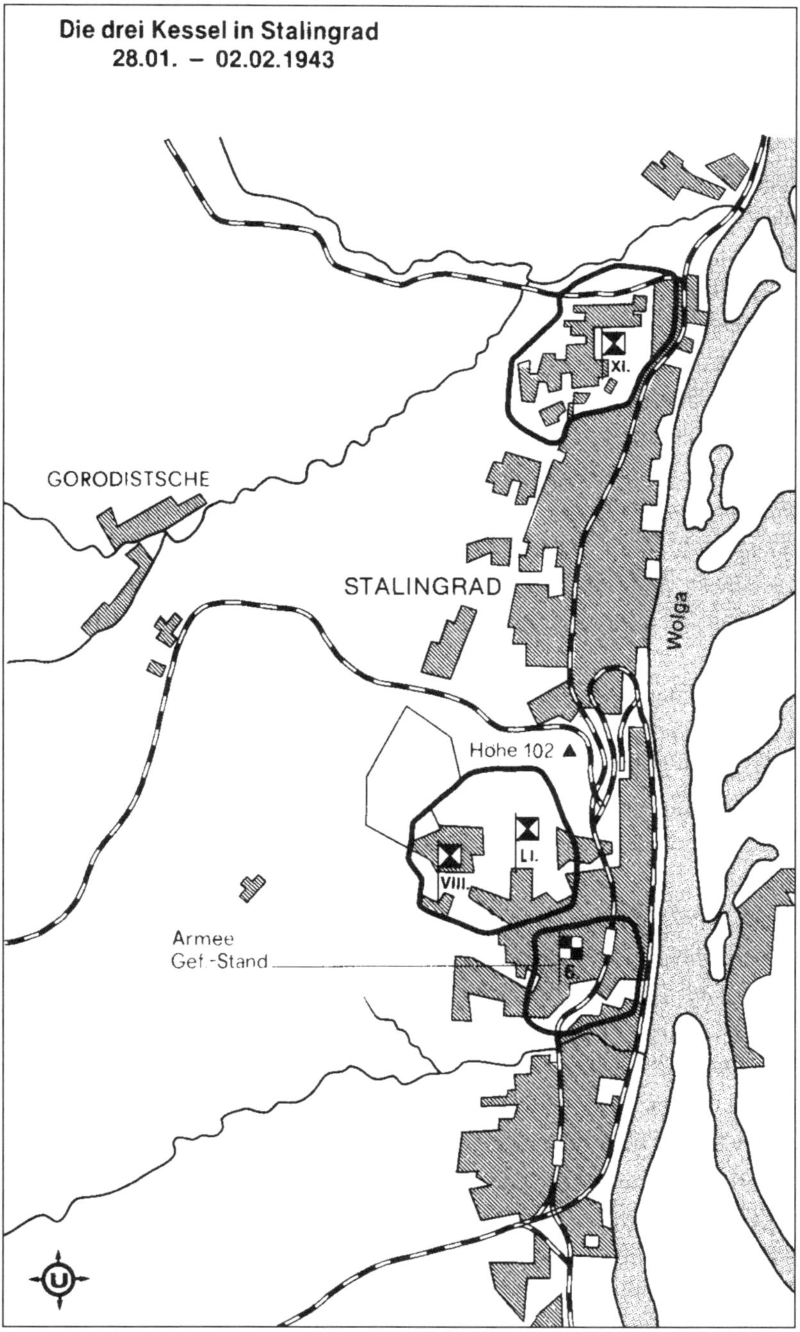
Die drei Kessel in Stalingrad
28.01. – 02.02.1943
GORODISTSCHE
STALINGRAD
Wolga
Hohe 102
XI.
LI.
VIII.
6.
Armee
Gef.-Stand

Am 26. Jan. hatte der Rest der 297. ID in Stalingrad die Waffen niedergelegt, nachdem die 290 Überlebenden keinen einzigen Schuss Munition mehr hatten. Der DivKdr., GenMaj. Moritz von Drebber, war der erste DivKdr., der in sowjetische Gefangenschaft geriet.

Zur gleichen Stunde wechselte GenOberst Paulus mit seinem Stab aus dem Krankenhaus im Südteil der Stadt in das Warenhaus Unovermag am Roten Platz, zwischen Hauptbahnhof und Wolgaufer, über, und noch an diesem Tage enthob GenOberst Paulus den Gen. d. Art. von Seydlitz seines Kommandos, weil dieser – wie vorher geschildert – seinen Truppen Handlungsfreiheit in allen Dingen eingeräumt hatte, um dem sinnlosen Hinschlachten der erschöpften und fast wehrlosen Soldaten ein Ende zu setzen.

Wenig später erschoss sich der Kdr. der 371. ID GenLt. Stempel, und am selben Tage stürmte GenLt. Alexander von Hartmann, der Kdr. der berühmten Kleeblatt-Division, mit einem Karabiner auf einen Bahndamm, um von dort aus stehend auf die anrennenden Russen zu schießen, bis er, von Kugeln durchsiebt, fiel.

Am Abend des 27. Jan. stießen die Vorhuten der 21. Sowjet-Armee unter GenLt. I. M. Tschistjakow von Süden und Westen auf den Stadtkern vor. Sie griffen über die Straße Gumrak Stalingrad an und vereinigten sich am Mamaia-Hügel bei der Siedlung Roter Oktober mit den Einheiten der 13. Garde-Division unter GenMaj. A. I. Rodimzew, die aus dem Raum des „Tennisschlägers", der chemischen Fabrik Lazur, kamen. Damit hatten die an diesem Punkt der Stadt eingeschlossenen Truppen der 64. Sowjet-Armee unter Armeegeneral Tschuikow zum ersten Mal seit 138 Tagen wieder Verbindung mit den eigenen aus Westen kommenden Einsatztruppen aufgenommen.

Am Mittwoch, dem 27. Jan., besetzte die Rote Armee den gesamten Südteil der Stadt bis zur Zariza.

GenLt. Schlömer, der Nachfolger von General Hube als KommGen. des XIV. PzK., forderte am 27. Jan. bei GenOberst Paulus telefonisch die Genehmigung zur Feuereinstellung. Diese wurde von Paulus unter Hinweis auf den Führerbefehl „Halten bis zur letzten Patrone" untersagt. Als der Stabschef des XIV. PzK., Oberst Müller,

Generalmajor Schmidt bat, sich bei GenOberst Paulus für eine Kapitulation zu verwenden, weil keine Munition mehr zur Verfügung stehe, erwiderte Schmidt:

„Ihre Soldaten haben ja noch Messer und Zähne zum Weiterkämpfen." Messer und Zähne gegen T- 34-Panzer und Stalinorgelfeuer. Der Wahn feierte Triumphe, oder sollte es gar Wahnsinn sein?

Am Abend des 27. Jan. wurde der Erfolg der Transportflüge bekannt gegeben. 124 Flugzeuge hatten 103,4 Tonnen Versorgungsgüter nach Stalingrad überflogen. Die Abwurfplätze waren gut gekennzeichnet, und das gute Wetter hatte diesen Erfolg mit ermöglicht. Dieser Einsatz erfolgte nur nachts, weil am Tage die Flakabwehr zu stark war und die Einsatzruhe sich günstig auf die Leistungen der fliegenden Besatzungen auswirkte.

Nach dieser allgemeinen Bestandsaufnahme zurück zum Sonderstab Milch, dem VIII. Fliegerkorps und zu den Gruppen der Transportflieger sowie jenen der Kampfflieger, die zu diesen Tarnsporten mit eingeteilt waren.

Der Sonderstab Milch

Die Befehle und Meldungen, Aktenvermerke, Besprechungen und Sonderbesprechungen beim Sonderstab Milch waren am 27. Jan. 1943 Legion. Das begann mit der allmorgendlichen Lagebesprechung und endete mit der Abendlage. Dazwischen lagen Ferngespräche Milchs mit GenLt. Fiebig, General Meister und der 19. Lagebericht mit Meldung des Sonderstabes an das Führerhauptquartier. Ein Befehl von GFM Milch rief das Sonderkriegsgericht nach Krakau, und der letzte Bericht, der an diesem Tage abging, war die 20. Meldung über Stalingrad an das FHQ. Lassen wir an dieser Stelle die Lagebesprechung Revue passieren, um aufzuzeigen, welche Fragen auftauchten und wie man ihnen begegnete.

Die Lagebesprechung des 27. Jan. 1943 im Gefechtsquartier der Luftflotte 4 sah neben den Stabsoffizieren und GFM Milch noch als Außenteilnehmer Hptm. von Freytag-Loringhoven vom Stab General Hube anwesend. Die Einsatzmeldung machte Maj. Amelung. Er trug vor:

„Nachteinsatz: von 144 gestarteten Flugzeugen erfüllten 124 und warfen 75 Tonnen Verpflegung und 28 Tonnen Munition ab. Der Einsatz im Einzelnen:

104 He-111-Einsätze von 50 einsatzbereiten Maschinen,
35 Ju.52-Einsätze von 57 einsatzbereiten Maschinen,
5 FW-200-Einsätze bei fünf einsatzbereiten Maschinen.

Besonders hervorzuheben ist der Einsatz des LTF Nowotscherkassk, Oberst Kühl, der bei nur 24 einsatzbereiten Maschinen 64 Flüge durchführte. – Für heute ist ein Kampfeinsatz mit vier He 177 vorgesehen.

Beobachtungen der fliegenden Besatzungen: Die Kessel zeichnen sich klar ab; in den Kesseln starke Brände, sonst keine Bewegungen beobachtet. Starke Scheinwerfertätigkeit am Boden, geringe Flakabwehr. Die Wetterlage bleibt voraussichtlich gut, nur gegen Mitternacht ist im Raume Nowotscherkassk mit Schneefällen zu rechnen."

Nach Amelung trug Hptm. von Freytag-Loringhoven vor: Ein russischer Funkspruch wurde aufgefangen. Er war im Klartext abgefasst und bot GenOberst Paulus die Kapitulation an. Er meldete, dass ab 08.00 Uhr Waffenruhe herrsche.

Die HGr. Don fragte an, „ob bei der Luftflotte oder beim Sonderstab etwas Derartiges bekannt ist".

Über die Großversorgungslage trug Oberst i. G. Rohde vor: „Täglich trifft jeweils ein Zug mit Abwurfbehältern und Abwurfsäcken ein. Jeden dritten Tag trifft ein Zug mit Lastenseglern ein."

Über die Gründe für die nicht ausreichende Einsatzbereitschaft der Transportverbände führte Weidinger aus: „1. fehlen geeignete technische Offiziere, 2. ist die Einsatzbereitschaft der Flughafen-Betriebskompanien durch die vielen Verlegungen personell und materiell stark abgesunken, 3. ist das Wärmegerät zu kompliziert und daher störanfällig."

Auch hier wieder das Unvermögen der vorgesetzten Stellen, den Transportverbänden ausreichendes Material, ausreichend und gut geschultes Personal und Geräte zur Verfügung zu stellen.

In der darauf folgenden Aussprache zwischen GFM Milch und

GenLt. Fiebig kam es wieder einmal mehr zu einem Wortwechsel über die Schwierigkeiten, die sich beim Einsatz der Ju 52 herausgestellt hatten. GenLt. Fiebig wies auf verschiedene Ursachen der Störungen hin und nannte vor allem auch die Zündstörungen, nachdem die Motoren nach dem Anwärmen angesprungen waren.

Als Milch mehrere ungerechtfertigte Vorwürfe anbringen wollte, die sich auf fehlende Unterkünfte bezogen, stellte sich Fiebig vor seine Soldaten. Er sagte: „Ich muss mich vor die Soldaten stellen. Sie haben früher von Tazinskaja alles geleistet. Sie haben damals in einer Nacht über 100 Flugzeuge herausgebracht."

An diesem Tage konnten 45 Flugzeuge zum Einsatz gebracht werden, wie GenLt. Fiebig in seinem Ferngespräch mit GFM Milch um 18.05 Uhr meldete.

Die Erdlagemeldung Stalingrad vom 27. Jan., von Major Wilutzki vorgetragen, stellte sich so dar: „Auf dem gesamten Stadtgebiet von Stalingrad starkes Artilleriefeuer. Angriffe mit Panzerunterstützung führen im Nordkessel zu einem kleinen Einbruch, dabei wurden drei Panzer abgeschossen. Der Nordkessel wird heute nacht näher an die Stadt herangezogen."

Am nächsten Tage hieß es im KTB des Sonderstabes Milch zur Erdlage in der Festung: „Feindeinbruch auch mit Panzern an der Nordfront des südlichen Igels zwang zur Zurücknahme der eigenen Linie. Mehrere Feindangriffe gegen die Südfront wurden abgewiesen, ein eigener Gegenstoß verlief erfolgreich.

Der Aufbau einer dünnen Abwehrfront 1 km nordostwärts – 3 km nordnordwestlich – 1,5 km südwestlich Bahnhof Stalingrad unter starkem Feinddruck im Gange. An der Westfront des Nordigels beim Traktorenwerk Abwehrerfolg, zwei Panzer abgeschossen. Mehrere feindliche Spähtrupps im Zarizatal vernichtet. Nach starkem Feindangriff mit Artillerie- und Salvengeschütz-Unterstützung Zarizafront westlich der Eisenbahn durchbrochen, nachdem dort die Munition verschossen war.

Die Armee versucht, in Linie 7 km nordostwärts Werchne Jelschanka – 2 km nordwestlich der Zarizamündung abzuriegeln. Starke Angriffe mit Panzern gegen die Nordfront der südlichen Kräftegruppe, die Lage dort noch ungeklärt. XI. AK igelt im Raume Südrand Spartakowka – Westrand Stalingrad – 8 km ostwärts Stalingradskij. Mehrere Feindvorstöße gegen die Nordfront abgewiesen. Armee hat keine Verbindung zum XI. AK. Die Verpflegungslage zwingt uns, den Verwundeten und Kranken keine Verpflegung mehr auszugeben, damit die Kämpfer erhalten bleiben.

Luftlage: Lebhafte Feindfliegertätigkeit über beiden Kesseln. 87 Flugzeuge überflogen an diesem Tage 83,1 Tonnen Versorgungsgut."

Die Versorgungsflüge waren deshalb so erfolgreich, weil der Nachrichtenführer im Kessel, Major Freudenfeld, den Funk- und Peilverkehr wieder in Gang gebracht hatte. GFM Milch regte den Vorschlag zur Verleihung des Ritterkreuzes an Major Freudenfeld an.

Zu diesen Erfolgen bemerkte GenLt. Fiebig im Ferngespräch mit GFM Milch, dass der Einsatz mit gleicher Stärke wie in der folgenden Nacht hätte erfolgen können, wenn nicht um 23.00 Uhr ein Teil der He 111 zum Kampfeinsatz herausgezogen worden wäre. Daraufhin bat Milch den KommGen. des VIII. FlK., er möge melden, wie viele der vorhandenen He 111 Kampfflugzeuge sind und wie viele an diesem Tage zum Kampfeinsatz abgezogen worden seien. Milch befahl weiter (zu dieser Erkenntnis war er inzwischen doch gelangt), „dass den fliegenden Besatzungen bei Tage Ruhe zu geben sei und dass sie nur ab Beginn der Abenddämmerung Einsätze zu fliegen" hätten. Milch informierte sich noch am selben Abend bei einem Ferngespräch mit Oberst Christian, wie viele Flugzeuge der Führer für eine anderweitige Verwendung außerhalb der Luftversorgung von Stalingrad freigegeben habe, und erhielt zur Antwort, dass es 30 He 111 gewesen seien, die aufgrund eines Führerbefehls der Luftversorgung entzogen worden waren. Das war immerhin ein Drittel der Flugzeuge, die den Nachteinsatz durchgeführt hatten. Milch bat Oberstleutnant Christian, sofort bei General Meister, dem Ia des Ob. d. L.-Führungsstabes, eine Klarstellung zu erzwingen.

Am frühen Morgen des 28. Jan. 1943 traf dann General Schmundt aus dem Führerhauptquartier ein. Dieser wollte sich im Auftrage des Führers, dessen persönlicher Chef-Adjutant er war, über die Lage im

Südabschnitt der Ostfront *und* über die Auffassungen der führenden Stäbe dort unterrichten. GFM Milch teilte Schmundt in acht Punkten seine Auffassung von der Lage mit. Wegen der Wichtigkeit für die gesamte Front sei sie hier wiedergegeben.

„Meine Auffassung:

1. Ich halte es für gut, daß der Führer sich von Einzelfragen der Heeresführung mehr absetzt, indem er wie im Westen und Süden eine besondere Persönlichkeit als Oberbefehlshaber Ostfront über alle drei Wehrmachtteile einsetzt.

2. Absicht der Russen ist zweifellos, das Donezgebiet zurückzugewinnen, da sie von der Kohle abhängig sind. Daher Auftrag für die HGr. Don, das Donezgebiet unbedingt zu halten, unter entsprechender Flankendeckung (Krim).

3. Der Rüstungsstand bei Heer und Luftwaffe wird erst im Herbt 1944 befriedigende Zahlen im Verhältnis zu den Gesamtgegnern bringen. Daher 1943 Defensive unter stärkstem Einbau in die Erde, zunächst in Erdwerken, später in Beton, um eigenes Blut zu sparen, das unersetzbar ist, und um umgekehrt den Gegner zu starkem Aderlaß zu bringen. Bevorzugter Bau von Panzern, Pak und Flugzeugen (Jäger, Schnellbomber und Flugzeuge zur Panzerbekämpfung). Ziel: Operationsfreiheit 1944.

4. In Zukunft Verzicht auf Bewegungskrieg im Winter, da an Menschen und Material zu verlustreich. Es besteht die Gefahr, daß die wirklich vorhandene Kraft der Truppe überschätzt wird.

5. Vermeidung größerer Kessel, da die Luftversorgung besonders in der schlechten Jahreszeit niemals voll gesichert ist.

6. Bei der Einsetzung von Frontbefehlshabern Einrichtung eines Wehrmachtgeneralstabes beim Führer, bestehend aus je einer besonderen Persönlichkeit jeden Wehrmachtsteiles mit Stab. Aufgaben dieser Stäbe:

a) Strategische Weisungen an die einzelnen Fronten.

b) Zielsetzung für die Rüstung.

c) Kräftezuweisungen an Personal und Material für die einzelnen Fronten.

7. Persönlicher Einfluß des Führers auf das deutsche Volk in schwerer Zeit.

8. Herausstellung der Eignung des Generalobersten von Richthofen für seine Aufgaben."

General Schmundt vertrat die gleiche Auffassung wie Milch, die ihm übrigens auch bereits durch GenOberst von Richthofen und GFM von Manstein zu Gehör gebracht worden war. Er bat GFM Milch, diese seine Auffassung nach Erledigung seiner Aufgabe im FHQ persönlich zu vertreten.

Dieser Gesamt-Fragenkomplex wurde nachträglich auch noch mit GenOberst von Richthofen besprochen.

Einsatz beim VIII. Flieger-Korps

In der Nacht zum 28. Jan. 1943 klappte die Versorgung gut, denn etwa 80 Flugzeugen gelang der Abwurf von Versorgungsgut an den vereinbarten Plätzen. Es bestand wieder eine direkte Verbindung mit dem Peiler und dem Funkfeuer in Stalingrad. Auch von GenLt. Fiebig wurde Major Freudenfeld zum Ritterkreuz vorgeschlagen, weil sich dieser Offizier im Kessel mit bewundernswerter Tatkraft für die 6. Armee einsetzte.

GenLt. Fiebig musste einen Teil des KG 55 unter Oberst Kühl aus dem Versorgungsdienst herausziehen und zum Kampfeinsatz dem IV. FlK. unterstellen.

Über Funk erreichte ein Befehl von Reichsmarschall Göring an diesem 28. Jan. die Verantwortlichen für die Luftversorgung. Er lautete: „Die Versorgung von Stalingrad soll weiter fortgesetzt werden, ohne Rücksicht darauf, dass eventuell ein Teil der Abwurfbomben in die feindliche Linie fällt."

Dies war jetzt umso eher möglich, als am 28. Jan. der Südkessel abermals gespalten wurde, so dass nunmehr drei voneinander unabhängige Kessel entstanden. Der mittlere Kessel befand sich südlich des Mamaiahügels, er enthielt die Gefechtsstände des VIII. und LI. AK. Im dritten, dem Südkessel – er war klein –, GefStand von GenOberst Paulus am Roten Platz; dieser Kessel erstreckte sich vom Wolgaufer im Osten bis über das Bahnhofsgelände nach Westen.

Noch während die 6. Armee ihren Todeskampf kämpfte, erklärte Hitler am 28. Jan. 1943, die 6. Armee wieder aufstellen zu wollen.

In der Nacht zum 29. Jan. starteten 125 Flugzeuge, von denen 109 ihren Auftrag erfüllten und 108,8 Tonnen Verpflegung und Munition abwarfen. Von den 59 gestarteten Ju 52 erfüllten 51.

Die Abwurfstellen im Südkessel waren sehr gut zu sehen, jene im Nordkessel etwas schwächer, aber durchaus auch noch auszumachen.

Auf den Einsatzplätzen standen am Morgen des 29. Jan. 211 Ju 52, von denen allerdings nur 72 einsatzbereit waren. Von den 152 He 111 waren 61 einsatzbereit, und 41 weitere Flugzeuge beider Typen konnten binnen 24 Stunden nach Reparatur ihrer leichten Schäden eingesetzt werden.

Diese wirklichen Zahlen erschreckten nicht nur die Kommandeure, die sich damit von Anfang an hatten herumschlagen müssen, sondern auch GFM Milch, der mehr und mehr erkennen musste, dass hier nicht die Kommandeure, sondern die oberste Führung ihre Schuldzuweisung erhalten musste, denn sie hatte völlig unsinnigen und unrealistischen Flugzeugmassierungen nachgehangen, die es überhaupt nicht gab.

In der Lagebesprechung dieses 29. Jan. im Gefechtsquartier der Luftflotte 4 trug Oberstingenieur Weidinger dem GFM Milch vor, dass die bisherigen Flugzeugverluste bis zum 28. Jan. 1943 330 Maschinen betrugen und dass mit diesen Maschinen 791 Mann fliegenden Personals gefallen waren.

GFM Milch verkündete anschließend an diese niederschmetternde Meldung: „Morgen, zum 10. Jahrestag der Machtergreifung, müssen deutsche Jäger über Stalingrad operieren. Falls dies möglich ist, sollte kurz vorher ein Kampfeinsatz mit He 177 durchgeführt werden."

Es waren zwölf Fernjäger eingetroffen, die, mit Zusatztanks versehen, den Einsatz Stalingrad fliegen konnten.

GFM Milch fügte hinzu: „Widersprüche werden nicht geduldet. Das Ansehen der Luftwaffe und insbesondere der Jäger gegenüber dem Heer steht auf dem Spiel." (Siehe Lagebesprechung des Stabsquartiers Luftflotte 4, Mariupol vom 29. Jan. 1943, 19.00 Uhr.)

In einem Ferngespräch mit dem Geleitschutzführer Major Wilcke war dieser Befehl gegeben worden. Wilcke meldete noch, dass der Führer der Me 110, Oblt. Tratt, Kommandeur der I./ZG 1 sein werde und dass dieser behaupte, die Me 110 sei mit dem A-Motor 100 km/h langsamer. Milch entgegnete auf diesen Einwurf, der sich als richtig erwies, Folgendes: „Das stimmt nicht! Es ist rücksichtslos alles einzusetzen und mir hinterher eingehend Bericht zu erstatten."

Eine Stunde später ging Milch wieder ans Telefon. Er wählte das Führerhauptquartier, wo Oberstleutnant Christian stets für ihn gesprächsbereit war, um seine Meldungen an den Führer weiterzureichen. Diesem sagte er: „Für Morgen ist Fernjagdeinsatz Stalingrad mit 7 Me 109 und 5 Me 110 vorgesehen." Er regte noch einmal die Verleihung des Ritterkreuzes an Major Freudenfeld an.

Im Storch war GenLt. Fiebig an diesem Tage mit Oberstleutnant Beust nach Konstantinowka geflogen, um die dort stationierten Einheiten zu besuchen. Es waren dies: die II./KG 53, die Gruppen z.b.V. 20 und 25 unter Führung von Oberstleutnant Schulz, Oberstleutnant Schelemann und Major Schmidt. „Es ist ein zusammengewürfelter Haufen, aber sie fliegen, so gut sie können, mit ihren zehn verschiedenen Mustern der He-111-Typen", weiß GenLt. Fiebig zu berichten.

In der Nacht starteten 151 Maschinen zum Flug nach Stalingrad, von ihnen erfüllten 124 (das KTB Milch nennt die Zahl 132). Diese brachten 130 Tonnen Versorgungsgut in die Festung.

Mit Morgengrauen des 30. Jan. 1943 starteten die ersten Fernjäger nach Stalingrad. Das, was seit mindestens sechs Wochen hätte stattfinden müssen und was bei den nahe gelegenen Flugplätzen Tazinskaja und Morosowskaja ein Leichtes gewesen wäre: der Geleitschutz durch ebendiese Jäger für die Transportmaschinen fand nunmehr nur als Abgesang statt. Auch hier ein gravierender Fehler, auf den die Luftflotte 4 und vor allem das VIII. FlK. immer hingewiesen hatten. Aber man hatte keine Jäger frei, um Stalingrad und die 6. Armee zu retten.

Am Mittag des 29. Jan. 1943 hatte das Armeeoberkommando 6 einen Funkspruch getastet, der folgenden Wortlaut hatte:

„An den Führer!

Zum Jahrestag Ihrer Machtübernahme grüßt die 6. Armee ihren Führer. Noch weht die Hakenkreuzfahne über Stalingrad.

Unser Kampf möge den lebenden und den kommenden Generationen ein Beispiel dafür sein, auch in der hoffnungslosesten Lage nie zu kapitulieren, dann wird Deutschland siegen.

Heil mein Führer!
Paulus, Generaloberst

Stalingrad am 29. Jan. 1943 mittags."

Hitlers Antwort ließ nicht lange auf sich warten. Am Morgen des 30. Jan. 1943 ließ er einen Funkspruch in die Festung absetzen:

„Führerhauptquartier am 30. 1. 1943:

Funkspruch!

Mein Generaloberst Paulus!

Schon heute blickt das ganze deutsche Volk in tiefer Ergriffenheit zu dieser Stadt. Wie immer in der Weltgeschichte wird auch dieses Opfer nicht vergeblich sein. Das Bekenntnis von Clausewitz wird seine Erfüllung finden. Die deutsche Nation begreift erst jetzt die ganze Schwere dieses Kampfes und wird die größten Opfer bringen. In Gedanken immer bei Ihnen und Ihren Soldaten. – – – Adolf Hitler."

Und noch ein Funkspruch ähnlichen Inhalts wurde aus der Festung hinausgeschickt:

„An VIII. Fliegerkorps

zur Weiterleitung an das I. Flak-Korps:

Haben in den Kellerruinen des Roten Platzes Stalingrad im Donner des feindlichen Feuers die Proklamation des Führers vernommen. Sie gab uns Mut und Entschlossenheit für die letzten Stunden des Kampfes um die Trümmer der roten Hochburg an der Wolga.

Über uns weht die Hakenkreuzflagge. Der Befehl unseres Obersten Befehlshabers wird bis zum letzten befolgt. Wir gedenken in Treue der Heimat.

Es lebe der Führer!
Flak-Regiment 104, Rosenfeld, Oberst."

In der Führerlage dieses Tages aber wurde – es klang wie ein einziger Hohnruf – zur Lage in Stalingrad bemerkt: „In Stalingrad Panzerangriffe auf Nord- und Südfront des Südkessels. Zurücknahme der

Westfront. Vom Nordkessel sind keine Meldungen eingetroffen. Das Anlaufen der Versorgung auf dem Luftwege und die bei der Abwehr erzielten Erfolge haben die Stimmung der Truppe wieder gehoben."

Es ist wohl auch das größte Armutszeugnis, dass man in dieser Stunde des Endes der 6. Armee solche Worte aussprach. Wo in Stalingrad 50 000 Verwundete und Kranke, Erfrierende und Verhungernde seit Tagen kein Stück Brot mehr erhalten hatten, war dies der Gipfelpunkt einer Desinformation, wie sie kaum grässlicher hätte erfunden werden können.

An diesem 30. Jan. 1943 flog GenLt. Fiebig nach Nowotscherkassk zu Oberst Kühl und von dort nach Swerowo zu Oberst Morzik weiter. Er sprach mit den Gruppenkommandeuren zur Lage und zum Einsatz und dankte ihnen für das, was sie geleistet hatten. Von 08.30 bis 15.00 Uhr war er unterwegs. Er überflog das gesamte Donezbecken von Osten nach Westen und erhielt nach seiner Rückkehr die Lagemeldungen von Major Freudenfeld über Sprechfunk, der noch in den vergangenen 24 Stunden installiert worden war. Freudenfeld berichtete: „Im Südkessel vagabundierende Soldaten, wenige Kämpfer noch im Einsatz. Ihre Führung gleitet aus der Hand der Stäbe. Russische Panzer sind im Einbruch. Es geht hier zu Ende."

Die Panzer der 64. Sowjet-Armee, nunmehr unter GenLt. Schumilow, rollten bereits am Hauptbahnhof, etwa 300 m westlich des Gefechtsstandes von GenOberst Paulus vorüber. Und am Mittag dieses 30. Jan. 1943 sprach um 13.00 Uhr im Ehrensaal des Reichsluftfahrtministeriums Reichsmarschall Göring zum 10. Jahrestag der Machtergreifung. Die letzten Sätze seiner Rede klangen wie eine Leichenrede auf die 6. Armee, und so waren sie auch gedacht:

„Aus all diesen Kämpfen ragt nun gleich einem Monument der Kampf um Stalingrad heraus. Es wird der größte Heroenkampf unserer Geschichte bleiben. Was dort jetzt unsere Grenadiere, Pioniere, Artilleristen, Flakartilleristen, und wer sonst in dieser Stadt ist, vom General bis zum letzten Mann leisten, ist einmalig. Mit ungebrochenem Mut und doch zum Teil ermattet und erschöpft kämpfen sie gegen eine gewaltige Übermacht um jeden Block, um jeden Stein, um jedes Loch, um jeden Graben ...

Die Kämpfer von Stalingrad mussten stehen, das Gesetz befahl es so, das Gesetz der Ehre und der Kriegführung. Dieses Gesetz der Kriegführung gilt ja allein der Rettung unseres Volkes."

General der Infanterie Strecker, der Kommandierende General des im Nordkessel kämpfenden XI. Armeekorps, ließ zurückfunken: „Vorzeitige Leichenreden unerwünscht!"

Beim Sonderstab Milch – 2. Phase

Im Gefechtsstand von GFM Milch klingelte am 30. Jan. 1943 das Telefon. Am anderen Ende der Leitung war Major Wilcke und meldete: „Fernjagdeinsatz 10.45 bis 11.15 Uhr über der Festung durchgeführt. Dort keine Feindberührung. Auf dem Rückflug zwei Abschüsse erzielt. Führer der Zerstörer, Oblt. Tratt, bei Einmotorenlandung abgestürzt und vermisst. Für morgen ist der Fernjagdeinsatz nicht möglich, da keine Zusatztanks (die abgeworfen werden mussten) mehr vorhanden."

Nicht einmal diese primitivsten Voraussetzungen, dass man eben für jeden neuen Flug auch neue Zusatztanks benötigte, wurden berücksichtigt. GFM Milch versprach zwar, neue Zusatztanks zuführen zu lassen, und befahl für den morgigen Tag einen gleichen Einsatz. Doch am nächsten Tage waren nur zwei Me 109 klar und starteten auch zu diesem Einsatz.

85 Flugzeuge standen am 30. Jan. zunächst bereit, um in der Nacht zum Versorgungsflug zu starten. Es waren schließlich 89 Flugzeuge, die 118 Tonnen Versorgungsgut überflogen. Die Abwurfstellen im Nordkessel waren sehr gut bezeichnet; die geringe Flakabwehr gestattete ein tiefes Heruntergehen und den sicheren Abwurf. Da kein Peiler und auch kein Funkfeuer mehr zu vernehmen waren, erfolgte dieser Abwurf nur auf den Nordkessel.

Es kam in der Nacht zu sechs weiteren Flugzeugverlusten. Eine Maschine stürzte ab, eine wurde durch sowjetische Jäger abgeschossen und vier blieben vermisst.

Die letzten Funksprüche des 30. Jan. kamen von der schweren Funkstelle im Kessel, die bis zuletzt betriebsklar war, und von der Luftnachrichten-Abteilung 129; die letzte Meldung des Wetterdienstes unter Dr. Anders lag am frühen Morgen des 31. Jan. 1943 vor. „Von AOK 6 an VIII. Flieger-Korps: Heiter; Sicht 8 km, Windstärke Südost 15 km/h. Voraussichtlich letzte Meldung. Lage sehr ernst. Viele Grüße! Dr. Anders."

Um 07.35 Uhr meldete die Stabsfunkstelle des AOK 6: „Russe steht vor der Tür. Wir bereiten Zerstörung vor." Zehn Minuten später: „Wir zerstören!"

Der Situationsbericht aus dem Kessel, ebenfalls von 07.35 Uhr datiert, lautete: „Bis 21.30 Uhr (30. Jan.) keine Veränderung der Lage. Nach Meldung zahlreicher Truppenführer ist die Widerstandskraft ihrer zusammengewürfelten Soldaten so am Ende, daß sie sich nach Verschuß ihrer Munition trotz schärfster Gegenmaßnahmen willenlos gefangengeben. Wir haben in unserem Bunker Führerproklamation gehört und vielleicht zum letztenmal bei den Nationalhymnen die Hand zum Deutschen Gruß erhoben.

Durchgegeben an 01 (Ordonnanzoffizier) HGr. Don, am 31. Jan. 1943, um 09.45 Uhr. Aufgenommen: Hptm. von Freytag."

Im HQ des Sonderstabes Milch aber ging die hektische Befehlsgebung weiter; so wurde für den 1. Febr. ein Kampfeinsatz gegen die bei Orlowka in offener Feuerstellung aufgefahrenen 40 Feindgeschütze mit He 111 vorgesehen, wenn solche Maschinen zum Kampfeinsatz frei waren. Die wenigen Me-109-Reichweitenjäger sollten Geleitschutz fliegen.

In der Festung

Am frühen Morgen des 31. Jan. 1943 ging ein Funkspruch aus dem FHQ in der Festung ein. Hitler hatte GenOberst Paulus zum Generalfeldmarschall befördert. Als man Paulus diese Beförderung mitteilte, sagte er: „Das ist wohl eine Aufforderung zum Selbstmord, aber diesen Gefallen werde ich ihnen nicht tun." Gleichzeitig mit dieser Nachricht meldete GenMaj. Schmidt, dass der „Russe" vor der Tür stehe.

Es war genau 08.45 Uhr, als GenMaj. Laskin, Chef des Generalstabes der 64. Sowjet-Armee, mit einigen weiteren Offizieren in den

Gefechtsstand des OB der 6. Armee eintrat. Hier führte er mit dem Bevollmächtigten zur Führung der Kapitulationsgespräche, GenMaj. Roske, letzter Kdr. der 71. ID nach dem Tode von GenLt. von Hartmann, die Gespräche. Laskin regte an, Generalfeldmarschall Paulus hereinzubitten, doch GenMaj. Schmidt, der ebenfalls zugegen war, lehnte dies ab.

Nach Beendigung der Verhandlungen drang GenMaj. Laskin bei GFM Paulus ein. Mit ihm zwängte sich ein Dolmetscher in den engen Raum. Oberst Adam, der Adjutant des GFM, übergab Laskin die Waffe des Oberbefehlshabers.

GFM Paulus und GenMaj. Schmidt wurde gestattet, bei der Abfahrt zum sowjetischen Hauptquartier einen Adjutanten, zwei Ordonnanzoffiziere, einen Burschen und ihren persönlichen Besitz mitzunehmen.

Es hatte sich bei dieser Verhandlung nur der Kessel um den Armeegefechtsstand ergeben. Der Nordkessel kämpfte weiter. Die beiden Generalmajore Schmidt und Roske weigerten sich, General Strecker die Feuereinstellung zu befehlen. Daraus folgert, dass es *keine Gesamtkapitulation der 6. Armee* in Stalingrad gegeben hat.

Während noch hier im HQ des Oberbefehlshabers verhandelt wurde, rollten sowjetische Panzerverbände durch den mittleren Kessel, in dem Generaloberst Heitz führte. Diese Verbände wurden ohne jede Kapitulationsverhandlung in die Gefangenschaft geführt. GenOberst Walter Heitz starb noch im Februar 1945 unter ungeklärten Umständen in Moskau, wohin man ihn geschafft hatte. Vorgegeben wurde Magenkrebs.

Um 11.00 Uhr fuhren GFM Paulus, GenMaj. Schmidt, Oberst Adam und Oberstleutnant i. G. Below mit einem Wagen der 6. Armee, eskortiert von sowjetischen Offizieren, nach Beketowka zum Stabsquartier der 64. Armee, die inzwischen von General Schumilow geführt wurde.

General Schumilow, ein Frontkommandeur, ließ allen Wodka eingießen und sagte: „Trinken wir auf die beiden tapferen Gegner, die sich in Stalingrad gegenüberlagen!“

Am selben Tage, es war bereits Nachmittag geworden, sprachen noch einige andere Herren auf dem Roten Platz, wohin alle deutschen Gefangenen dieses Kessels zusammengetrieben worden waren, damit sie dieser Rede lauschen konnten. Es waren die die Herren Pieck, Ulbricht und Weinert. Sie hielten den Gefangenen einen Vortrag über das Paradies der Sowjetunion. Dann setzte sich der Elendszug in Bewegung zu einem Treck, der für 90 Prozent dieser ehemaligen Stalingradkämpfer direkt in die eisige Hölle des Todes führte.

Zum Nachteinsatz wurden am 31. Jan. vom Sonderstab Milch 52 Flugzeuge an den Start gebracht. 30 weitere wurden bereitgestellt. Die Kampf-He 111 waren bereits zum anderweitigen Kampfeinsatz abgezogen worden. Sie flogen in das Kampfgebiet der 4. Panzer-Armee.

Der gesamte Nachteinsatz von 109 gestarteten Flugzeugen in der Nacht zum 1. Febr. 1943 richtete sich auf den Nordkessel. 89 Flugzeuge erfüllten den Auftrag. Sie warfen 72 Tonnen, überwiegend Verpflegung, aber auch Munition an den beiden Zielpunkten ab, die durch ein beleuchtetes Abwurfdreieck und ein aus roten Lampen gebildetes Hakenkreuz kenntlich gemacht waren. Auch das Funkfeuer war in Betrieb.

Wie diese letzten Einsätze vonstatten gingen, sei durch den Einsatzbericht von Oblt. Wilhelm Temme dargestellt.

Die letzte Nacht über Stalingrad

„Eisiger Sturmwind peitscht uns die schneidende Kälte des russischen Winters ins Gesicht. In die dicken Kombinationen gezwängt, den Rücken gegen die surrenden Wärmewagen gelehnt, stehen wir wartend vor unserer Maschine. Die Motoren werden nun bereits eine halbe Stunde lang von den warmen Luftströmen umspült. In langer Reihe längs der Rollstraße stehen noch viele andere Ju 52, die ebenfalls auf den nächtlichen Einsatz warten. Sie sollen zu den Kameraden fliegen, die mehrere hundert Kilometer hinter der Front, seit Monaten eingeschlossen, einen verzweifelten Kampf gegen eine erdrückende Übermacht aufnehmen.

Löcher in Tragflächen und Rumpf unserer braven ‚Emil Marie' erinnern an den gestrigen Einsatz. Heute sollen wir als erste starten. Noch ist heller Nachmittag. Die Motoren heulen auf zum Abbremsen, nun ist alles zum Einsatz bereit.

Schwerfällig rollt die Maschine durch den vereisten Schnee zum Start. Eine vermummte Gestalt hebt die weiße Fahne mit den grünen Kreuzstreifen, dann wirbelt eine hohe Schneewolke auf. Die ‚Emil Marie' hebt vom Boden ab, kreist in großen Schleifen über dem Platz und geht dann auf Kurs nach Stalingrad.

Die Tür ist ausgehängt. Ein eisiger Luftstrom zieht durch die Kabine. Es wird rasch dunkler. Vorn unter uns blitzt es an vielen Stellen auf; Häuser, ganze Dörfer stehen in hellem Feuerschein. Wir sind über Feindgebiet, und die ersten Salven zischen zu uns hinauf, bleiben hinter uns zurück.

Eine halbe Stunde später. Der Höhenmesser steht auf 4000. Die Kälte dringt durch unsere Kombinationen. Ich sitze auf den Fallschirmen der großen Munitionskisten am offenen Türrahmen.

Scheinwerfer leuchten auf! Plötzlich stehen rechts von uns helle Blitzlichter – dann hinter uns – wieder rechts: krepierende Flakgranaten. Das Flakfeuer verstummt, die Scheinwerfer erlöschen, andere blenden auf und durchschneiden in schnellen Kreisen die Nacht. Gedanken kommen auf: der Kessel, von Leuchtbomben erhellt. Wir konnten Soldaten erkennen, sie lagen, standen, der eine streckte verlangend die Arme nach uns aus, ein anderer winkte. Arme tapfere Kameraden, wie gerne möchten wir euch mitnehmen. – – – Das war gestern nacht.

Wir nähern uns dem Ziel. Wieder blenden Scheinwerfer auf. Unter uns Lichter unzähliger Fahrzeuge. Russischer Nachschub, lange Kolonnen.

Die Motoren laufen langsamer, in steilen Spiralen geht es hinunter. Undeutlich sind die Uferlinien der Wolga zu erkennen. Der Höhenmesser ist auf ein paar hundert Meter gefallen. Und jetzt gilt es: angedrückt und Richtung auf den Kessel! Wir erwarten das Feuer des Gegners. Aber was ist heute los? Keine einzige Granate, keine Leuchtspursalven. Der Flugzeugführer drückt auf die Hupe. Wir sind über dem Ziel, die erste Kiste kippt ab in die Tiefe. Wir fliegen im

Kegel mehrerer Scheinwerfer, aber es erfolgt keine Abwehr. Soll es denn da unten schon zu Ende sein?

Ungestört kurvt die ‚Emil Marie' in 150 m Höhe. Die schweren Munitionskisten werden zur Tür gewuchtet und hinausgeschoben.

Flugzeugführer Oblt. Temme und sein Beobachter sitzen im Führerraum. Mit jähem Entsetzen sieht der Beobachter plötzlich einen schwarzen Schatten, der ihnen entgegenkommt. Im selben Augenblick ein ohrenbetäubender Knall: gerammt!

Die Maschine bäumt sich auf – scheint in der Luft stehenzubleiben. Die Nase neigt sich nach unten, dann sackt sie wie ein Fahrstuhl durch in die Tiefe.

Durch den Stoß bin ich gegen die gegenüberliegende Wand geschleudert worden. Mit einem Sprung habe ich die Tür wieder erreicht. Raus! – Aber mein Fallschirm liegt im Heckstand. Ich halte mich krampfhaft an den Türgriffen fest. Die Erde kommt uns immer schneller entgegen. Da! eine hohe Stichflamme hinter uns, kurz darauf ein dumpfer Knall: der Gegner!

Durch das Durchfallen holen wir wieder Fahrt auf. Oblt. Temme gelingt es, die Maschine etwas abzufangen. Dann wieder ein Stoß, ein Rumpeln. Die ‚Emil Marie' hat aufgesetzt und rollt mit erhobener Fläche auf einem Rad weiter mitten zwischen Bombentrichtern und Granatlöchern hindurch.

Furchtbare Gedanken durchschießen mich. Jetzt hier im Kessel bleiben müssen?

Der Oberleutnant hat die Sperre rausgedrückt, die Gashebel bis an den Anschlag geschoben und zieht, soweit es geht. Die Motoren brüllen auf, der Sporn knallt auf den Boden, die Ju 52 hebt ab und – steigt!

Nach zwei Minuten setzt heftiges Flakfeuer ein. Die bekannten harten Schläge hinter mir im Heckstand, in den Tragflächen. Aber die brave Ju 52 steigt weiter, klettert höher und höher. Der Funker und ich sehen durch das Fenster auf die rechte Fläche. Dicht neben dem Motor ist sie in einem breiten Keil einen Meter tief durchschlagen. Das Flächenende ist aufgerissen, ein Drittel des Querruders fehlt, ein weiteres, etwa einen Meter langes Stück ragt senkrecht empor, es reißt zum Glück ab, und der dadurch verursachte übergroße Steuerdruck verschwindet.

Können wir die Maschine halten? Es sind noch 300 Kilometer bis zur Front."

Die Fläche hielt bis zum Einsatzhafen. Die „Emil Marie" landete sicher. Die Besatzung kletterte hinaus aus dem Wrack, das sie dennoch zurückgebracht hat. Sie brauchte nicht mehr nach Stalingrad zu starten, denn dort hatte sich das Schicksal der 6. Armee bereits erfüllt.

Das Ende in Stalingrad

In der Nacht zum 1. Febr. 1943 wurden 120 Versorgungseinsätze geflogen. Aber am Morgen des 1. Febr. wussten GFM Milch und alle anderen Kommandeure und Befehlshaber, dass der Südkessel kapituliert hatte und dass sich nur noch der Nordkessel hielt.

In einer Besprechung bei den Kommandeuren konnte GenLt. Fiebig am 1. Febr. bei Oberst Kühl mit dem KG 55, bei der I./KG 100 und auch bei der KGr. z.b.V. 5 unter Major Uhl in Stalino erfahren, dass alle Männer nach wie vor bereit waren, den Flug zu wagen, weil der Nordkessel noch klar zu erkennen war.

Am 1. Febr. funkte das XI. AK im Nordkessel um 21.30 Uhr die Antwort auf einen vier Stunden vorher eingegangenen FT-Spruch der HGr. Don:

„Beabsichtigte Stellung kann nur noch durch Stützpunkte besetzt werden, da der Gegner westlich des Traktorenwerkes und südwestlich der Geschützfabrik tief eingebrochen ist. Eigene Verbände sind infolge schwerster blutiger Verluste teilweise zerrissen. Der Widerstand wird voraussichtlich am 2. Febr. infolge überwältigender Übermacht und des Verschießens aller Munition zum Erliegen kommen. XI. AK."

In der Nacht zum 2. Febr. starteten 108 Flugzeuge (andere Quellen nennen eine Zahl von 116 Maschinen). 85 Flugzeuge erfüllten (die andere Quelle nennt 81) den Auftrag und warfen 98 Tonnen Versorgungsgüter ab, davon allein 64 Tonnen Verpflegung. Die Besatzungen beobachteten große Brände im Nordkessel und starkes Artilleriefeuer. Das beleuchtete Abwurfkreuz und das ebenfalls erleuchtete Hakenkreuz waren gut zu erkennen.

Am Morgen des 2. Febr. teilte Major Wilutzki dem Sonderstab fernmündlich folgenden Funkspruch mit:

„2. 2. 1943, 08.40 Uhr:

An Heeresgruppe Don, nachrichtlich General Hube.

XI. Armee-Korps hat mit seinen sechs Divisionen im schwersten Kampf bis zum letzten Mann seine Pflicht getan.

Es lebe der Führer! Es lebe Deutschland! – gez. Strecker.“

Dies war der letzte Funkspruch aus Stalingrad. Von nun an blieben die Empfänger stumm. Die letzte Verbindung mit den 91 000 Überlebenden dieses fürchterlichen langen Sterbens war abgerissen.

GFM Milch setzte während der Morgenbesprechung die Luftaufklärung über Stalingrad an und bestimmte, dass in der kommenden Nacht zunächst eine erste Welle von 12 He 111 eingesetzt werden sollten, um festzustellen, ob noch eigene Truppen erkennbar seien. Es sollte sofort über Funk Meldung erfolgen, wenn dies der Fall war. Der Befehl von GFM Milch wurde an das VIII. FlK. übermittelt.

GenLt. Fiebig erfuhr durch die Befragung der von diesem Einsatz zurückkommenden Besatzungen, dass eine Maschine etwas erkannt haben wollte. Um auch diese letzte Chance nicht zu vertun, ließ er die restlichen noch bereitstehenden 16 He 111 zum Einsatz gegen Stalingrad starten. Diese meldeten:

„Der Kessel zeichnet sich nicht mehr ab. Ein Brand herrscht an der Nordweststrecke des Traktorenwerkes. Überall gleichmäßig Lichterscheinungen; eine beleuchtete Kolonne von Nordosten in das Traktorenwerk einfahrend, im Werk selbst Leuchtkugeln aller Farben, Leuchtfallschirme, keine Kampftätigkeit. Allgemeiner Eindruck: der Nordkessel ist am Erlöschen.“

Um 21.30 Uhr machte GenLt. Fiebig GFM Milch eine diesbezügliche Meldung, und dieser entschied, dass kein Ju-52-Einsatz mehr erfolgen solle und dass diese Maschinen ebenso wie die FW 200 der Luftflotte 4 für einen neuen Einsatz zur Verfügung gestellt würden.

„Die 6. Armee hat aufgehört zu sein, ihr Kampf um Stalingrad einmalig. Ihr Sterben in Stalingrad erschütternd.“ (Siehe Martin Fiebig: a. a. O.)

Der Befehl des Ob. d. L.-Führungsstabes unter General Meister vom 2. Febr. 1943 beordete sämtliche He 111 aus dem Versorgungseinsatz heraus zum Kampfeinsatz.

Auch am 3. Febr. 1943 wurden trotz der völlig unsicheren Erdlage noch einmal 27 He 111 eingesetzt, von denen zehn Flugzeuge noch immer Kampftätigkeit in Stalingrad erkannten und sieben Tonnen Versorgungsgüter abwarfen. Eine Abwurfstelle war jedoch nicht bezeichnet, Peiler und Funkfeuer nicht mehr in Betrieb.

Von diesem Tage an entfiel der Führerbefehl über die Versorgung von Stalingrad, und am Nachmittag ging die 32. Meldung Stalingrad des Sonderstabes als letzte an das FHQ hinaus. GenLt. Fiebig blieb es überlassen, der kämpfenden Truppe den Einstellungsbefehl bekannt zu geben. Sein Fernschreiben, das an alle beteiligten Verbände und Einheiten ging, hatte folgenden Wortlaut:

„Die 6. Armee hat ihren heroischen Kampf in Stalingrad ausgekämpft. Der Führer hat heute die Einstellung der Luftversorgung befohlen.

Männer des VIII. Flieger-Korps und der Transportverbände! Ihr habt in den vergangenen Monaten Euer Bestes hergegeben, um den Kampf der Festung zu unterstützen. Ich danke Euch allen! Den fliegenden Besatzungen, dem technischen Personal der F.B.K. der Werft- und Werkstattzüge, den Fliegerhorst-Kommandanturen, den Baukompanien, den Nachrichten-Einheiten und nicht zuletzt den Stäben für ihren hingebungsvollen Einsatz. Ihr habt Eure Pflicht getan, ungeachtet aller Schwierigkeiten. Euch allen meine höchste Anerkennung!

Eingedenk des Opfers unserer Kameraden von Stalingrad, insbesondere der 3000 Angehörigen des VIII. Flieger-Korps, werden wir weiterkämpfen, getreu unserem Fahneneid bis zum Endsieg.

Ihre Treue sei unsere Treue!
Es lebe der Führer!
Fiebig
Kommandierender General des VIII. Flieger-Korps.“

Das Fazit

Die Flugzeugverluste der Luftbrücke nach Stalingrad betrugen vom 24. Nov. 1942 bis zum 31. Jan. 1943: 266 Ju 52, 165 He 111, 42 Ju 86, 9 FW 200, 5 He 177, 1 Ju 290. Das sind insgesamt 488 Flugzeuge. Von ihnen waren 166 Totalverlust; 108 gingen durch unbekannte Ursache verloren. Ihre Besatzungen gelten als vermisst, und 214 gingen bei Start- und Landemanövern zu Bruch und waren nicht mehr zu reparieren.

Der Gesamtverlust betrug demzufolge fünf Luftgeschwader oder ein ganzes Flieger-Korps. Über 1000 Männer der fliegenden Besatzungen fanden den Tod.

Das Oberkommando der Wehrmacht gab am 3. Febr. 1943 bekannt: „Der Kampf um Stalingrad ist zu Ende. Ihrem Fahneneid bis zum letzten Atemzuge getreu, ist die 6. Armee unter der vorbildlichen Führung des Generalfeldmarschalls Paulus der Übermacht des Feindes und der Ungunst der Verhältnisse erlegen. Ihr Schicksal wird von einer Flak-Division der deutschen Luftwaffe, zwei rumänischen Divisionen und einem kroatischen Regiment geteilt, die in treuer Waffenbrüderschaft mit den Kameraden des deutschen Heeres ihre Pflicht bis zum äußersten getan haben. – – –

Unter der Hakenkreuzfahne, die auf der höchsten Ruine von Stalingrad, weithin sichtbar, gehißt wurde, vollzog sich der letzte Kampf.

Generale, Offiziere, Unteroffiziere und Mannschaften fochten Schulter an Schulter bis zur letzten Patrone. Sie starben, damit Deutschland lebe. Ihr Vorbild wird sich auswirken bis in die fernsten Zeiten, aller unwahren bolschewistischen Propaganda zum Trotz.

Die Divisionen der 6. Armee aber sind bereits im neuen Entstehen begriffen."

Gemeinsam mit General der Panzertruppe Hube flog GFM Milch ins Führerhauptquartier. Am Abend des 5. März ließ Hitler zuerst Hube zu sich kommen und fragte diesen, ob GFM Milch alles in seiner Macht Stehende getan habe. Hube antwortete: „Das und mehr, mein Führer!"

Hube erklärte, wenn GFM Milch auch nur 14 Tage früher erschienen wäre, so wäre Stalingrad nicht verloren gewesen. Hitler erwiderte darauf: „Ja, das ist mein Verhängnis."

Richtig ist jedoch, dass weder Milch noch Göring und nicht einmal Hitler selber in der Lage gewesen wären, die benötigte Zahl der Flugzeuge zusammenzutrommeln *und* sie einsatzbereit zu halten. Das Ende der 6. Armee war vorherbestimmt, nachdem der Entsatzvorstoß der 4. PzArmee unter Generaloberst Hoth zum Erliegen kam und die 6. Armee nicht ausbrach.

Generalfeldmarschall Milch meldete sich anschließend bei Hitler mit den Worten zurück: „Befehl nicht erfüllt." – „Doch, Milch, Sie haben Ihren Auftrag erfüllt, aber ich habe Sie zu spät gerufen", lautete Hitlers Antwort. „Die Luftwaffe war eben zu schwach, mein Führer!" – „Ich weiß, ich weiß! Schwer, sehr schwer trage ich an Stalingrad, Milch. Sie können es mir glauben! Ich muss mir selber die größten Vorwürfe machen. Aber warum hat denn Göring seine Zusage so leichtfertig gegeben? – 300 Tonnen!"

In Döberitz-Elsgrund verfasste General der Panzertruppe Hube am 15. März 1943 seinen Erfahrungsbericht über die Luftversorgung der Festung Stalingrad. Darin hieß es u. a.:

„Die Versorgung von Truppen, die durch den Feind eingeschlossen sind, ist von folgenden Faktoren abhängig:

1. Von der Zahl der eingeschlossenen Truppen und der Art ihrer Bewaffnung.
2. Von den Vorräten an Lebensmitteln, Munition und Treibstoff, die den eingeschlossenen Truppen bei der Einschließung noch zur Verfügung standen.
3. Von der Entfernung der Absprungflughäfen, von denen aus die Truppe versorgt werden muß, zu den Landehäfen in der Einschließungsfront.
4. Von den Witterungsverhältnissen bei den Absprung- und Einflughäfen.
5. Von der Start- bzw. Landeklarheit aller in Frage kommenden Flugplätze bei Tag und Nacht.
6. Von der täglichen Zahl der für den Versorgungsgang einsatzbereiten Flugzeuge und ihrem Fassungsvermögen.

7. Von der rechtzeitigen und ausreichenden Bereitstellung des Versorgungsgutes auf den Absprunghäfen und des dazugehörigen Verpackungsmaterials.
8. Von der feindlichen Gegenwirkung auf den Versorgungs-Luftverkehr aus der Luft und von der Erde.

Erst die sorgfältige Berücksichtigung aller dieser Faktoren und ihre vorausschauende, rein sachliche Beurteilung läßt einen Schluß dahingehend zu, ob eine ausreichende Versorgung der eingeschlossenen Truppen überhaupt möglich ist.

Zu Ziffer 1: Die Festung Stalingrad hatte zu Beginn ihrer Einschließung eine Verpflegungsstärke von etwa 260 000 Mann, die Ende Dezember durch Tote und ausgeflogene Verwundete auf etwa 250 000 Mann zusammengeschrumpft war.

Das AOK 6 hat Ende Dezember dafür einen täglichen Bedarf von 300 Tonnen bei knappster Verpflegung und Munitionierung veranschlagt und weitere tägliche 200 Tonnen gefordert, um die Kampfkraft der Truppe auf lange Sicht zu erhalten und eine gewisse Bevorratung an Treibstoff und Munition für Großkampftage zu haben.

Weiterhin ist zu berücksichtigen, daß je nach den örtlichen Verhältnissen durch Witterungs- oder Feindeinwirkung einzelne Tage für die Versorgung ausfallen und daher an anderen Tagen mehr Versorgungsgut eingeflogen werden muß, um den geforderten täglichen Durchschnitt zu erreichen. Auf dieser Grundlage muß die Zahl und das Fassungsvermögen der einsatzbereiten Flugzeuge errechnet werden. Dieses hätte im Falle Stalingrad mindestens 700 Tonnen betragen müssen.

Tatsächlich hat aber der tägliche Durchschnitt der überflogenen Tonnage in Stalingrad unter 100 Tonnen gelegen."

In den folgenden Punkten wies General Hube nach, dass zum einen die Versorgungsvorräte der 6. Armee sehr gering waren, dass sich die Entfernungen von den Absprunghäfen ständig vergrößerten und dass, selbst wenn die beiden nächstgelegenen Häfen, Tazinskaja und Morosowskaja, die ganze Zeit zur Verfügung gestanden hätten, durch die geringe Zahl der einsatzbereiten Flugzeuge die geforderte Menge von 500 Tonnen Versorgungsgut im Tagesdurchschnitt auch nicht annähernd erreicht werden konnte. Durch die weitere Zurückverlegung auf die Plätze Ssalsk, Swerowo, Nowotscherkassk, Stalino und Konstantinowka aber sei diese Versorgung völlig unmöglich gewesen, weil auch die He 111 und die FW 200 unter den erschwerten Verhältnissen anstelle der drei Flüge aus den beiden erstgenannten Plätzen nur noch höchstens 1½ Flüge täglich durchführen konnten.

Die Witterungsverhältnisse verhinderten darüber hinaus manche möglichen Flüge, und die Tatsache, dass Stalingrad zu Anfang nur über zwei Plätze, Pitomnik und Bassargino, verfügte, schlugen nach Meinung des Generals ebenfalls negativ zu Buche.

„Es wäre notwendig gewesen", fährt er in seinem Bericht fort, „von vornherein zwei weitere Plätze als Ausweichplätze auch für Nachtlandungen einzurichten. Ihr Fehlen hat sich später sehr ungünstig ausgewirkt. Von diesem Versäumnis ist das AOK 6 selbst nicht freizusprechen, da es der Anregung der Luftwaffe, bei Gumrak einen Ausweichplatz anzulegen, zunächst nicht stattgegeben hat, sondern dies erst durchführte, nachdem der Flugplatz Pitomnik bereits kurz vor dem Fall stand. Hierdurch sind verschiedene Mängel des Flugplatzes Gumrak zu erklären."

General Hube erklärte das Fehlen eines sachverständigen Offiziers der Luftwaffe im Kessel als einen der Kardinalfehler, die gemacht worden waren. Die Folge davon sei gewesen, dass verschiedene vorausschauende Maßnahmen unterlassen wurden, dass die Nachtbefeuerung nicht entsprach und dadurch das Vertrauen der Flugzeugbesatzungen auf eine gute Vorbereitung ihrer Landung ausblieb.

Zur Zahl der einsatzbereiten Flugzeuge sagte Hube offen, dass sie in einem krassen Missverhältnis zu den von der Luftwaffe zur Verfügung gestellten Maschinen gestanden habe. Es kam natürlich nicht auf die Zahl der papiermäßig vorhandenen Flugzeuge an, sondern auf jene, die einsatzbereit waren. Es seien Flugzeuge angeliefert worden, die nicht „kesselklar für Stalingrad" waren.

Die Frage der Verpflegung sei auch zu Anfang falsch gelaufen, weil man zu sehr wasserhaltige Nahrungsmittel überflogen habe, die viel Platz wegnahmen, aber wenig effektiv gewesen seien. Hube war der Meinung, dass keine Konservengemüse, sondern nur gepresstes

Trockengemüse hätte eingeflogen werden müssen und außerdem hoch konzentrierte Nahrungsmittel.

Dass die eigene Flakabwehr im Kessel zu gering war, wertete General Hube ebenfalls zu den negativen Seiten. Das Fehlen des Jagdschutzes sowohl über den Absprungplätzen als auch über Stalingrad kam hinzu.

Er bemerkte auch, dass die Jäger in der Festung sehr gute Dienste geleistet hätten, dass man aber trotz mehrfacher Anforderung nach dem Ausfall dieser Maschinen keinen Ersatz bekommen habe.

„Abschließend muß festgestellt werden", schrieb General Hube, „daß der Fall der Festung Stalingrad nicht auf Feindeinwirkung, sondern nur auf die mangelhafte Versorgung aus der Luft zurückzuführen ist. Die Festung wäre jedem Angriff gewachsen gewesen, wenn sie über die nötige Verpflegung und Artilleriemunition verfügt hätte. – – –

Hube bekräftigte, dass der sofortige Einsatz von GFM Milch mit Beginn der Einschließung Stalingrads „bei laufender Versorgung ein monatelanges weiteres Halten der Festung zur Folge gehabt hätte. Ob aber die damit verbundene Bindung starker eigener Luftstreitkräfte und die großen Verluste der Luftwaffe an Menschen und Material bei der Versorgung der Festung auf die Dauer operativ tragbar gewesen wären, sei eine andere Frage.

Von dem rücksichtslosen Willen, der schwer bedrängten Festung Stalingrad durch ausreichende Versorgung aus der Luft zu helfen, und der außerordentlichen Einsatzbereitschaft des beteiligten fliegenden Personals (insonderheit der Kampfverbände) habe ich mich immer wieder überzeugen können."

Damit hat auch General Hube klar bekennen müssen, dass es einfach nicht genügend Flugzeuge gab, dass keine Jagdflieger-Gruppen zur Luftsicherung zur Verfügung standen, dass die Plätze eine solche Lande- und Entladungsfrequenz überhaupt nicht gewährleistet hätten und vieles andere mehr. Womit wiederum die Voraussage der Generale Pickert und Fiebig und des Gen.-Obersten von Richthofen, dass eine Versorgung nach den vorliegenden Stärkezahlen nicht durchführbar sei, auch hier – wenn auch ungewollt – ihren Ausdruck und ihre Bestätigung finden.

Der verfügbare Transportraum war zu gering,
die Dauer der Versorgung zu lange,
der Geleitschutz für die Transportflieger nicht vorhanden,
die Luftsicherung der Landeplätze und Startbasen ebenso wenig,
die Landeplätze nicht groß und vorbereitet genug.

Die Leistungen der Luftwaffen waren überragend, doch sie reichten nicht aus, die Festung Stalingrad zu halten und die 6. Armee zu retten.

Die Geretteten von Stalingrad

Bis zum 24. Dezember, dem Tage des Falles von Gumrak, wurden aus Stalingrad annähernd 25 000 Verwundete und Kranke ausgeflogen. Einige hundert Spezialisten gelangten auf demselben Wege in die Freiheit.

Die Rote Armee nahm bis zum 29. Jan. 1943 16 800 deutsche Soldaten der 6. Armee gefangen.

Vom 30. Jan. bis zum 2. Febr. 1943 gingen rund 91 000 Soldaten der 6. Armee in die Gefangenschaft. Das heißt, dass von der 6. Armee rund 108 000 Mann gefangen genommen wurden. Von ihnen gingen in den Sammellagern Beketowka, Krasnoarmeisk und Frolow im Frühjahr 1943 etwa die Hälfte an Fleckfieber zugrunde. Ein Teil blieb auf dem Wege dorthin im Schnee liegen und erfror.

Am 7. November 1943 gab Marschall Stalin bekannt, dass im Großraum Stalingrad 146 300 deutsche Gefallene gesammelt und verbrannt worden seien. Etwa 6000 Gefangene der 6. Armee kehrten nach dem Kriege in die Heimat zurück.

Stalingrad wurde zum Synonym für das Sterben einer ganzen Armee. Es wurde aber auch für den opfervollen Einsatz der deutschen Luftwaffe zu einem Wort, das man nur mit eisigem Grauen im Herzen aussprechen konnte.

Die Luftwaffe hatte in der Luftbrücke Stalingrad bis zur Selbstaufopferung um die Erhaltung des Lebens der Männer der 6. Armee gerungen und es nicht geschafft. Viel wurde darüber geschrieben und eine Verratslegende der Luftwaffe daraus konstruiert. Dieses Werk, nach authentischen Unterlagen gestaltet, zeigt das Gegenteil auf und wird dem Opfergang der Luftwaffe über Stalingrad gerecht.

Die Truppen im Kessel

Die 6. Armee:	Generaloberst Paulus (ab 31. 1. 1943 GFM)
IV. AK:	General der Artillerie Pfeffer
VIII. AK:	Generaloberst Heitz
XI. AK:	General der Infanterie Strecker
XIV. PzK.:	General der Panzertruppe Hube, (danach) Generalleutnant Schlömer
LI. AK:	General der Artillerie von Seydlitz-Kurtzbach
4. ID:	Generalmajor Lattmann
16. PD:	Generalleutnant Angern (gefallen)
24. PD:	Generalleutnant von Lenski
3. ID:	Oberst von Hanstein
29. ID (mot.):	Generalleutnant Leyser
44. ID:	Generalleutnant Deboi
60. ID (mot.):	Generalmajor Kohlermann (ausgeflogen)
71. ID:	Generalleutnant von Hartmann, (danach) Generalmajor Roske
76. ID:	Generalleutnant Rodenburg
79. ID:	Generalleutnant Graf Schwerin (ausgeflogen)
94. ID:	Generalleutnant Pfeiffer (ausgeflogen)
100. ID:	Generalleutnant Sanne
113. ID:	Generalleutnant von Arnim
295. ID:	Generalmajor Dr. Korfes
297. ID:	Generalmajor von Drebber
305. ID:	Generalmajor Steinmetz (ausgeflogen)
371. ID:	Generalleutnant Stempel (gefallen)
376. ID:	Generalleutnant Edler von Daniels

384. ID:	Generalleutnant Frhr. von Gablenz (ausgeflogen)
389. ID:	Generalmajor Magnus
9. Flak-Div.:	Generalmajor Pickert (ausgeflogen)
1. KavDiv. (rum.):	Oberst Bratescu
20. ID (rum.):	Generalmajor Dimitrescu.

Danksagung!

Der Dank des Autors gilt allen ehemaligen Soldaten, die in der Festung Stalingrad oder im Dienst der Luftbrücke nach Stalingrad tätig waren und ihm Aufzeichnungen verschiedenster Art überließen.

Insbesondere hat er zu danken: der Kameradschaft ehemaliger Transportflieger und ihrem Vorsitzenden, Hptm. a. D. Max Fleckenstein.

Oberst a. D. Heinrich Schlosser ebenfalls herzlichen Dank.

Die Stadt- und Landesbibliothek Dortmund war bei der Besorgung der gedruckten Quellen behilflich.

Das Bundesarchiv in Koblenz stellte die Fotos zur Verfügung.

Das Bundesarchiv/Militärarchiv in Freiburg i. Brsg., Herr Albinus, hat die Unterlagen und Kriegstagebücher zur Verfügung gestellt und war mit wertvollen Hinweisen behilflich.

Ohne die genannten und ungenannten Helfer hätte dieses Werk über die Luftversorgung Stalingrads in der vorliegenden Form nicht gestaltet werden können.

Franz Kurowski

Quellen- und Literaturverzeichnis

Brütting, Georg: Das waren die deutschen Kampfflieger-Asse 1939 bis 1945, Stuttgart 1945.

ders.: Das waren die deutschen Stuka-Asse, Stuttgart 1976.

Bundesarchiv/Militärarchiv: RL 30/1 Kriegstagebuch Sonderstab Milch vom 15. 1.–3. 2. 1943.

dass.: RL 30/2 Anlageband 2 – Befehle Weisungen

dass.: RL 30/6 Anlageband 4 – Besprechungen – Vorträge usw.

dass.: RL 8/56 Tagebuch-Fortsetzung, Teil IV, Generalleutnant Fiebig, Kommandierender General VIII. Flieger-Korps.

Carell, Paul: Unternehmen Barbarossa, Berlin 1970.

Dibold, H.: Arzt in Stalingrad, Salzburg 1954.

Doerr, H.: Der Feldzug nach Stalingrad, Salzburg 1954.

Fischer, J.: Über den Entschluß zur Luftversorgung Stalingrads, ZS 1969.

Gerlach, H.: Die verratene Armee, München 1957.

Görlitz, Walter: Die Schlacht um Stalingrad, in: Entscheidungsschlachten des Zweiten Weltkrieges, Frankfurt a. M. 1960.

ders.: Der Zweite Weltkrieg 1939–1945, Stuttgart 1951.

ders. (Hrsg.): „Ich stehe hier auf Befehl", Frankfurt 1960.

Grossmann, W.: Wende an der Wolga, Berlin (Ost) 1959.

Gundelach, Karl: Kampfgeschwader „General Wever" 4, Stuttgart 1978.

Hart, Liddell B. H.: Jetzt dürfen sie reden, Stuttgart/Hamburg 1950.

Jacobsen, H. A.: Der Zweite Weltkrieg in Chroniken und Dokumenten, Darmstadt 1961.

Kehrig, M.: Stalingrad, Stuttgart 1974.

Kluge, A.: Schlachtbeschreibung, Olten 1964.

Kollatz, Karl: Der Weg nach Stalingrad, Herbst 1942, Rastatt 1977.

ders.: Stalingrad, Winter 1942/43, Rastatt 1977.

Krause, A.: Vom Durchbruch bei Woronesch bis zur Versorgung Stalingrads aus der Luft, München 1954.

Krause, Fritz: Unser letzter Start aus dem Kessel, ZS 1979.
Kurowski, Franz: Der Panzerkrieg, München 1980.
Lenz, F.: Stalingrad – Der verlorene Sieg, Heidelberg 1956.
Manstein, Erich von: Verlorene Siege, Bonn 1955.
Morzik, Fritz: Die deutschen Transportflieger im Zweiten Weltkrieg, Frankfurt a. M. 1966.
Nekrassow, W.: Front line Stalingrad, London 1962.
Piekalkiewicz, Janusz: Stalingrad – Anatomie einer Schlacht, München 1977.
Plocher, H.: Der Feldzug im Osten 1941–1945 – Der Einsatz der deutschen Luftwaffe an der Ostfront, 4. Bd., Karlsruhe 1953–1958.
Rhode, H.: Das deutsche Wehrmachtstransportwesen im Zweiten Weltkrieg, Stuttgart 1971.
Rohden, Herhudt von: Die Luftwaffe ringt um Stalingrad, Wiesbaden 1950.
Scheibert, H.: Nach Stalingrad – 48 Kilometer, Neckargemünd 1956.
Schramm, Percy E. (Hrsg.): Kriegstagebuch der deutschen Wehrmacht 1940 bis 1945, Herrsching 1982.
Schröter, H.: Stalingrad – bis zur letzten Patrone, Osnabrück 1954.
Selle, H.: Die Tragödie von Stalingrad, Hannover 1947.
Senger + Etterlin F. M. v.: Die 24. Panzer-Division, vormals 1. Kavallerie-Division 1939–1945, Neckargemünd 1962.
Seydlitz, W. v.: Stalingrad – Konflikt und Konsequenz, Oldenburg 1977.
Shilin, P. A. (Hrsg.): Die wichtigsten Operationen des großen vaterländischen Krieges, Berlin (Ost) 1958.
Steidle, L.: Entscheidung an der Wolga, Berlin (Ost) 1969.
Sündermann, H.: Tagesparolen – Deutsche Presseweisungen 1939 bis 1945, Leoni 1973.
Temme, Wilhelm: Die letzte Nacht über Stalingrad, ZS 1980.
Toepke, Günter: Stalingrad wie es wirklich war, Stade 1949.
Tschuikow, W. I.: Stalingrad, Anfang des Weges, Berlin (Ost) 1961.
Wagner, C.: Heeresgruppe Süd, Bad Nauheim 1963.
Warlimont, Walther: Im Hauptquartier der deutschen Wehrmacht 1939 bis 1945, Frankfurt a. M. 1962.
Weinert, Erich: Memento Stalingrad, Berlin (Ost) 1951.
Werth, Alexander v.: Rußland im Krieg 1941–1945, München/Zürich 1965.
Wieder, J.: Die Tragödie von Stalingrad, Deggendorf 1955.

Abkürzungsverzeichnis

a. a. O.	am angegebenen Ort
AOK	Armeeoberkommando
FHQ	Führerhauptquartier
FlK.	Flieger-Korps
GefStand	Gefechtsstand
GendArt.	General der Artillerie
GenLt.	Generalleutnant
GenMaj.	Generalmajor
GenOberst	Generaloberst
GFM	Generalfeldmarschall
HGr.	Heeresgruppe
ID	Infanterie-Division
i. G.	im Generalstab
IR	Infanterie-Regiment
Kdr.	Kommandeur
KavKorps	Kavallerie-Korps
JG	Jagdgeschwader
KG	Kampfgeschwader
KGr.	Kampfgruppe
KommGen.	Kommandierender General
KTB	Kriegstagebuch
Lfl.	Luftflotte
LTF	Lufttransportführer
OB	Oberbefehlshaber
Ob. d. L.	Oberbefehlshaber der Luftwaffe
OKH	Oberkommando des Heeres
OKW	Oberkommando der Wehrmacht
OQu	Oberquartiermeister
PD	Panzer-Division

PR	Panzer-Regiment
PGR	Panzergrenadier-Regiment
PzArmee	Panzerarmee
PzK.	Panzerkorps
V.O.	Verbindungsoffizier
z.b.V.	zur besonderen Verwendung
Ia	Erster Generalstabsoffizier
Ic	Dritter Generalstabsoffizier